Günter Stoewer

G’schichten
Eine lange und einige kurze

Günter Stoewer

G'schichten

Eine lange und
einige kurze

München 2014

Bibliografische Information der Deutschen Nationalbibliothek:
Die Deutsche Nationalbibliothek verzeichnet diese Publikation in der Deutschen Nationalbibliografie; detaillierte bibliografische Daten sind im Internet über http://dnb.ddb.de abrufbar.

ISBN 978-3-86870-663-5

www.rediroma-verlag.de
9,95 Euro (D)

Diese Geschichten gehörten ursprünglich zu den G'schichten I., die jedoch viele private und nicht für einen weiteren Kreis bestimmte Erinnerungen enthält. Die hier veröffentlichten Erzählungen wurden dort herausgenommen, da sie eher neutral und wenig persönlich sind. Sie gesellen sich zu einer längeren Erzählung, die jedoch ein eigenes Buch nicht gerechtfertigt hätte.

Inhaltsverzeichnis

Vorbetrachtungen

Blickst du mit offenem Auge in diese Welt, entdeckst du manchmal kleine, oft übersehene Dinge und verharrst ab und an bei scheinbar alltäglichen Erlebnissen. Manchmal freust du dich über das Wahrgenommene oder bekommst Anlass zum Nachdenken. Wer es außerdem noch vermag, anderen zuzuhören, der wird nicht selten dafür belohnt. Das sind dann jene Preziosen, die der eigenen Phantasie Flügel verleihen und die dich in jene Welt oder Zeit hineinholen, die der andere intensiv erlebt hat.

Manchmal sind es vordergründig betrachtet eher unscheinbare Erlebnisse, die erst bei einem Rückblick an Gewicht gewinnen. Zumeist sind es jedoch spontane Gedanken, die sich so allmählich zu einer Geschichte ausbauen. Das Schreiben entwickelt sich dann zu einem Hineintasten in einen Prozess, dessen Ergebnis selbst den Schreibenden überrascht, manchmal sogar verwundert. Ab und an liegt jedoch eine Geschichte bereits weitgehend fertig vor dem inneren Auge und wartet nur darauf niedergeschrieben zu werden. Darüber verändern sich eigene Erlebnisse und Erinnerungen, entfernen sich von der Realität und mutieren zur subjektiven „Wahrheit", gar zur Phantasiewelt.

In diesem Buch findet der Leser vorwiegend Beiträge, die entweder keinen realen Bezug haben oder Abwandlungen von Erlebtem darstellen. Zwei der Geschichten sind allerdings spontan niedergeschriebene Erlebnisse. Eine wertvolle und bemerkenswerte Farbe bringen die Beiträge meiner Enkeltochter Leonie ein. Von ihr stammen einige Gedichte und Gedanken, die sie als Dreizehn- bezw. Vierzehnjährige verfasst hat. Beim Zeitpunkt dieser Niederschrift ist sie inzwischen fast 17 Jahre alt.

München im Herbst des Jahres 2014
Günter Stoewer

Der Pianist

Thure Bergsteen betrat das Konzertpodium, erhielt verhaltenen Beifall, verbeugte sich etwas linkisch und setzte sich auf den Klavierhocker. Der Geräuschpegel, den das Flüstern der Zuhörer bildete, erlosch nicht sogleich. Dies war nicht üblich und hätte den Pianisten warnen sollen, doch der konzentrierte sich völlig auf seinen Auftritt. Während er am Hocker noch einmal die Sitzhöhe verstellte, gab er dem Publikum Gelegenheit, sich ein Bild von der Person des Pianisten zu machen. Der schlanke, hochgewachsene junge Mann wirkte sympathisch, doch auch etwas versponnen. Sein schmales Gesicht prägten dunkle Augen, die von der Nähe betrachtet, eher nach innen blickten, als auf die Außenwelt. Träumeraugen, fast jene eines Kindes sahen so manche darin. Der Pianist sah gut aus, männlich jedoch nicht und weltoffen schon gar nicht. Er machte den Eindruck, jemand zu sein, der sich nur in der Welt der Musik wohlfühlte und im realen Leben eher verloren vorkam.

Sein Spiel bestätigte die Beobachter darin. Er spielte gut, spielte Schumann und Mendelsohn, spätromantisch und zart. Den Kennern, dies waren leider nicht viele, erschloss sich, hier gab ein großes Talent sein Debüt. Ein alter Mann, hager und mit eisgrauem Bart und seinem Alter unangemessen langem Haar, machte sich eifrig Notizen. Er musste wohl ein Konzertkritiker sein, einer, der sein Brot bei der Zeitung dieser mittelgroßen Stadt verdiente. Sein längliches, asketisches Gesicht mit der schmalen Raubvogelnase wirkte zwar konzentriert, aber nicht unzufrieden. Es stand zu vermuten, dass der junge Pianist mit einer wohlwollenden Beurteilung seines Debüts rechnen durfte. Schon in der Pause zwischen den beiden Musikstücken hatte sich eine Gruppe junger Herren laut unterhalten und auf die anderen Zuhörer keinerlei Rücksicht genommen. Erst ein verstärktes Zischen nötigte sie dann ihre Unterhaltung einzustellen. Ihren spöttischen Äußerungen nach, allerdings nicht gerne. Waren dies etwa jene lauten und unangenehmen Herrschaften aus D., die gelegentlich die alte Stadt „heimsuchten“, sich überlegen gaben und auf die hiesigen Provinzler herabsahen? Den jungen Pianisten, der wie das Programm auswies, selbst aus der benachbarten Großstadt stammte, was hier nicht gerade als Bonus bewertet wurde, hatte es merklich verunsichert. Doch er fing sich wieder und spielte bravourös und dem Werk gerecht werdend. Dann endete er, kurz versunken an dem Flügel verharrend.

Als der erste Beifall einsetzte, verhalten und unentschlossen, vielleicht eher der Höflichkeit geschuldet, wurde dieser übertönt durch die Buhrufe der jungen Männer, die schon zuvor durch ihr flegelhaftes Verhalten aufgefallen waren. Der Beifall der anderen stockte, sollten sie sich denn in der Bewertung des Pianisten und seines Spiels getäuscht haben? Als dann einer der Buhrufer sich gar noch zu dem Ausruf: „Stümper" hinreißen ließ, da verstummte der schwache Beifall. Der Pianist, der dem Ganzen verstört gefolgt war, verließ fluchtartig das Podium. Die Zuhörer in der ersten Reihe konnten sehen, dass ihm Tränen über die Wangen liefen. Als aus der Flegelgruppe weitere Zwischenrufe ertönten, da stand der alte Kritiker auf, viele der Einheimischen kannten ihn. Er wandte sich dem Auditorium zu und erhob seine etwas heisere Stimme. „Meine Damen und Herren, der junge Pianist hat beide Werke gut und einfühlsam gespielt, er ist meines Erachtens ein sehr veranlagter Pianist." Weiter kam er nicht, denn er wurde rüde unterbrochen. „Alter Schwachkopf, was verstehst denn Du von Musik. Halt endlich die Klappe bevor wir sie Dir polieren!" So etwas hatte es in diesem Konzertsaal noch nie gegeben und daher waren die Zuhörer auch entsprechend entsetzt. Doch dies legte sich bald und machte einem kräftigen Zischen und Unmutsäußerungen Platz. Die „Gegenseite" im Gefühl ihrer scheinbaren Überlegenheit beschimpfte nun das Publikum als provinziell und bar jeder Kenntnis der Spätromantik. Doch damit hatten sie das ganze Haus gegen sich aufgebracht, es entstand ein unglaublicher Tumult, den weder der Veranstalter, noch etliche aus dem Publikum aufzulösen vermochten.

Währenddessen saß der bedauernswerte Pianist in dem kleinen Raum, der den Künstlern als Umkleide diente. Er konnte weder den schwachen Beifall geschweige denn die Buhrufe verstehen. Seiner Einschätzung nach hatte er trotz seiner Nervosität gut gespielt. Den Tumult konnte er sogar durch die beiden Türen, die ihn vom Konzertsaal trennten vernehmen. Thure verstand die Welt nicht mehr, und er begann sich zu fragen, ob er sich denn bisher so überschätzt hatte? Hatten ihn seine Lehrer bis dahin geschont und sich nicht getraut, ihm die bittere Pille zu verabreichen? Sein ohnehin höchst labiles Selbstwertgefühl schwand dahin. Ihn schüttelte ein Schluchzen, kündete von dem Leid, das ihm hier zugefügt wurde. Er fühlte sich außerstande, weiter zu spielen, dabei wusste er, dass sein Publikum vor allem wegen der noch ausstehenden Beethovenschen Klaviersonate gekommen war. Keiner kümmerte sich um den verzweifelten jungen Mann; der Veranstalter versuchte noch immer die Wogen zu glätten, die junge Dame, die ihm umgeblättert hatte, lauschte verstört hinter der Ausgangstüre dem Tumult.

Der alte Kritiker, der sich wieder erhoben hatte, ging hoch zum Veranstalter und richtete sich an das Publikum. „Liebe einheimische Musikfreunde, was hier vor unser aller Ohren und Augen abgeht, das habe ich in meinem ganzen langen Leben noch nie miterlebt, und ich bin entsetzt. Diese jungen Flegel inszenieren dieses Spektakel doch ganz gezielt. Diese „Herrschaften", denen jegliche Kinderstube fehlt und auch jede Kenntnis der Klassischen Musik, legen es doch nur darauf an, uns zu provozieren. Dies müssen wir uns weder bieten noch gefallen lassen. Wir alle haben uns auf diesen Abend gefreut und dürfen ihn uns doch durch diese Provokateure aus der Nachbarstadt nicht kaputt machen lassen!" Zustimmender und anschwellender Beifall unterbrach den alten Herrn, der sich dann an den sichtlich verunsicherten Veranstalter wandte. „Ist es denn rechtlich möglich, dass Sie den Saal von diesen jungen Flegeln räumen lassen? Sie sind doch der Veranstalter und können von Ihrem Hausrecht Gebrauch machen!" Bevor sich noch der Veranstalter, ein kleiner und ängstlich wirkender Herr mittleren Alters dazu äußern konnte, gewahrte er furchtsam zusammenzuckend den sich nähernden „Anführer" der Störer. Was hatte der Kerl vor? Doch dazu musste er sich keine Gedanken machen, denn einige junge Einheimische, aber auch unerschrockene Ältere bauten sich vor diesem aggressiven Flegel auf. Daraufhin erhoben sich nun die anderen der Störer, um ihrem Kollegen zu Hilfe zu kommen. Sollte das Ganze gar in eine Schlägerei einmünden, das war eigentlich unvorstellbar in einem solchen Hause? Doch der drohende Albtraum löste sich zu aller Erleichterung wieder auf.

Was hatte diese ausgelöst? Es öffneten sich auf einmal die beiden Ausgangstüren, die zum Vestibül führten und etliche Polizisten betraten den Raum. Sie wurden sogleich empfangen von einem Herrn, der ihnen im Befehlston Anweisungen erteilte. Zum Pech für die Störer und zur Erleichterung der Einheimischen hatte auch der lokale Polizeichef am Konzert teilgenommen. Die Störer, merklich kleiner und leiser geworden, wollten sich nun verdrücken, doch dies misslang ihnen. Sie wurden von den eifrigen Polizisten gestellt und mussten alle mit aufs Revier. Daraufhin gab es erleichterten Beifall der Zuhörer. Doch was wurde nun aus dem Konzert? Konnte es denn überhaupt weitergeführt werden? Der Pianist hatte sich bisher nicht wieder gezeigt, obwohl doch die Pause längst um war. Der Veranstalter ging in die Räume hinter dem Podium, um den Pianisten herauszubitten, doch er fand ihn nicht mehr vor. Nirgendwo, weder in einem der anderen Räume, noch auf der Toilette, zeigte sich eine Spur von ihm. Da auch seine Noten und sein Koffer fehlten, schwante dem Veranstalter Arges. Der junge Mann musste fluchtartig die Stätte seiner vermeintlichen Niederlage verlassen haben. Das Konzert konnte somit leider nicht mehr fortgesetzt werden, und auch das am folgenden Tag mit diesem Pianisten angesetzte Konzert stand auf der Kippe. Wohin hatte sich der junge, offenkundig völlig verstörte Musiker denn gewendet? Es nützte nichts, der Veranstalter musste hinauf auf das Podium und den enttäuschten Zuhörern die „Pleite“ eingestehen.

Er stieß zwar auf Verständnis, dennoch vermochten etliche aus dem Publikum ihren Unmut nicht zu unterdrücken. Unter ihnen befand sich auch der Polizeichef, der erneut zum Handy griff und seine Beamten anrief. Viele hörten mit, was er diesen auftrug, denn er gab seine beiden Anweisungen laut und deutlich. Vermutlich nicht ganz ohne Hintergedanken. Er selbst wolle die Störer verhören, und dies allerdings erst am nächsten Morgen so gegen 10.00 Uhr. Die jungen Leute sollten deswegen im nahegelegenen Gefängnis die Nacht verbringen. Bei Platzmangel eben zu mehreren in einer Zelle. Die zweite Anweisung galt dem Pianisten, nach dem sie suchen sollten. Er beschrieb den jungen Mann präzise und merkte an, dass es ihm darum gehe eine unüberlegte Tat des sicherlich Verstörten zu verhindern.

Diese Anweisung zeugte von Weitsicht und Einfühlungsvermögen. Einer Polizeistreife war ein Fahrzeug aufgefallen, das dessen Fahrer höchst unachtsam und unsicher bewegte. Die beiden Polizisten hatten etwas Mühe, den Fahrer zum Anhalten zu zwingen, denn der Mann schien all das, was sich um ihn her zutrug, nicht mitzubekommen. Die Beamten gingen davon aus, dass sie wieder einmal einen unter Alkohol oder Drogen stehenden Fahrzeuglenker erwischt hatten. Als sie gerade dazu ansetzen wollten, den jungen Fahrer des alten Autos so richtig in die Mangel zu nehmen, erreichte sie der Anruf ihres Einsatzleiters. Der ältere der beiden Polizisten schaute sich darauf hin den Gestoppten nochmals an, um dem Anrufer eine Rückmeldung geben zu können. Auf seine Frage, ob er der gesuchte Pianist Bergsteen sei, antwortete der fast tonlos: „Zum Pianisten tauge ich nicht, aber Bergsteen heiße ich leider immer noch." Der Beamte ging einige Schritte abseits, um seinem Einsatzleiter davon zu berichten, dass sie den Gesuchten zufällig gefunden hätten. Die Streife habe ihn soeben auf der Strasse nach D. wegen seines in Schlangenlinien fahrenden Autos angehalten. Der junge Mann sei allerdings völlig „durch den Wind" und dürfe seiner Ansicht nach, auf keinen Fall weiterfahren. Der Mann wirke auf ihn so, als stünde er kurz vor einem Selbstmord. Doch er, der Streife fahrende Kollege, sehe leider keine Möglichkeit, ihn am Weiterfahren zu hindern.

Sein telefonisches Gegenüber bedeutete ihm, dass er darüber sofort mit dem Polizeichef reden müsse. Der junge Mann solle jedoch unbedingt am Weiterfahren gehindert werden. Den beiden Kollegen empfahl er, ihn unter dem Vorwand mitzunehmen, dass er aufgrund seines Fahrstils einer ärztlichen Untersuchung zugeführt werden müsse. Sie sollten allerdings an der jetzigen Stelle noch so lange warten, bis der Chef ihm noch weitere Anweisungen geben würde. Es dauerte einige Zeit bis der erlösende Anruf kam und ihnen die Weisung erteilt wurde, den Mann ins Revier zu bringen. Einer der Kollegen solle ihn im Einsatzwagen mitnehmen und der andere ihm mit dem Fahrzeug des jungen Mannes hinterherfahren. Der Chef wolle selbst mit ihm sprechen. So verfuhren die beiden Polizisten dann auch. Der Festgenommene ließ völlig apathisch alles über sich ergehen, verwahrte sich weder gegen seine Festnahme noch zeigte er irgendeine Regung des Unwillens, ja nicht einmal des Unverständnisses. Die beiden Polizisten, welche die Vorgeschichte des Ganzen nicht kannten, wunderten sich über das Verhalten des jungen Menschen.

Als die Beamten auf dem Revier eintrafen, nahm ihnen ein Kollege den Festgenommenen ab und ließ sich auch dessen Autoschlüssel aushändigen. Er dankte den beiden Kollegen für ihre Umsicht und nahm Thure Bergsteen mit. Er führte ihn dann zu einer Treppe und brachte ihn hinauf in das Zimmer des Polizeichefs. Dort erwarteten ihn zwei Herren, sein oberster Chef und ein ihm unbekannter alter Mann. Den kannte allerdings der „Festgenommene“, denn es war jener mutige alte Herr, der sich gegen die Buhrufe und Flegelei der Störer so vehement verwahrt hatte. Warum war dieser alte Herr hier im Bereich der Polizei? Nun das erfuhr er umgehend! „Herr Bergsteen, mein Name ist Jürgen Naujokat und ich bin der Kritiker der hiesigen Zeitung. Der hohe Beamte, in dessen Büro wir hier sitzen, ist Herr Weller, der oberste Polizeibeamte von B. Nicht nur ich befand mich unter ihren Zuhörern sondern auch Herr Weller. Wir haben uns zuvor darüber ausgetauscht und waren übereinstimmend der Ansicht, dass wir ein besonderes Konzert erleben durften und haben es beide sehr genossen. Daher empfanden wir diese gezielte und gemeine Störung auch als so ungeheuerlich. Wir haben auch mitbekommen, wie sehr Sie dadurch verunsichert und davon sogar in die Flucht getrieben wurden. Genau auf dieses Verhalten schienen es diese Lumpen angelegt zu haben. Sie durften aus deren Sicht, oder derjenigen ihres Auftraggebers, keinen Erfolg feiern. Sie sollten zudem noch in die irrige Annahme getrieben werden, dass Sie nicht nur versagt hatten, sondern auch für ein Solokonzert nicht die ausreichende Fähigkeiten aufweisen würden. Was uns sehr besorgt gemacht hatte, war ihre verstörte Miene und ihre panische Flucht aus dem Konzertsaal. Wir mussten daher davon ausgehen, dass Sie eine Kurzschlusshandlung begehen würden. Zum Glück hatten die suchenden Polizeibeamten Erfolg, konnten Sie abfangen und vor einer „Dummheit“ bewahren.“

Dann erst schaltete sich der Polizeichef ein. „Herr Bergsteen, alles was Herr Naujokat zu ihrem Konzert gesagt hatte, ist auch mein Empfinden. Ich bin zwar kein solcher Profi wie unser Kritiker, aber ein Musikfreund, der sich höchst selten mal ein Konzert entgehen lässt. Ich kann von daher die Pianisten, die hier in letzter Zeit gespielt haben gut vergleichen. Dies versetzt mich in die Lage, ihre Leistung als sehr ansprechend einzustufen. Sie sind sehr begabt, besitzen eine gute Technik, können sich in die Musikstücke einfühlen und so wiedergeben. Auf diesem guten Fundament werden Sie ihren Weg machen. Sie dürfen sich doch nicht von solch einem Gesindel verunsichern lassen. Dies in Kürze zu Ihnen als Pianisten und zu dem Konzert. Ich möchte nun von Ihnen etwas zu den Störern wissen. Kennen Sie eventuell einen der darin Verwickelten?“ Thure Bergsteen schüttelte den Kopf und sagte mit fast tonloser Stimme: „Nein, ich habe doch keine Feinde!“ Damit begnügte sich der Beamte nicht und setzte nach. Hegen Sie vielleicht eine Vermutung, wem ihr Scheitern als Pianist gelegen kommen könnte? Oder auch wer diese üblen „Herrschaften“ sein könnten?“ Wieder verneinte der Pianist. Außerhalb der Musikwelt pflege er nur wenige Kontakte und würde von den Wenigen, die er kenne, immer sehr freundlich behandelt. „Nun, dann werden wir eben die Störer dazu befragen und in die Mangel nehmen. Wir haben ihnen ihre Handys gezielt abgenommen und lassen sie bewusst bis morgen um 10.00 Uhr „schmoren“. Ich gehe davon aus ihnen wird die Nacht in der Zelle und der wenige Schlaf, den sie dadurch hatten, die Zunge schon lockern. Doch was machen wir denn nun mit Ihnen? Sie einfach wieder ins Auto steigen zu lassen, das widerstrebt mir, denn dabei habe ich ein ungutes Gefühl.“

Herr Naujokat machte einen Vorschlag. „Herr Bergsteen, ich würde Sie gerne zu mir nach Hause einladen und sie bitten, bei uns zu übernachten. Dann könnten wir uns noch eingehend über Sie und Ihr Spiel unterhalten. Danach könnten Sie, ohne sich der Gefahr der Strasse auszusetzen, in unserem Gästezimmer wieder zur Ruhe finden. Was halten Sie davon?“ Der alte Kritiker hatte Thure nicht nur eine Brücke gebaut und den Polizeichef Weller von einer Sorge befreit, er hatte es auch so herzlich vorgebracht, dass der junge Pianist die Einladung gerne annahm. Sein Auto blieb bei der Polizei und er fuhr mit Herrn Naujokat zu dessen Haus am Stadtrand. Der alte Herr hatte nicht nur seine Frau angerufen, die sich über den unerwarteten Gast freute, sondern auch den Veranstalter, den er beruhigte. „Gehen Sie davon aus, dass Herr Bergsteen am morgigen Abend spielen wird, und sich der ganze Spuk wenn auch nicht in Wohlgefallen auflösen wird, aber doch mit erträglichen Schrammen endet.

Spät wurde es im Hause Naujokat, denn die beiden Herren versanken in der Musik, nicht in gespielter sondern in einer Erörterung des Klavierspiels. Herr Naujokat vermochte es, die Stärken des Thure Bergsteen überzeugend darzulegen und ihm auch Tipps zu besserem Auftreten geben. Sein Plädoyer lautete: „Wissen Sie, Herr Bergsten, ich hatte selbst auch einmal von einer Karriere als Pianist geträumt, doch dazu war ich leider nicht begabt genug. Am Fleiß hatte es dabei nicht gelegen und auch nicht am Verständnis dessen, was ich spielte. Ich scheiterte jedoch an der Technik, meine Finger waren einfach nicht so beweglich, wie es für Stücke mit hohen technischen Anforderungen unabdingbar ist. So wurde ich ein theoretischer Musikwissenschaftler, der sich nun im Alter als Kritiker ein Zubrot zur Rente verschafft. Das hat für mich zudem noch den unschätzbaren Vorteil, dass ich, der Musikliebhaber, in all jene Veranstaltungen kommen kann, die ich mir sonst in diesem Umfang nicht leisten könnte. Sie, und das kann ich gut beurteilen, haben bei den drei von mir genannten Anforderungen keine Schwierigkeiten. Was Ihnen allerdings noch abgeht, das ist jene Ausstrahlung, die den Zuhörer von Anfang an gefangen nimmt. Und daran sollten und müssen Sie arbeiten!“ Herr Naujokat ließ den Einwand seines Gegenübers nicht gelten, der einbrachte, dass er dies nicht leisten könne. „Herr Bergsteen, wer so gut und einfühlsam spielen kann wie Sie, der stößt doch von vorneherein auf vorauseilende Anerkennung. Das Publikum ist alles andere als eine Bestie, es will einen schönen Abend erleben und sich vom Spiel des Solisten fortführen lassen. Wenn der es schafft, eine Brücke zu den Zuhörern zu bauen, dann wird dieses Konzert für den Hörer zu einem Erlebnis. Diese Brücke zu errichten, das können auch Sie erlernen.“

„Wenn Sie es wollen, dann gebe ich Ihnen jetzt einige Tipps, die Sie am nächsten Abend gleich einmal einüben können.“ Der noch immer ängstliche Pianist brachte schüchtern ein, er könne am nächsten Abend unmöglich spielen, dazu wäre er viel zu verunsichert. Der alte Herr ließ dies nicht gelten und sagte: „Man läuft nicht einfach davon, zumal mit ihrer großen Begabung. Das heute Abend war doch ein abgekartetes infames Manöver von üblen Gesellen, die ja nicht nur Sie geschädigt haben, sondern auch das Publikum um den Abend gebracht haben. Wenn Sie morgen nicht auftreten, dann haben diese Lumpen doch genau das erreicht, worauf sie es angelegt hatten. Den Gefallen dürfen Sie diesem Haufen Störer auf gar keinen Fall tun; dann würde ja das Üble über das Schöne obsiegen. Das darf auf gar keinen Fall sein. Unser Kämpfen als

Musiker darf sich nicht nur auf das korrekte Wiedergeben der Noten, das Beherrschen der Technik und das Wollen des Komponisten beschränken. Wir müssen zudem noch vehement gegen alle Bestrebungen angehen, die unsere Hochkultur, dieses immens kostbare Erbe unserer Geschichte, gefährden oder gar zerstören können. Das ist unser Auftrag, den Sie und ich zu leisten haben. Das ist beileibe kein Opfer, sondern eine Gnade, die wir denen schuldig sind, die uns diese herrliche Musik geschenkt haben. Sie in deren Sinne wiederzugeben, den Komponisten damit die Ehre zu erweisen, das ist doch auch eine Bereicherung für uns selbst." Ob er damit den jungen Mann erreichen konnte? Zumindest eines hatte er geschafft, das Konzert würde stattfinden. Sein neuer Mentor und dessen so warmherzige Frau würden morgen in der ersten Reihe sitzen und ihm seelischen Beistand leisten.

Dann überraschte Thure Bergsteen den alten Kritiker mit einer Frage. „Herr Naujokat, wie kann ich denn eine zu mir passende Brücke zum Auditorium herstellen? Was empfehlen Sie mir? Und was muss ich außerdem noch tun, um meine Wirkung auf das Publikum zu verbessern?" Der alte Herr lächelte, er hatte den jungen Pianisten aufrichten können und er war gerne bereit, ihm aus seinem Erfahrungsschatz Tipps zu geben. „Herr Bergsteen, es beginnt schon mit ihrem Hineingehen in den Konzertsaal und ihrer ersten Reaktion auf den zur Begrüßung einsetzenden Beifall." Der Kritiker machte es ihm vor und ging mehrere Male zwischen seinem Flügel und der Zimmertüre hin und her. Anschließend ließ er es den Pianisten üben, war aber erst nach dem vierten Versuch zufrieden. Auf einmal erschien der junge Pianist gestraffter und trug ein freundliches Lächeln zur Schau. Seine Verbeugung fiel nicht mehr linkisch aus, sondern zugewendet und sicherer als zuvor. Der nächste Tipp, der half ihm dann besonders: „Wenn Sie sich gewiss sind, dass Sie an diesem Abend dem Publikum eine Freude machen und sich selbst über die ihrem Spiel lauschenden Menschen freuen, dann teilt sich dies auch in ihrer Gestik und Mimik mit. Wenn Sie im Spiel das Gefühl haben, ein Satz oder gar ein ganzes Musikstück sei Ihnen gut gelungen, lächeln Sie nicht in sich hinein, sondern lassen es auch in ihrem Gesicht aufscheinen. Das verbindet sie mit dem Publikum und entkrampft Sie selbst. Mehr Tipps will ich Ihnen vorerst nicht geben, denn das wäre zu viel auf einmal. Gerne bin ich bereit, Ihnen später einmal mit weiteren Vorschlägen zu helfen. Der Weg von Ihrer Heimatstadt zu mir, der ist ja nicht allzu weit; und tagsüber habe ich viel Zeit."

Der alte Kritiker hatte zwar kein Wunder vollbracht, doch er hatte immerhin eines erreicht, Thure Bergsteen traute sich das Konzert am folgenden Abend zu. In der Gewissheit, doch ein guter Pianist zu sein und für den heutigen Eklat nichts zu können, sank er in den Schlummer. Daraus erwachte er am Morgen mit einem guten Gefühl und genoss anschließend die Gegenwart der Naujokats. Beim üppigen Frühstück bemutterte ihn die herzliche Hausfrau. Noch hatte er den Schrecken des gestrigen Abends nicht völlig abgestreift, aber das am Abend anstehende Konzert scheute er jetzt nicht mehr. Als Thure, der sonst allein lebte, ausgiebig gefrühstückt hatte, reichte ihm der alte Kritiker die lokale Tageszeitung. Ganz vorne erschien ein Bericht über die von jungen „Vandalen" verursachte und wohl von langer Hand geplante Störung des Konzerts. Nicht nur das Publikum wäre um ein Erlebnis betrogen worden, sondern auch der sensible Pianist um den verdienten Beifall seines guten Spiels. In diesem Artikel wurde auf die im Kulturteil folgende Kritik des Konzerts hingewiesen. In beiden Berichten kam Thure Bergsteen sehr gut weg. Sein Spiel wurde als technisch perfekt gerühmt und seine Interpretation als dem Werk und dem jeweiligen Komponisten gerecht werdend herausgestellt. In beiden Artikeln wurde darauf hingewiesen, dass das heute Abend angesetzte Konzert stattfinden und sicher zu einem Höhepunkt der Konzertsaison werden würde. Dem labilen Selbstbewusstsein Thure Bergsteens taten die beiden Artikel gut und ermutigten ihn für den heutigen Konzertabend. Der Veranstalter rief auch noch an und bedankte sich, dass der Pianist ihn trotz des schlimmen Vorfalls nicht im Stich lassen würde.

Währenddessen wurden die Störer im Gefängnis von Beamten der Polizei einzeln vernommen, und dabei wenig schonend behandelt. Da noch ziemlich übernächtigt und beeindruckt von dem gestrigen Polizeieinsatz waren sie für die vernehmenden Beamten leichte Opfer. Nach dem Versuch fast aller der Vernommenen, diesen Vorfall als einen Dummejungenstreich darzustellen und abzuwiegeln, wurden sie immer mehr in die Zange genommen. Die vier Ermittler gewannen bald ein einheitliches Bild des Vorfalls. Die jungen Männer hatten sich instrumentalisieren lassen, sie wollten einer jungen Dame einen „Gefallen“ tun. Aus dem Spaß, den sie sich wohl darunter vorgestellt hatten, wurde nun auf einmal eine Tat mit nie erwarteten Konsequenzen. Diese Nacht im Gefängnis, das scharfe Verhör und das allmählich in ihr Bewusstsein eindringende Wissen, dass der Vorfall für sie Folgen haben würde, war auf einmal mehr als nur ein „Betriebsunfall“ der Spaßgesellschaft.

Hinter diesem Vorfall steckte eine gekränkte Frau, die sich an dem jungen Pianisten rächen wollte. Die ehemalige Duopartnerin von Thure Bergsteen, die Geigerin M. S. wollte ihm damit nicht nur eine Lektion erteilen, sondern sein Ziel, künftig als Pianist erfolgreich zu sein, unmöglich machen. Was war dem Ganzen vorausgegangen? Zwei Jahre lang hatten die Geigerin und der Pianist miteinander gespielt und nach anfänglichen Erfolgen zunehmend schlechtere Kritiken erhalten. Nach Ansicht der Kritiker lag dies jedoch nicht an Thure Bergsteen, sondern ausschließlich an seiner Duopartnerin. Alle Vorhaltungen Thures waren jedoch an seiner Partnerin abgeprallt, die weder ihr Nachlassen einsehen wollte noch die zur Verbesserung des Zusammenspiels angesetzten Übungsstunden konsequent einhielt. Er musste auch davon auszugehen, dass seine Partnerin selbst die zur perfekten Beherrschung ihrer Violine unabdingbaren häuslichen Übungen schleifen ließ. Thure erfuhr zudem von Dritten, dass sie sich vermehrt in Diskos herumtrieb und mit eben jenem der aggressiven Störer, einem reichen Nichtstuer, ein Verhältnis begonnen hatte. Sie, die einst so begabte Geigerin, fiel mehr und mehr gegenüber Thure Bergsteen ab und schob ihre Mängel auf ihn, der angeblich die falschen Einsätze und Tempi wählte. Nach einer überaus deutlichen Kritik in einer renommierten Tageszeitung, die vor allem auf die technischen Mängel der Geigerin abzielte, sah sich der Pianist gezwungen, die Zusammenarbeit aufzukündigen. Dazu trug auch der spärliche Besuch ihrer Veranstaltung bei. Thure Bergsteen wollte zukünftig nur noch als Solist auftreten und von jedweder Abhängigkeit von einem Duo-Partner absehen. Das wollte sich die uneinsichtige Ausgebootete nicht gefallen lassen und bedrohte ihn mit dem Anwalt ihrer Familie, was Thure jedoch nicht weiter kümmerte.

Nach diesem missglückten Bluff beriet sie sich mit ihren Freunden aus der Szene, die ihr gerne helfen wollten, sich an Thure Bergsteen zu rächen. Nach längerem Diskutieren fiel ihnen ein, dass sie bei dem nächsten Konzert einen Skandal herbeiführen könnten. Damit wäre er, den ihre Drahtzieherin als wenig selbstbewusst geschildert hatte, so verunsichert, dass er von einer Solistenkarriere absehen würde. Als der nun von allen Verhörten eingestandene Hintergrund des Vorgangs auf dem Tisch lag, rief einer der Beamten einen Kollegen in der Nachbarstadt an. Er bat ihn, die eigentliche Verursacherin des Skandals auf die Wache zu bitten und zu verhören. Sie sollte zuerst nur mit dem „vermutlich" von ihr inszenierten Vorfall konfrontiert werden. Sollte die Dame den bewusst nur als Verdacht dargelegten Vorfall erwartungsgemäß abstreiten, dann sollte ihr der vernehmende Kollege die weitgehend übereinstimmende Aussage ihrer verhörten Kumpane vorhalten. Außerdem wurde ihm geraten, der Anstifterin des Skandals die voraussichtlichen strafrechtlichen Konsequenzen darzulegen, um sie so „weich" zu kriegen. Der Kollege nahm sich des Falles an und stieß auf eine völlig uneinsichtige junge Dame, die alles abstritt und sogar mit einer Verleumdungsklage gegen die Störer und die Beamten drohte.

Damit hatte die Geigerin sich und ihren Gefolgsleuten allerdings einen Bärendienst erwiesen, denn sie hatte nun mit einer Anklage zu rechnen. Im Vertrauen auf den Anwalt ihrer Eltern nahm sie es auf die leichte Schulter, was sich als Täuschung erwies. Das Ende vom Lied war einige Monate später eine Verhandlung, in der ihre einstigen „Freunde" gegen sie aussagten. Die Schadensersatzforderungen des geschädigten Konzertveranstalters hatten es in sich und zeitigten nicht nur große Verstimmung mit ihren Eltern, sondern auch den Bruch mit ihren einstigen Freunden. Die verwöhnte, wenngleich begabte junge Dame erlebte, vermutlich erstmals in ihrem Leben, eine herbe und vielleicht auch heilsame Niederlage.

Thure Bergsteen wurde am Konzertabend mit großem Beifall empfangen. So wie es ihm sein neuer Mentor angeraten hatte, schritt er in den Konzertsaal und getraute sich das Publikum als ihm freundlich gesinnte Menschen zu bewerten. In der ersten Reihe saß das Ehepaar Naujokat und drückte ihm die Daumen. Damit waren sie offenkundig nicht allein, denn das Auditorium, wissend um das gestrige Desaster, sendete dem Pianisten so viele positive Signale, dass der davon ermutigt ein glanzvolles Konzert darbot. Er spielte sich mit einer Haydnsonate ein und danach folgte eine Sonate von Beethoven. Der donnernde Beifall zur Pause festigte sein Selbstvertrauen und ließ ihn bei der folgenden Sonate, wieder von Beethoven, zur Hochform auflaufen. Drei Zugaben musste er zum Schluss geben, und er gab sie gerne, was an seinem strahlenden Gesicht abzulesen war. Damit gelang ihm sein Debüt als Solist doch noch und einer erfolgreichen Karriere stand nichts mehr im Wege. Das war auch die Auffassung der Kritik, die dieses Mal nicht nur aus der Feder von Herrn Naujokat stammte, sondern auch von dessen Kollegen aus der nahen Metropole. Damit bewirkte der Skandal wider Erwarten doch noch Gutes. Die Karriere Thure Bergsteens bekam so schon anfangs einen großen Schub und gab zu großen Erwartungen Anlass. Den Naujokats blieb er auch auf seinem folgenden Weg treu und holte sich bei seinem Mentor immer wieder gerne gewährten Rat ab.

Freiheit

Ich weiß, du tust es unbewusst,
Ich weiß, deine Absicht ist es nicht.
Ich weiß nur nicht, warum musst
Du mich ertränken mit deinem Gewicht?

Ertränken in einem Ozean, so heiß, so kalt,
gemacht aus Begehren, kühlen Blicken und Leid,
Der sich mit aller Macht in mein Herz krallt
Keine Hilfe, keine Rettung weit und breit.

Ziehst mich nach unten, erbarmungsloser Griff,
Siehst mich widerwillig an
Und siehst mich doch nicht.

SOS, lass mich frei, verdammt, lass mich los.
Such dir andere zum Spielen,
versenke nicht mein Floß.
Du hast doch schon mein Herz
Brauchst du noch mein Leben?
Außer meinem Schmerz
Werde ich dir gar nichts geben.

Leonie Müller, damals 14 Jahre alt

Der „Lercherl“

Die sechzehnjährige Magdalena weilte wieder einmal bei ihren Großeltern zu Besuch. Schon am ersten Abend wollte sie von Ihnen wissen, wie sie sich einst kennen gelernt hatten. Die Enkelin, wie alle in der Familie, wusste um die sehr gute Beziehung des alten Paares. Trotz der großen beruflichen Anspannung des Opis, der ein gesuchter Dirigent war, drängte es ihn stets heim zu seiner Frau Faustina. Oft jedoch reiste diese mit ihrem Mann, dem das sehr wichtig war. Dann fühlte er sich wohl und ihre Präsenz beflügelte ihn bei seinem künstlerischen Tun. „Lenerl, darüber erzähle ich sehr gerne, denn für mich war es ein so einschneidendes Erlebnis, dass ich es sogar heute noch immer nicht fassen kann.“ So versuchte die geliebte Großmutter den Gesprächsfaden zu knüpfen, während der Großvater schmunzelnd seiner Frau lauschte. Gelegentlich schaltete er sich ein und bereicherte die Erzählung um eine weitere Sicht. „Opi und wie war es für Dich?“ „Lenerl, lang ist es her, fast ein halbes Jahrhundert. Dennoch steht es, so wie wenn es erst gestern gewesen wäre, vor meinem inneren Auge.“

Versetzen wir uns nun mit der jungen Magdalena zurück in die Jugendzeit des alt gewordenen Paares. Verfolgen wir mit ihr jene schicksalhaften Tage, an denen die Großeltern zueinander gefunden hatten. Der Ort ihres Kennenlernens lag nicht in Wien, wie es Magdalena erwartet hatte, sondern in einer verschlafenen Ecke Niederösterreichs. Selten geschah damals in diesem idyllischen Alpental am Rande des Wiener Beckens etwas von gewisser Bedeutung. Die Tage plätscherten gemächlich und gleichförmig dahin in diesem noch stark von der Landwirtschaft geprägten Tal, in dem sich auch etliche vermögende Wiener niedergelassen hatten. Wobei das mit niedergelassen so auch nicht ganz stimmte, denn die wenigsten dieser Herrschaften weilten das ganze Jahr über hier. Sie flohen allenfalls den heißen Sommer in der Hauptstadt und nutzten darüber hinaus noch die sonnigen Wintertage zum Skifahren und Wandern. Man traf sich natürlich untereinander, plauschte über Alltäglichkeiten oder verlor sich öfters in der angeblich so glorreichen Vergangenheit des Vielvölkerstaates Österreich-Ungarn. Über der kleinen, ziemlich auseinandergezogenen Ansiedlung wachte ein burgähnliches, trutziges

Schloss, das des Fürsten K. Der sehr alte Herr ließ sich selten sehen, und wenn, dann konnte er durch seine gelegentlich schroffe Art so manchen in die Defensive treiben. Ihm zu widersprechen, verbot der Respekt vor Alter und Rang, mehr noch jedoch die Tradition der K. u. K. -Zeit, die vielen noch in den Kleidern hing oder vielmehr deren Bewusstsein bestimmte. Wer man ist, das war hier schon wichtig, doch mehr noch bestimmte das Herkommen die Geltung. Und wer wollte es da schon mit dem Fürsten aufnehmen? Einst beherrschte die Familie K. weite Gebiete des Imperiums Austria, sie stellte Heerführer und Hofräte, bestimmte die Geschicke des Vielvölkerstaates maßgeblich mit. Nach dem verlorenen Krieg wurde der Adel zwar abgeschafft, die Titel durften auch nicht mehr geführt werden, doch das kümmerte hier wenige. Sie redeten sich ungeniert mit ihren einstigen Titeln an, hielten sich an die damalige Rangordnung und blieben vor allem unter sich. Selten verirrte sich damals ein Fremder in dieses Tal, und wenn, dann wurde er misstrauisch, zumindest aber neugierig beäugt.

So erging es auch dem Fremden, der in der Früh vor dem Gasthof „Zum Hirschen“ einem Taxi entstieg und gleich darauf das Gasthaus betrat. Wer war dieser gutaussehende schlanke junge Herr, mit den unüblich langen Haaren, der den Wirt an ein Bild von Franz Liszt erinnerte? Warum hatte es ihn ausgerechnet hierher verschlagen? Was suchte er in diesem, an Attraktionen so armen Tal? Seiner dezent-vornehmen Kleidung nach zu schließen, zählte er nicht zu den Armen, ein beliebiger Wanderer war er also nicht. Doch was trieb ihn dann hierher? Der Gastwirt platzte beinahe vor Neugierde, wagte es jedoch nicht, mehr als die amtlich vorgeschriebenen Fragen für den Meldebogen zu stellen. Der eingetragene Name kam ihm zwar bekannt vor, er musste ihn schon irgendwo mal gehört oder gelesen haben, doch seine Erinnerung ließ ihn fürs erste im Stich. Der Fremde mit seiner gepflegten Sprache führte einen Doppelnamen, Preuss-Lerche nannte er sich und gab als seinen ständigen Wohnsitz eine Wiener Adresse an. Was den Wirt dabei allerdings verwirrte, der Fremde hatte ihm einen deutschen Pass vorgelegt, ausgestellt in einem Bayerischen Ort. Das wollte er nun schon genauer wissen. Der fremde Gast beschied ihn mit: „Herr Wirt, ich arbeite in Wien, daher ist mein Wohnsitz schon in Ordnung angegeben!“ Seinen Doktortitel konnte er nicht unterschlagen, denn der gehörte nun mal zu seinem Namen. Das gefiel dem Wirt schon besser, denn dann musste er sich den Doppelnamen des Fremden nicht einprägen. Befragt nach der Dauer seines Aufenthalts erhielt der Wirt zur Antwort: „Ich möchte, falls nichts dazwischen kommt, hier zwei Wochen Urlaub machen.“ Mehr gab der deutsche „Wiener“ nicht preis.

Nachdem er sich in einem der wenigen Gästezimmer eingerichtet hatte, verließ der Fremde in typischer Wanderkleidung den Gasthof. Er schlug den ins obere Tal führenden Weg ein. Dem ihm nachblickenden Gastwirt schien es so, als würde der Fremde sich hier auskennen, was ihn abermals verwirrte. Rüstigen Schritts ging der Fremde talaufwärts, linker Hand stets vom Rauschen eines tief eingeschnittenen Bachs begleitet. Er genoss die würzige Bergluft und war auch sonst guter Dinge. Behäbige Bauernhöfe grüßten am Wegesrand und zauberten freundliche Farbtupfer in das grüne Tal. Dennoch fühlte sich der Fremde so, als sei er ganz alleine in dem weiten Rund. Wäre ihm jemand gefolgt, dann hätte der Lauschende sich an den Liedern ergötzt, mit denen der Fremde singend seine Lebensfreude ausdrückte. Unschwer hätte ein Kenner die meisten der Lieder Franz Schubert zugeordnet. Bisher hatte der Fremde unterwegs nur wenige Häuser passiert und stieß nun auf eine etwas dichtere Bebauung. Einige Landhäuser zeigten sich auf einer sanften Anhöhe oberhalb des Weges. Dieser hatte sich darunter zu einem kleinen Platz erweitert, den eine Kirche, der Pfarrhof, zwei Bauernhöfe, ein Kramladen und ein weiterer Gasthof zierten. Davor standen etliche Frauen, die so sehr ins Gespräch vertieft waren, dass sie des Fremden Gruß zwar erwiderten, sich jedoch durch ihn nicht weiter stören ließen. Kleine Kinder zu ihren Füßen rundeten die ländliche Idylle ab. Doch diese wurde urplötzlich empfindlich gestört.

Einer der kleinen Jungen hatte einen bunten Schmetterling entdeckt und versuchte ihn zu erhaschen. Der Falter tat ihm jedoch den Gefallen nicht und schwebte in Richtung des Baches davon. Davon nicht entmutigt setzte der Junge nach und stolperte direkt vor dem Geländer, das die Menschen vor dem Abgrund schützen sollte. Unglücklicherweise rollte der Bub unter der unteren Stange hindurch und stürzte in den Abgrund. Der Fremde sah, wie der kleine Junge in der Wand der Klamm auf einen schütteren Busch fiel, der sich dort in einem Spalt verankert hatte. Dadurch wurde der Sturz so gedämpft, dass dem Jungen, so wie er es einschätzte, Schlimmeres noch erspart blieb. Der Fremde entledigte sich blitzschnell seiner Joppe und des Rucksacks, schwang sich über das Geländer und rutschte die Wand der Klamm hinunter. Er hielt sich kurz an einem anderen Busch fest und sprang dann kühn die letzten Meter ins Bachbett hinab. Im tosenden Wasser stehend bekam er den verängstigt schreienden Buben gerade noch zu fassen und konnte ihn sogar etwas zu beruhigen. Der Junge überließ sich willig dem fremden Mann, der ihn aus dem Bach zog und sich dann nach einem geeigneten Aufstieg umsah. Immerhin galt es mehrere Meter an Höhe zu überwinden. Oben reckten die aufgeregten Frauen ihre Köpfe. Sie konnten die Beiden dort unten jedoch nicht sehen, sondern lediglich ihre Stimmen hören. Der Fremde hatte den Namen des Buben herausgebracht und ihn mit fester Stimme vom Weinen abbringen können. Unglücklicherweise lag die Stelle des Absturzes denkbar ungünstig. Sowohl talabwärts, als auch den Bach aufwärts, war ein Entkommen mit dem kleinen Jungen nicht möglich. So blieb ihm nichts anderes übrig, als sich direkt nach oben zu orientieren. Eine schmale Kerbe in der Bachwand versprach ihm eine gewisse Chance.

Der Aufstieg ließ sich zunächst auch gut an. Der Fremde hatte den tropfnassen Jungen auf die Schultern genommen, um so beide Hände frei zu haben. Der still gewordene Bub krallte sich, so wie ihm geheißen, in den langen Haaren seines Retters fest. Die aufgeregt rufenden und wirre Vorschläge hinunter schreienden Menschen schon im Blick, schien es so, als gäbe es auch in der hier sehr glatt gewordenen Kerbe kein Weiterkommen mehr. Es sei denn, er würde den schmalen Riss etwa eine Handbreit über seiner Reichweite mit einer Hand ergreifen können. Dazu musste er jedoch seinen sicheren Stand aufgeben und einen „Hüpfer“ riskieren. Doch was blieb ihm anderes übrig? Gewagt, getan, er hatte nun einen festen Griff und konnte sich langsam mit den Beinen in dem engen Einschnitt hochstemmen. Der kleine Junge verhielt sich dabei mustergültig und schien zu ahnen, wie er seinen Retter unterstützen konnte. Nach dieser schwierigen Passage ging es besser voran. Gebannt schaute das „Publikum“ zu, wie der mutige Fremde den schwierigen Aufstieg bewältigte. Endlich war es dann soweit, er hatte einen festen Stand gefunden und konnte den Jungen mit ausgestreckten Armen nach oben reichen.

Diesen ergriffen mehrere Arme und brachten ihn erleichtert und voll Freude in Sicherheit. Seine Mutter, noch immer nicht frei von Angst, stellte beruhigt fest, dass ihrem Tonerl nichts fehlte.

Den Fremden hatten sie in diesem Augenblick völlig vergessen und ihn seinem Schicksal überlassen. Dabei hätte dieser nun selbst Hilfe gebraucht, denn ihn hatte das Glück verlassen, er hing fest. Trotz angestrengten Tastens, fand er in der glatten Wand keinen weiteren Halt, außerdem zitterten ihm vor Anstrengung auch noch die Beine. Ratlos und hilfesuchend richtete er seinen Blick nach oben und blickte in zwei himmelblaue Augensterne, die besorgt zu ihm herab schauten. „Wie kann ich Ihnen helfen?" Mit dieser Frage verwandelten sich die Augensterne in ein menschliches Wesen. Eine hübsche junge Frau hatte sich über das Geländer gebeugt. Der Fremde, froh über dieses Anerbieten entgegnete ihr: „Kann ich es Ihnen zumuten, sich auf den Boden zu legen und mir dann eine Hand zu reichen?" Flugs folgte die junge Frau der Aufforderung, hielt sich mit einer Hand am stützenden Pfosten fest und reichte die andere hinunter. Gut, dass sie sich festgehalten hatte, denn der Ruck, den der Griff des Fremden auslöste, der hatte es in sich. Der Kletterer konnte so das Geländer erreichen und schaffte es sich daran hochzuziehen. Schwer atmend stammelte er seinen Dank und vermochte nun seine Retterin in ganzer Person erblicken. Und dieser Blick lohnte sich fürwahr, denn ihm stand eine frische, schöne junge Frau in einem hellblauen dirndlähnlichen Kleid gegenüber. Diese hatte vorerst allerdings nur einen Blick übrig für die Schrammen, die sich der mutige Fremde zugezogen hatte und für dessen derangierte und blutgetränkte Hose. „Sie bluten ja ziemlich, junger Mann. Kommen Sie, ich werde sie verarzten!" Das klang einerseits mitfühlend und andererseits auch bestimmt. Sein „aber gerne, Frau Doktor" meinte er zwar leicht ironisch, doch es prallte an der jungen Frau ab, die derlei Ansprache offenkundig gewohnt zu sein schien. Der Fremde ergriff seine Joppe und den Rucksack, die beide die Abdrücke von Fußspuren der unachtsamen Beobachter trugen. Er schien froh darüber zu sein, sich von diesem Platz entfernen zu können.

Wie selbstverständlich, aber auch fast wie unter einem Zwang nahm sie den Fremden an der Hand und zog ihn mit sich fort. Neben dem Gasthof bogen die beiden in ein schmales Sträßchen ein, das sie nach wenigen Schritten sogleich mit einem geschotterten, nach links führenden Weg vertauschten. Vor einem kleinen Häuschen hielten sie bald darauf an. An der Hauswand machte ein Schild klar, dass hier ein Arzt praktizierte: „Dr. med. Ignatius von W.“. Sollte ihn die junge Dame zu ihrem Vater begleitet haben, der dann die weitere Behandlung übernehmen würde? Das bedauerte der Fremdling, denn die junge Dame hatte ihn beeindruckt. Seine Annahme erwies sich jedoch als falsch, denn die junge Frau führte ihn in den Praxisraum, zog sich einen weißen Kittel über und reinigte ihre Hände. Danach „befahl“ sie dem Fremden seine Hose abzulegen, damit sie sich ein Bild von seiner Verletzung machen könne. Seine Verlegenheit konstatierend lachte sie lauthals und sagte: „Junger Herr, sie behalten ja noch ihre Unterhose an. Außerdem habe ich in meiner Ausbildung auch schon mal einen nackten Mann gesehen!“ Der Fremde „folgte“, legte seine ramponierte Hose ab und sah nun selbst, dass er eine erhebliche Blessur davon getragen hatte. Die Felswände der Klamm waren eben nicht überall vom Wasser glattgeschliffen worden und ausgerechnet eine solche Stelle musste er bei seinem eiligen Hinabrutschen erwischt haben. Mitfühlend beäugte die junge Ärztin die Wunde und urteilte dann: „Das muss ich wohl oder übel nähen und Ihnen zuvor eine Spritze geben. Legen sie sich nun bitte auf die Liege und drehen Sie sich auf die linke Seite.“

Gewissenhaft reinigte die blonde Ärztin erneut ihre Hände, zog eine Spritze auf und richtete die für die kleine Operation notwendigen Instrumente her. Mit geübtem Griff, aber dennoch vorsichtig setzte sie in der Nähe der Wunde ihres Patienten eine Spritze. Sie wartete die Wirkung der Spritze ab und fragte ihren Patienten, ob er noch eine Tetanus-Spritze wünsche, um ganz sicher zu gehen. Der dankte und sagte, dass er diese vor noch nicht allzu langer Zeit bekommen habe. Danach machte sie sich über die Wunde her, säuberte sie und drückte den Riss zusammen. Hatte der Fremde nun gehofft, dass er vielleicht doch noch mit Binde oder Pflaster davonkommen würde, sah er sich erneut getäuscht. Geschickt setzte die junge Ärztin die Stiche, nähte die Wunde und schützte sie mit einem Pflasterstreifen. „Die Fäden müssen in einer Woche gezogen werden, entweder von mir, oder eben dort, wo sie sich dann gerade aufhalten werden. Haben Sie sonst noch irgendwo Schmerzen, die äußerlich nicht zu diagnostizieren sind?“ Der Fremde verneinte und beteuerte, dass er sich ansonsten ganz gut fühlen würde.

Danach wurde es „amtlich“, denn die Ärztin wollte die Daten ihres Patienten wissen. Sie beugte sich über ein Formular und gab so dem Patienten die Gelegenheit ihren Nacken und die schönen blonden Haare zu bewundern. Ihr Name? Preuss-Lerche. Ihr Vorname? Maximilian. Geboren am? 4. 4. 1936. Wo sind Sie geboren? In Salzburg. Wer ist Ihr derzeitiger Arbeitgeber? Die Wiener Philharmoniker. Die Ärztin nun misstrauisch geworden, musste hier nachfragen und ihn ermahnen. „Bitte machen sie keine Scherze, dabei handelt es sich um unser weltberühmtes Orchester und um keinen Arbeitgeber!“ Streng hatte sie es gesagt, ihre Zweifel waren dabei unüberhörbar. „Verehrte gnädige Frau, ich muss sie enttäuschen, die Philharmoniker sind auch ein Verein, die ihre Dienstleistenden engagieren, sei es den Dirigenten oder sei es die Garderobiere.“ Wohl oder übel musste sich die Ärztin damit begnügen, doch von da an war sie auf der Hut, denn sie hatte das Gefühl, dass mit dem eigentlich sehr interessanten Mann einiges nicht „stimmen“ konnte. Das was er ihr auftischte, setzte bei ihr bereits leise Fragezeichen. Doch wie er mit ihr, der Ärztin, umging, so von gleich zu gleich, das war sie aus ihrer beruflichen Praxis allenfalls von ihren Kollegen gewohnt, aber doch nicht von einem Patienten. Musste sie dessen Verhalten nun als frech oder als selbstbewusst einstufen? Sie wurde den Eindruck nicht los, dass der Fremde sie nicht ganz ernst nahm. Irgendwie verwirrte es die Ärztin zusehends.

Um wieder festen Boden unter die Füße zu bekommen, stellte sie ihm noch einige Fragen, die eigentlich mit dem für die Abrechnung erforderlichen Bogen nichts zu tun haben konnten. „Herr Preuss-Lerche, was sind Sie denn von Beruf?“ „Ich habe Musik studiert und arbeite derzeit als Korrepetitor und gelegentlicher Dirigent bei den Wiener Philharmonikern.“ Angenehm überrascht fasste sie nach: „Tun Sie das denn gerne und können sie davon überhaupt leben?“ Der Fremde lachte leise, vielleicht auch amüsiert und antwortete: „Das sind allerdings Fragen, die Sie sicherlich als Ärztin nicht brauchen, doch ich will Ihre Wissbegier gerne stillen. Ich bin seit Kindertagen von der Musik fasziniert und wollte mein Leben lang nichts anderes als Musik machen. Das darf ich nun tun, noch dazu nach einigen kurzen Stationen in der „Provinz“, sogar bei den Wiener Philharmonikern. Und dies auch noch leidenschaftlich gerne. Diese meine Leidenschaft wird zudem bestens entlohnt. Kommen dazu gar einige Schallplatten, die sich gut verkaufen, dann ergibt das auch noch ein nicht zu unterschätzendes Zubrot.“ Höchst interessiert setzte die Ärztin nach: „Ich unterstelle, dass Sie vermutlich dann auch ein oder mehrere Instrumente gut spielen können?“ Der Befragte nickte, gab jedoch keine weitere Erklärung dazu ab. Die Ärztin spielte, wie sie sagte, selbst Querflöte und liebte die Musik. Doch ihr Interesse rührte nicht allein hieraus, sondern mehr noch weil ihr der Gast gefiel. Daher fragte sie nach, um welche Instrumente es sich bei ihm handeln würde, denn deren Beherrschung, so vermutete sie, sei doch dafür unabdingbar. Wieder lächelte ihr Gegenüber, irgendwie gefiel ihm wohl das Interesse der schönen jungen Frau. „So ist es, darum kommt man an der Musikhochschule nicht herum. Klavier und Cello waren es bei mir, aber zu einer Solistenkarriere hätte es bei mir nicht gereicht. Außerdem kümmerte ich mich von Anfang meines Studiums an mindestens so intensiv um Komponieren und Dirigieren.“

Die Ärztin hatte inzwischen den Papierkram abgeschlossen, den Arztkittel abgelegt und mit ihm auch die letzten Anflüge ihrer bisher eher amtliche Miene. Jetzt erst stellte sie sich als Faustina H. vor. Eingedenk des Schildes am Haus setzte der Patient nach und wollte wissen, wer denn der Herr auf dem Praxisschild sei und ob sie denn auch von Adel wäre. Das Letztere bestätigte sie, fügte aber hinzu, dass sie sich an die hiesigen Regeln halte und weder das von, noch ihren Gräfinnentitel führen würde. „Das Schild stammt noch von meinem Großvater, der jedoch schon lange nicht mehr praktiziert. Allerdings bringt er es nicht übers Herz, seine Praxis aufzugeben. Daher lässt er sich einmal in der Woche von einem Gastarzt vertreten. Jetzt hofft er darauf, dass ich ihn demnächst ablösen werde, doch daraus wird nichts. Ich helfe ihm zwar gerne in meinen Ferien aus, doch ansonsten muss ich in Wien meinen Facharzt als Internistin noch fertig machen. Später möchte ich jedoch nicht hier im Tal arbeiten, sondern in einer größeren Stadt, am liebsten allerdings im Ausland praktizieren. Leider sind mir Aufenthalte im Ausland verwehrt geblieben, dafür haben bisher weder die Zeit noch meine Mittel ausgereicht.“ Der Fremde griff das Stichwort Mittel auf und bat gleich bezahlen zu dürfen. Die Ärztin verlangte einen so bescheidenen Betrag, dass er zurückfragen musste. Dann griff er wie gewohnt in seine Jackentasche und zog die Hand erschrocken zurück, denn sie griff ins Leere. „Meine Brieftasche ist weg", sagte er entsetzt. „Im Gasthof „Zum Hirschen" hatte ich sie mir, das weiß ich ganz sicher, eingesteckt. In die Klamm kann sie auch nicht gefallen sein, denn ich hatte meine Joppe noch vor dem Geländer abgelegt. Solch ein Schlamassel, welch eine Lauferei wird das werden, bis die Papiere wieder beieinander sind." Dann griff er zum Rucksack, fasste in ein Geheimfach und zog einige Scheine heraus, mit einem von diesen konnte er das bescheidene Honorar der Ärztin begleichen. „Wenigstens dies hat der Dieb übersehen."

Faustina drängte sich augenblicklich ein Verdacht auf. Hatte sich denn nicht auch der alte Trunkenbold Schani auf dem Kirchplatz herumgedrückt? Wenn sie den alten Säufer richtig einschätzte, dann saß der jetzt beim Kirchenwirt, um dort seinen Raub in Alkohol umzusetzen. Sie bat ihren Gast sich noch einige Minuten in der Praxis aufzuhalten, sie hege einen Verdacht und wolle versuchen, ihm seine Börse wieder zu verschaffen. Dem verwunderten Fremden war dies sehr recht, denn dann konnte er sogar noch einige Zeit im Refugium der Ärztin verweilen. Während er sich, unabgelenkt durch die schöne Medizinerin, in der Praxis umsah und hinaus in den mit bunten Bauernblumen bestandenen kleinen Vorgarten blickte, eilte diese hinüber zu dem Kirchenwirt. Dort wechselte sie einige Worte mit der resoluten Bedienung. Diese ging zum alten Schani, griff ihm unsanft in die Jacke und hielt danach triumphierend eine ansehnliche Brieftasche in die Höhe, die nie und nimmer dem Trunkenbold gehören konnte. Der hatte jedoch bereits wieder so viel Bier und Schnaps zu sich genommen, dass er nicht so recht mitbekam, was ihm geschehen war.

Mit der Brieftasche in der Hand eilte die Ärztin zurück und konnte ihre bitteren Gedanken über die Dörfler nicht unterdrücken. Niemand hatte dem Fremden seine mutige Tat gedankt, auch sie nicht, und ein Lump hatte ihn noch dazu bestohlen. Was musste dieser Mann über die Dörfler denken, und was auch über sie? Nur das letztere war ihr plötzlich wichtig, denn der feine Herr beunruhigte und interessierte sie gleichermaßen. Irgendetwas „stimmte" allerdings nicht mit ihm. Sie machte es an seinem lockeren Umgang mit ihr selbst fest. Sonst war Faustina es gewohnt, dass die Männer ihr, der Frau Doktor, einen gehörigen Respekt entgegenbrachten. Der steigerte sich zumeist noch, wenn diese dann herausgefunden hatten, dass die Ärztin sogar eine Komtess war. Und dieser Musiker? Entweder hatte der beruflich oder privat mit diesem Stand zu tun, oder stammte er vielleicht selbst aus einem solchen Hause? Doch das wohl eher nicht, denn solch ein Zufall ausgerechnet hier draußen in diesem Tal schien ihr zu abwegig. Auf alle Fälle wollte sie ihn noch etwas hinhalten, um ihm vielleicht noch einiges zu entlocken. Bisher wusste sie ja noch nicht einmal, ob er verheiratet oder sonst wie gebunden war.

Als Faustina wieder in der Praxis anlangte, hatte sie auf dem Weg zurück der Versuchung widerstanden, in die für sie so interessante Brieftasche hineinzuschauen. Brav hatte der Fremde auf der Liege ausgeharrt und blickte die Ärztin erwartungsvoll an. Als sie ihm die Brieftasche überreichte, konnte er seine Freude darüber nicht verbergen und dankte ihr so herzlich wie erleichtert. Ihm genügte ein kurzer Blick hinein, um festzustellen, dass nur wenig fehlte. Auf ihre Frage, ob er gegen den Dieb Anzeige erstatten wolle, verneinte er. „So wie Sie es mir geschildert haben, ist der doch nur ein armer Hund. Eine polizeiliche Aktion würde ihn weder bessern, noch mir die paar Schilling zurückbringen. Weder meine D-Mark noch die Dollar hatten ihn interessiert.“ Nach einigem Zögern räumte er noch ein, dass dann die kleine Geschichte womöglich noch zu einer Staatsaktion aufgebauscht würde. Ihm würde dann hier im Tal noch mehr Misstrauen entgegenschlagen. „Fremde werden doch hier erst einmal entweder als Gauner oder Hochstapler „gewürdigt“, gern gesehene Gäste sind sie doch bestimmt nicht.“ Bitter hatte er es gesagt und dabei die Ärztin davon vermutlich nicht einmal ausgenommen. Diese plagte längst ein schlechtes Gewissen. Sie wollte sich ihm daher von einer gastfreundlichen Seite zeigen. Freundlich bat sie den Herrn Preuss-Lerche nebenan in ihr privates Reich. Dort wollte sie ihm die zerrissene Hose flicken, denn so könne sie ihn doch beim besten Willen nicht unter die Leute lassen, wie sie anmerkte. Ihm schien dies ganz recht zu sein.

Neben dem eher spartanisch eingerichteten Praxisraum befand sich das gemütlich eingerichtete Wohnzimmer der jungen Frau. Dessen Fenster eröffneten einen Blick auf das große Nachbarhaus. Der Fremde erfuhr, dass dort sowohl der Großvater, als auch die Tante der Ärztin wohnte. Der leicht besorgt Ausspruch: „Ich hoffe nur, meine Tante kommt in ihrer Neugier nicht auf die Idee, bei mir könnte ein junger Mann zu Gast sein. Das würde ihr nämlich ganz und gar nicht gefallen“, ließ ihn aufhorchen. Auf seine Nachfrage erfuhr er, dass die Ärztin eine Waise war, die seit Kindertagen unter der Vormundschaft ihrer ledig gebliebenen Tante lebte. Da der Gast zu Recht annahm, dass Faustina längst volljährig sein musste, er schätzte sie auf Mitte Zwanzig, fand er diese verlängerte Vormundschaft höchst merkwürdig. Er gab zu bedenken, dass jede Vormundschaft, zumindest bei „normalen“ Menschen, mit der Volljährigkeit enden würde. Faustina schüttelte den Kopf und entgegnete: „Meine Tante behauptet steif und fest, dass das mit der Vormundschaft so seine Ordnung habe. Nach wie vor erhalte ich daher lediglich ein Taschengeld und muss meine Ausgaben und Einnahmen akribisch aufführen. Angeblich sei dies notwendig damit der Notar, bei dem das Erbe verwaltet wird, Bescheid wisse. Sonst würde der Notar keine weiteren Mittel freigeben. Außerdem sei dieser strenge Notar überaus beschäftigt und hätte es nicht gerne, wenn man in einer so klar geregelten Angelegenheit ihn unnötig behelligen würde.“ Ihr Gast runzelte die Stirn, denn diese Geschichte roch für ihn bedenklich. Faustina nannte den Namen des Wiener Notars, der sich als ein Verwandter seiner Mutter herausstellte, was er allerdings noch für sich behielt.

Während sie einen Tee kredenzte, erzählte Faustina noch ein wenig von sich. Alles was Maximilian von ihr hörte, gefiel ihm außerordentlich gut. Diese Faustina schien ein liebe und wie erlebt auch praktische junge Frau zu sein. Aber warum brachte sie dann den Mut nicht auf, von sich aus den Notar aufzusuchen, um diese dubiose Vormundschaft zu hinterfragen? Dies blieb vorerst ein Rätsel für ihn und hatte ihn eigentlich auch nichts anzugehen. Aber irgendwie „kitzelte“ ihn diese Geschichte schon, oder war es doch eher die schöne junge Frau? Als Ärztin wirkte sie selbstsicher und kompetent, doch als Mensch schien dies nicht der Fall zu sein. Weshalb war dies so? Das blieb für Maximilian vorerst ein Rätsel, das er allerdings gerne aufgelöst wüsste.

Danach machte sich Faustina über seine derangierte Hose her. Er saß, züchtig mit einem Handtuch verhüllt, auf dem Sofa und schaute ihren flinken Händen zu. Nun war es an ihm auszupacken und er gab bereitwillig Auskunft. Ob er eine Familie habe, das wollte sie als erstes wissen. Weder verheiratet, noch sonst wie gebunden sei er, damit gab er ihr eine sie beruhigende Auskunft. Maximilian konnte es aus ihrem Gesichtsausdruck entnehmen, dass ihr dies gefiel. Daraus zog er seine Schlüsse und freute sich darüber. Er selbst sei ein Einzelkind, dem allerdings das Internat, in dem er zur Schule ging, diesbezügliche Allüren gründlich ausgetrieben hätte. „Für diejenigen, die mich mochten, da war ich „der Lercherl". „Wohl wegen ihres Namens" fragte seine Gastgeberin hinein. Damit löste sie bei ihm ein fröhliches Lachen aus. „Nein, nicht deswegen, sondern weil ich, sobald ich mich alleine wähnte, laut gesungen habe. Der Musiklehrer, dem dies nicht entgangen war, attestierte mir eine Stimme wie der einer Lerche." „Wie nannten sie dann die anderen, Ihnen weniger gewogenen Mitschüler?" „Für die Bayernbuben war ich, der Nichtbayer schlicht „der Preiss". Aus diesen beiden Spitznamen habe ich mir dann meinen Künstlernamen gebastelt." Faustina, die dieser Mann mehr und mehr faszinierte, setzte nach: „Warum haben Sie sich denn einen Künstlernamen zugelegt, hat ihnen ihr eigentlicher Name nicht zugesagt?" Maximilians Stirn kräuselte sich, ihm schien diese Frage nicht sonderlich genehm zu sein und er rückte zögerlich damit heraus: „Das schon, doch der hatte für mich leider einen Haken. Ein so alter und bekannter Name wie der, den ich mit der Taufe erhielt, ist im Musikleben eher hinderlich und erschwert meines Erachtens die Karriere; und um die war es mir schon zu tun." Die junge Ärztin ließ ihrer Neugier freien Lauf und fragte weiter: „Darf ich wissen, wie ihr abgelegter Name lautet oder wollen sie ihn nicht preisgeben?" Maximilian, der dieses Interesse zu Recht mit seiner Person verband, schmunzelte und erzählte, auch er stamme aus einem altadeligen Haus. Aber außer seiner sonst so lieben und unkomplizierten Mutter, die darauf Wert lege mit „Durchlaucht" angesprochen zu werden, hätten alle jüngeren Angehörigen der Familie den Namen in der Mottenkiste der Historie abgelegt. Er möchte lieber seine Geltung aus dem im Leben Erreichten beziehen und eben nicht den Meriten seiner Ahnen zu verdanken haben. So deutlich hatte er es gesagt, dass Faustina davon absah, weiter nachzuhaken.

Sie konnte das gut nachvollziehen, ihre Tante würde es hingegen als verwerflich ansehen, und es als Schmähung der Altvorderen verurteilen. Ihr Interesse für den „Lercherl“ hatte sich dadurch allerdings noch weiter gesteigert, und sie gestand sich ein, dass sie gerne und noch oft mit ihm zusammen sein wollte.

Gerade als sie ansetzen wollte, um noch mehr von ihm zu erfahren, zuckte sie erschreckt zusammen. Ihrem Gesicht konnte Maximilian einen Anflug von Furcht entnehmen. Eine vornehm gekleidete Dame kam den Gartenweg herauf. Auch der „Lercherl“ hatte diese wahrgenommen und beobachtete die schlanke Gestalt, die sich dem Hause näherte. Es musste sich bei ihr um der Ärztin Tante handeln. Diese würde im unteren großen Haus wohnen, das hatte er doch zuvor erfahren. Der verängstigte Gesichtsausdruck seiner Gastgeberin ließ ohnehin keine andere Deutung zu. Der „Lercherl“ war gespannt darauf, wie die Dame nun auf den unerwarteten Besuch ihrer Nichte reagierte. Die Eingangstüre hatte sich noch nicht geschlossen, als es schon aus dem Gang erschallte: „Tinerl, stell Dir vor, eine Fremder hat das Tonerl von Rainers aus der Klamm gerettet und ist danach wieder spurlos verschwunden. Da passiert bei uns endlich mal was und dann schleicht sich dieser fremde Mensch so mir nix dir nix wieder davon. Mit dem langhaarigen Menschen stimmt garantiert was nicht.“ Dann stand sie in der Türe, sah den fremden Mann, den sie soeben noch so verdächtigt hatte und blieb wie vom Donner gerührt stehen. „Faustina!!! Was geht hier vor, und das in meinen eigenen Wänden. Du nähst diesem wildfremden Kerl die Hose, lässt dieses halbnackte Mannsbild allein in Deiner Stube sitzen. Das ist mit Verlaub gesagt, geradezu unerhört!!!“ Die an und für sich passabel aussehende etwa fünfzigjährige Frau, mit dem allerdings etwas zu strengen Gesicht, hatte sich förmlich in Rage geredet. Oder ging es ihr doch eher darum, was der „Lercherl“ vermutete, dass ihre Nichte sie nicht einbezogen und um Erlaubnis gefragt hatte?

Der „Lercherl“ fühlte sich befleißigt einzugreifen: „Gnädige Frau, Ihre Empörung ist mir nicht so recht verständlich. Es gibt keinerlei Grund Ihrer Frau Nichte irgendwelche Vorhaltungen zu machen. Ganz im Gegenteil. Sie hat mir meine Wunde, die ich mir beim Abrutschen ins Bachbett zugezogen hatte, inzwischen ärztlich bestens versorgt. Jetzt ist sie dankenswerterweise noch dabei, meine zu Schaden gekommene Hose wieder so zu flicken, dass ich damit in der Öffentlichkeit keinen Anstoß errege. Gestatten sie, dass ich mich vorstelle: Mein Name ist Maximilian Preuss-Lerche von den Wiener Philharmonikern." Bellend scharf kam die Entgegnung: „Wer auch immer Sie sind, mit Ihnen stimmt etwas nicht, die Wiener Philharmoniker sind auf Tournee in den USA. Wenn ich mich nicht irre, dann sind sie ein Hochstapler und weiter nichts!!! Faustina, gib diesem höchst dubiosen „Herrn" seine Hose, die soll er sich sonst wo flicken lassen und nun hinaus mit ihm aus meinem Haus!!!" Der „Lercherl" zog sich gelassen die Hose an, die nur noch am Saum nicht genäht war. Er bedankte sich bei Faustina und nickte deren Tante fast spöttisch zu, die diese Missachtung offenkundig ärgerte. Die sichtlich verschüchterte Faustina, die ihn zum Tor begleitete, entschuldigte sich leise für den Auftritt ihrer Tante und bat den „Lercherl", ihn in zwei Stunden oben beim Kreuz treffen zu dürfen. „Ich freue mich darauf, Faustina." „Bis nachher, Lercherl!"

Fast auf die Minute genau trafen sich die beiden jungen Leute beim Kreuz und ließen sich auf dem dortigen Bänkchen nieder. Faustina entschuldigte sich für den Auftritt ihrer Tante, für den sie sich geschämt habe. Der „Lercherl" bedeutete ihr, er habe sie dabei nur bedauert und so seine Schlüsse aus ihrem gegenseitigen Verhältnis gezogen. „Faustina, kann es denn sein, dass Ihre Tante diese meines Erachtens unangemessen strenge Vormundschaft aus einem eigennützigen, sich mir noch nicht erschließendem Grund ausübt? So wie ich den Eindruck gewonnen habe, hält Sie diese Tante in einem unvertretbaren Abhängigkeitsverhältnis. Will sie damit vielleicht verhindern, dass sie auf eigenen Füßen stehen können? Noch gefährlicher scheint es wohl für sie zu sein, wenn sich gar ein Fremder einmischen würde!" Faustina musste ihm leider Recht geben und eingestehen, dass sie bisher unter der Fuchtel ihrer Tante jedwede Eigenständigkeit aufzugeben hatte. Bisher habe sie es noch nie gewagt, sich daraus zu lösen, denn sie verfüge derzeit noch über kein eigenes Einkommen. Außerdem drohte ihr die Tante damit, sie bei „Insubordination" zu enterben. Ihr, Faustina, würde das mütterliche Erbe erst dann zustehen, wenn sie sich verheiraten würde. Dem „Lercherl" rutschte es heraus: „Und den „Schmarren" nehmen Sie ihr ab? Ich habe zwar nur wenig Ahnung von juristischen Dingen, aber das stimmt garantiert nicht.“

Der ihr so sympathisch gewordene „Lercherl“ hatte mit wenigen Worten all jene Zweifel und Fragen angesprochen, die Faustina seit Jahren bedrängten. Bevor sie ihm darauf antworten konnte, setzte der der junge Herr noch einmal nach: „Faustina, warum haben Sie denn dann nicht geheiratet, um so an Ihr Erbe heran zu kommen?“ Mit dieser Frage brachte er sie kurz in Verlegenheit, doch dann bekannte sie, der Passende sei ihr noch nicht begegnet. Sie hätte außerdem ganz feste Vorstellungen davon, wie ihr Zukünftiger sein sollte. Bei der Konzentration auf ihr Studium bliebe ohnehin jegliche Freizeit auf der Strecke und auf einen Mediziner wolle sie sich eher nicht einlassen. „Außerdem sorgt meine Tante schon dafür, dass ich gar nicht erst auf den Gedanken kommen kann, einem jungen Mann zu begegnen. Nach der Vorstellung meiner Tante muss dieser nämlich ebenbürtig, und vor allem auch ihr genehm sein, denn sonst würde der Erbfall nicht greifen.“ Dieses Mal verkniff sich der „Lercherl“ den Ausspruch „Schmarren“, aber er dachte sich dabei schon sein Teil. So allmählich bekam der „Lercherl“ heraus, dass Faustinas Mutter und die Tante das Vermögen ihrer Großmutter zu gleichen Teilen geerbt hatten. Der Enkelin Faustina sei zwar das Arzthäusel überschrieben worden, was jedoch die Tante als ihr Vormund nach wie vor als ihr Eigentum behandelte. Ihr Großvater habe zwar ein lebenslanges Wohnrecht und eine monatliche Rente, doch auch ihn würde seine Tochter sehr knapp halten. Bei „Lercherls“ weiterem Nachfassen kam heraus, dass die Tante hingegen auf großem Fuße lebte, angefangen vom Mercedes bis hin zu ihren meist kostspieligen Ausflügen nach Wien oder Linz. Sie leistete sich auch eine kleine Wohnung in Wien, in der Faustina während ihres Studiums ein Zimmer, allerdings gegen Anrechnung der Miete auf ihr Erbe, bewohnen dürfe. Die große Leidenschaft ihrer Tante sei es, in den besten Geschäften von Wien einzukaufen, anschließend in besonderen Lokalen vornehm zu speisen und nachmittags beim Sacher ihren Kaffee einzunehmen. Dort würde sie als Gräfin hofiert, was sie sehr genieße.

„Lercherl“ schwieg einen Moment, denn er legte sich seine Worte gut zurecht: „Faustina, mein gesunder Menschenverstand sagt mir, dass mit ihrer Vormundschaft so einiges nicht stimmen kann. Wenn Sie damit einverstanden sind, dann klären wir Ihre Situation direkt beim Notar in Wien, und dies so schnell wie möglich. Passt es Ihnen denn morgen ganz in der Früh um sechs?“ Faustina nickte, so ermutigt würde sie sich getrauen, aus ihrem „Gefängnis“ auszubrechen. Außerdem schlief die Tante in der Regel bis neun Uhr und da wäre sie ja längst mit dem „Lercherl“ in Wien. Sie schaute ihn sinnend an und fragte, es klang etwas bang: „Lercherl, warum helfen Sie mir denn so engagiert?“ Sie erhielt zuerst nicht die erwartete Antwort, denn er spottete: „Wer weiß, vielleicht ist ein Detektiv an mir verloren gegangen?“ Als der „Lercherl“ jedoch bemerkte, dass Faustina bei dieser Antwort enttäuscht, ja traurig blickte, da fasste er sich ein Herz. Er nahm sie spontan in seine Arme und küsste sie. „Deswegen…“ sagte er dann, und sie wiederholte erleichtert und glücklich strahlend: „Deswegen.“

An dieser Stelle unterbrach die Enkelin Magdalena ihre Großeltern. „Aber Omi, und Du hast Dich dabei überhaupt nicht geziert?“ Die alte Dame lächelte verschmitzt: „Aber nein, mein Lenerl, ich hatte mich doch schon so heftig in den Opi verliebt, sah in ihm meinen Retter und auch meine Zukunft. Ich wusste zudem, als sich mein unbegründetes Misstrauen verloren hatte, dass der „Lercherl“ ein ganz besonderer Mann war. Einerseits ein feiner und kultivierter junger Herr, aber andererseits auch ein Mann, der mit beiden Beinen fest auf dem Boden stand. Ich vertraute ihm nach der kurzen Phase des Abtastens völlig und spürte auch sein ehrliches Interesse an mir.“ „Und wie ging es Dir, Opi? War Dein „Überfall“ nur ein spontaner Einfall oder doch mehr?“ Der alte Dirigent lachte fröhlich: „Aber ja, mein Lenerl! Selten hatte ich ein solch natürliches Mäderl erlebt und auch keine, die mir auf den ersten Blick schon so gut gefallen hatte. Wie sie zu mir in die Klamm hinab blickte mit ihren Augensternen und um mich besorgt wirkte, das hat mich gleich für sie eingenommen. Und mit jeder Minute, die ich sie erlebte gefiel sie mir immer besser. Dass es dann so schnell mit uns beiden ging, oder wie Du sagen würdest „gefunkt“ hat, dies schien mir eine schicksalhafte Fügung zu sein.“ Diese Antwort gefiel der Enkelin und beflügelte ihre Neugierde: „Und wie ging es dann mit Eurer Geschichte weiter? Hat Euch der böse Drachen noch einen Strich durch die Rechnung gemacht?“ Ihre Großmutter schüttelte den Kopf und sagte lächelnd: „Nein, Lenerl, sie hatte doch gegen meinen „Lercherl“ keine Chance! Mein „Drachentöter“ hat mich nicht nur aus ihren Fängen befreit, er hat dem „Drachen“ auch sämtliche Giftzähne gezogen, doch lass uns erst einmal mit der Geschichte fortfahren.“

Nach einiger Zeit erinnerte Faustina sich, dass sie ja weiter oben auf einem der Bergbauernhöfe der verletzten Pichlerin eine Visite versprochen hatte. „Lercherl, gehst mit?“ „Aber ja, ich lass Dich doch jetzt nicht mehr aus den Augen.“ Faustinas Rektion war ein glockenhelles, aber sichtlich glückliches Lachen. Der alten Pichlerin ging es inzwischen so gut, dass sich die Frau Doktor lediglich um den Verbandswechsel kümmern musste, aber ansonsten nichts weiter für sie tun konnte. Überrascht davon, dass die Frau Doktor nicht alleine gekommen war, fragte die Bäuerin deren Begleiter, ob er denn auch ein Doktor wäre, was der bejahte. Er schmunzelte über Faustinas Stirnrunzeln und draußen vor dem Hof dann über ihre leisen Vorhaltungen. „Lercherl, so auf den Putz hauen solltest Du nicht, das kommt doch gleich im Tal herum.“ „Dann soll es doch, Schatzerl, es stimmt schon mit dem Doktor, wenn es auch kein Doktor der Medizin ist, sondern nur einer, den mir die Musikhochschule verpasst hat. Also, a bisserl geschwindelt habe ich vorhin schon, aber in der Lage war es doch für Dich eh besser.“ Sie musste sie ihm recht geben, ihrem Herrn Dr. Preuss-Lerche. Da Faustina so lange es irgendwie anging mit ihrem(?) „Lercherl“ zusammen sein wollte, schlug sie vor, noch etwas höher hinauf zu steigen, um von oben einen schönen Blick auf das Tal zu genießen.

Den „Lercherl“ drängte es beim Wandern zum Singen und er stimmte ein Lied von Beethoven an „Zärtliche Liebe“. Den ganzen Weg über hatten sich die beiden sichtlich verliebten jungen Leute an den Händen gehalten. Doch als er dann stehen blieb, sie anblickte und dieses „Ich liebe dich“ sang, da umfasste Faustina ihren „Lercherl“ mit beiden Armen. Als er das Lied beendet hatte, gab sie ihm einen herzhaften Kuss. So gut wie jetzt war es ihr, zumindest kam es Faustina so vor, noch nie in ihrem Leben ergangen. In das nächste Schubert-Lied konnte sie dann einstimmen, „Das Wandern“. Auch Faustina hatte eine schöne Stimme und die beiden erfreuten sich an ihrem Duett. Jäh wurde ihr Singen gestoppt, denn eine harsche Stimme forderte sie auf, das Lärmen in seinem

Jagdrevier gefälligst zu unterlassen. Erschrocken stammelte Faustina: „Durchlaucht, bitte entschuldigen sie, an Ihr Wild haben wir beim Singen nicht gedacht.“ Der alte Mann in seinem Jagdgewand gab sich damit noch nicht zufrieden. „Komtess, Ihnen ist wohl entgangen, dass Sie und der mir fremde Mann in mein bestes Jagdrevier eingedrungen sind, was ich nicht gerade schätze. Und wenn Sie sich dann auch noch so laut verhalten, finde ich das sehr ärgerlich. Das bin ich von Ihnen fürwahr nicht gewohnt. Und noch etwas gefällt mir nicht! Was wird Ihre Tante dazu sagen, wenn Sie mit einem fremden Menschen, noch dazu Händchen haltend, so vertraut umgehen?“

Den „Lercherl“ ärgerte der knurrige Alte, ihn kümmerte es nicht, dass dieser der hier so gefürchtete Fürst war. „Mein Herr, Ihnen ist offenkundig entgangen, dass seit dem Jahr 1919 in Österreich alle Wälder frei zugänglich sind. Und noch etwas gebe ich Ihnen zu bedenken: Das Geräusch Ihres Landrovers – auf den er deutete - ist für das Wild garantiert weit weniger angenehm, als unsere Lieder.“ Der alte Fürst verbat sich diese Frechheiten und sagte schroff zu dem fremden jungen Mann: „Wenn ich mich nicht irre, dann sind Sie ein Eindringling, einer der mit den hiesigen Gepflogenheiten nicht vertraut ist. Hier respektieren die Menschen noch die gute alte Zeit wie deren Regeln und verhalten sich entsprechend! Komtess, seien Sie auf der Hut, Fremde versprechen oft viel und halten meist wenig!“ Der „Lercherl“ gab dem Knurrhahn zurück: „Freilich, alter Mann, jeder Fremde ist in diesem Tal zumindest ein Hochstapler, wenn nicht gar ein Verbrecher. Die hiesige Xenophobie ist leider nicht zum Lachen, fast bin ich geneigt zu sagen, sie ist krankhaft. Und nun dürfen wir uns von diesem ungastlichen Ort entfernen und wieder in freiere Gefilde begeben.“ Faustina murmelte noch ein auf Wiedersehen, sagte Durchlaucht, und weg waren die beiden. Der „Lercherl“ stimmte, höchst spöttisch gesungen, eine Rossini-Arie an. Ob der Fürst das „La calumnia“ (Die Verleumdung) kannte, das war für ihn dabei ohne Belang.

Der „Lercherl“ freute sich diebisch darüber, dass er dem Alten eine Lektion erteilt hatte. Faustina, die ansonsten dem nörgelnden Fürsten aus dem Weg ging, imponierte die unerschrockene Haltung ihres „Lercherl“. Der würde sich von niemand die Butter vom Brot nehmen lassen und stets eine feste Haltung einnehmen. Mit ihm an ihrer Seite würde die drohende Auseinandersetzung mit ihrer Tante allen Schrecken verlieren. Er würde die Tante in Schranken weisen und ihr, Faustina, zu ihrem Recht verhelfen. Hätte der alte Fürst in seinem Ingrimm den jungen Mann etwas besser angeschaut, dann wäre ihm aufgegangen, dass er ihn kennen musste. Der „Lercherl“ jedoch wusste ganz genau, mit wem er es zu tun hatte. Vorerst verschwieg er seiner Faustina, dass er von seiner Mutter den „Auftrag“ hatte, sich mal bei ihrem alten Onkel sehen zu lassen. Maximilian war gerade auf dem Weg hinauf zur Burg als ihn die Rettungstat und danach die Begegnung mit Faustina davon abgehalten hatten. Mit dem Besuch bei seinem Großonkel hatte es für ihn noch Zeit, zuerst musste er sich um Faustinas Erbangelegenheit kümmern, das war jetzt allemal wichtiger.

Am nächsten Morgen traf Faustina wie ausgemacht pünktlich vor dem „Hirschen“ ein. Auch das vom „Lercherl“ bestellte Taxi kam schon die Strasse herauf. Mit dem Glockenschlag sechs trat der „Lercherl“ vor die Tür und empfing seine Faustina mit einem lieben Busserl. Da der „Lercherl“ für sie Fahrkarten Erster Klasse gekauft hatte, waren sie im Abteil allein, auch der übrige Waggon war nur spärlich besetzt. Als sie in Wien den Südbahnhof verließen und in ein Taxi stiegen, waren die beiden miteinander bereits so vertraut, als würden sie sich schon sehr lange kennen. Beim Notar erlebte Faustina dann gleich etliche Überraschungen auf einmal. Die erste war, dass sie der angeblich so knurrige Notar ganz herzlich willkommen hieß und ihren „Lercherl“ sogar duzte. Er nannte ihn Max und der sprach ihn mit Onkel an. „Komtess Faustina, schön dass sie endlich den Weg zu mir gefunden haben. Ich wundere mich seit langem, dass Sie sich bisher immer nur von Ihrer Frau Tante vertreten ließen.“ Ohne Umschweife legte Maximilian daraufhin dem Onkel seinen Verdacht offen, zu dem dieser vorerst schwieg. Stattdessen ließ sich der Notar nicht nur die den Erben üblicherweise gezeigte Urkunde bringen, sondern auch das Urdokument aus dem Archiv holen. In diesem tauchte nirgends der Zusatz auf: „Faustina tritt ihr Erbe erst mit der Verehelichung an.“ All das was die Tante ihrer Nichte hierzu dargelegt hatte, entpuppte sich als pures Lügengespinst. Denn an dem Passus: „Faustina tritt das Erbe mit ihrer Volljährigkeit an“, gab es nichts zu deuteln. Der Notar war sichtbar entrüstet: „Liebe Komtess Faustina, das, was

Ihnen Ihre Tante weisgemacht hatte, konnte schlicht nicht sein. Denn das würde ja bedeuten, dass Sie, so Sie sich nicht verehelichen würden, niemals über Ihr Erbe verfügen könnten. Diesem Passus hätte kein Notar von Wien zugestimmt. Ihre Tante versuchte wohl mit allen Mitteln Sie von mir und damit von allen einschlägigen Dokumenten fernzuhalten. Mir drängt sich leider ein böser Verdacht auf. Die Gräfin H. muss daraus einen einseitigen Nutzen zu Ihren, Komtess Faustinas, Lasten gezogen haben. Dann galt es nur noch, die Nichte einzuschüchtern und unter Kuratel zu halten. Sie wusste, wenn ihr die Nichte diese unrichtige Behauptung abnehmen würde, dann hätte sie weiterhin den alleinigen Zugriff auf das Erbe ihrer Schwester, also Faustinas Mutter. Dann musste sie es nur noch schaffen, alle an der Komtess Faustina interessierten Männer fernzuhalten, dadurch könnte ihr auch von dieser Seite her keine Gefahr mehr drohen. Sein Fazit lautete: „Komtess Faustina, wenn Ihre Tante, die Gräfin H., es also geschickt genug anstellte, dann kann sie ihr Leben lang die Nutznießerin des Erbes bleiben. Das ist schlau ausgedacht, spricht jedoch nicht unbedingt für einen lauteren Charakter." Der Notar ließ sich jetzt noch von einem Angestellten den Ordner mit den Abrechnungen der Gräfin H. bringen und wurde immer ungehaltener. Alle Kosten des Studiums ihrer Nichte hatte sie aufgelistet und großzügig nach oben aufgerundet. Dazu hatte sie die Miete der Wiener Wohnung zur Gänze auf Faustina „gebucht". Doch damit hatte es sich noch nicht, die Tante schob ihrer Nichte Faustina eine Menge ihrer eigenen Einkäufe hinüber, als „Höhepunkt" sogar die nacheinander angeschafften Autos der Marke Mercedes. Dagegen fiel dann die zu Unrecht erhobene Miete für das Arzthäusel schon gar nicht mehr ins Gewicht.

Faustina war den Eröffnungen immer entsetzter gefolgt, all ihr Verdacht hatte sich bestätigt. Ihr Groll auf die engherzige Tante hatte sich als nur zu begründet erwiesen. Sie erfuhr, dass das Erbteil ihrer Tante einst zum Großteil zur Bezahlung von vorher gemachten Schulden draufgegangen war. Seitdem hatte sie sich ungeniert aus dem Erbteil ihrer Nichte „bedient" und es geschickt verstanden, Faustina zu suggerieren, sie sei ihre Kostgängerin. Der Notar sprach dann das „Urteil". Er nannte das Verhalten von Faustinas Tante Unterschlagung und andauernde Nötigung. Er riet Faustina zur Anzeige, wovon diese jedoch Abstand nehmen wollte. Der Notar diktierte seiner Sekretärin allerdings einen Brief, der es in sich hatte. Darin drohte er der Gräfin H. an, sie anzuzeigen, wenn sie nicht augenblicklich die Rechte ihrer Nichte akzeptieren und ihm, dem Notar, einen belastbaren Vorschlag unterbreiten würde. Darin sollte sie angeben, wie sie eine ungeschmälerte Wiedergutmachung des unterschlagenen Geldes leisten wolle. Da Faustina jahrelang auf das ihr zustehende Erbe verzichten musste und dadurch sowohl eine materielle Einbuße als auch einen Verlust an Lebensqualität hinzunehmen hatte, erwarte er von der Gräfin H. einen Vorschlag darüber, wie sie dies wieder gutmachen wolle.“ Der Notar stellte Faustina anschließend eine unbegrenzte Verfügung über ihr Vermögen und das restliche Bankguthaben aus. Er telefonierte mit der Bank und erreichte, dass künftig nur noch Faustina Zugriff auf das Konto hatte. Er diktierte zudem noch einen entsprechenden Brief, um auch den Bankier abzusichern.

Mit äußerst zwiespältigen Gefühlen verließ Faustina an der Seite ihres „Lercherls“ das Notariat. Einerseits war sie nun eine freie und vielleicht auch nicht mehr arme Frau, doch andererseits stand ihr noch ein höchst unangenehmer Disput mit ihrer Tante bevor. Ihr „Lercherl“ sagte dazu nur: „Mein liebes Schatzerl, Du bist jetzt nicht mehr allein auf der Welt, künftig gibt es mich für Dich und ich werde bei dem Gespräch sehr präsent sein.“ Es war Zeit zum Mittagessen geworden und der „Lercherl“ wusste längst wo sie speisen würden, gab aber nichts Genaues preis. Es sei nicht weit von hier und auch gut zu Fuß zu erreichen. Gesagt getan, Hand in Hand gingen die beiden jungen Menschen ein paar Häuserkarrees weiter und hielten kurz vor einem behäbigen Gasthof an. Doch nicht dort ging es hinein, sondern in das mächtige Palais gegenüber, einem pompösen Barockbau. Ungeniert öffnete der „Lercherl“ die Tür und zog seine Faustina mit hinein in das prächtige Anwesen. Ein livrierter Diener begrüßte ihn herzlich und staunte über die junge Dame an der Seite des jungen Herrn. „Ihre Frau Mutter erwartet sie schon“, sagte der alte Mann, der vor Freude strahlte. Faustina wusste nicht wie ihr geschah, ihr „Lercherl“ hatte sie so mir nix dir nix in seiner Mutter Palais „mitgeschleift“. Daraus schloss sie voller Freude, dass er es mit ihr sehr wohl ernst meinte. Welcher Mann stellt schon ein Mädchen seiner Mutter vor, ohne dabei ernste Absichten zu verfolgen? Aber würde sich dessen Mutter freuen über den unerwarteten Besuch, oder gar eifersüchtig werden?

Und war „Lercherls“ Mutter wirklich so nett wie er von ihr erzählt hatte, oder vielleicht doch eine gestrenge Frau?

Zu weiteren Gedanken reichte es nicht mehr, denn seine Mutter kam auch schon die Treppe herab, außer sich vor Freude über das Erscheinen ihres Sohnes. Einst musste die Fürstin eine große Schönheit gewesen sein, aber die Zeit hatte ihre Figur „mollert“ werden lassen. Doch sie wirkte fröhlich und herzlich. Liebevoll begrüßte sie ihren „Maxerl“. Dann erst gewahrte sie Faustina, die nicht so recht wusste wie ihr geschah. „Maxerl, sag bloß, Du hast endlich eine Freundin und eine solch hübsche auch noch, ich freue mich riesig darüber.“ „Mama, so ist es. Darf ich Dir meine Faustina vorstellen. Sie heißt mit Nachnamen M. ist eine veritable Ärztin und, was Dir ja nicht unwichtig ist, sie ist auch eine Komtess. Und, Mama, das ist mir das Wichtigste, meine Faustina ist nicht nur ausnehmend hübsch, wie Du sehen kannst, sondern auch sehr lieb und patent. Also ein richtiges Goldstück!“ „Willkommen bei uns, liebe Faustina. Darf ich Du sagen, das macht es für mich leichter?“ „Durchlaucht, aber gerne, ich fühle mich damit ganz besonders willkommen.“ Die Fürstin lachte schallend auf: „Liebe Faustina, das mit der „Durchlaucht“ passt jetzt aber gar nicht dazu. Bittschön, lass das und nenn mich einfach Henriette, zumindest solange, bis ich weiß, was aus Euch beiden wird.“ So etwas kannte Faustina nicht, davon hatte sie allenfalls mal geträumt, denn ihre Mutter hatte sie schon ganz früh verloren. Ihr Vater, ein hoher Offizier, war noch in den letzten Kriegstagen gefallen. Faustina wurde daher von ihrer eher strengen und kühlen Großmutter mütterlicherseits erzogen. Sie staunte und freute sich über diese unkomplizierte Frau. Wie sie den „Lercherl“ um diese Mutter beneidete! Doch wenn sie es näher bedachte, und noch etwas weiter fortspann, dann könnte sie vielleicht bald auch die ihre werden? In der kurzen Zeit, in der sie ihn nun kannte, hatte er es geschafft, dass sie sich ein Dasein ohne ihn nicht mehr vorstellen konnte. Hatte er nicht ganz deutlich *meine!* Faustina gesagt? Das war, so wie sie den „Lercherl“ inzwischen einschätzte, eine klare und gewichtige Botschaft.

Wie bei dem liebevollen Verhältnis von Mutter und Sohn nicht anders zu erwarten war, wollte die Fürstin dann beim Essen noch mehr zum „Verhältnis“ der beiden wissen. Ihr Sohn lästerte: „Mama, ich hab mich schon gewundert, wie tapfer Du Deine Neugierde gezügelt hast. Es ist etwas Ernstes mit uns zweien, wir mögen uns sehr gern. Mama, ich habe Dir zwar am Telefon noch einen Gast angekündigt, aber weiter nichts dazu gesagt. Ich wollte Dir doch nicht Deinen Schlaf rauben. Dich, Faustina, hab ich vorhin etwas überfahren, aber ich kannte ja Deine nicht ausgesprochene Frage: Wie ernst ich es mit unserer Beziehung meine? Ich hoffe, dass ich Dir damit eine klare Antwort geben konnte." „Lieber „Lercherl", das hast Du und ich bin darüber glücklich. Damit ist eine weitere Last von mir abgefallen." Wechselseitig legten sie der Fürstin ihr Kennenlernen offen und redeten auch um Faustinas schwieriges Verhältnis zu ihrer Tante nicht herum. Wie in Adelskreisen nicht anders zu erwarten war, hatte die Mutter des „Lercherl" von Faustinas Tante schon gehört. Wie die Fürstin erzählte, war diese nicht überall gern gesehen. Sie selbst hatte sich einer Kontaktaufnahme bisher bewusst entzogen und fand sich nun darin bestätigt. Seiner Mutter Frage nach dem Oheim beantwortete er mit: „Mama, ich habe den alten Grantler in seinem Wald kennen gelernt und bin seitdem mehr als bedient. Ich habe mich allerdings nicht zu erkennen gegeben und verspüre derzeit nicht die geringste Lust, den alten Griesgram noch einmal zu treffen. Aber Dein Wunsch ihn aufzusuchen, der ist mir schon auch ein Befehl."

Durch den ausgedehnten Aufenthalt im Palais fiel der ursprüngliche Plan des „Lercherls", mit seiner Faustina ausgiebig zu bummeln, ins Wasser. Doch zu einem wunderschönen Seidenkleid, das Faustina gleich anbehielt, reichte es dann doch noch. Es stand ihr auch bestens, was der „Lercherl" ihr auch wiederholt bestätigte. In der Kärntner Strasse hatte sie ausgerechnet in der Nähe der Oper ein Sensationsphotograph abgelichtet, was den „Lercherl" nicht weiter störte. Am Kiosk im Südbahnhof erstanden sie noch eine Illustrierte, die eine Geschichte über den Triumph der Philharmoniker in den Staaten enthielt. Diese überflogen sie in der Eisenbahn und blieben an einem Artikel hängen. Besonders gefeiert worden seien sie am ersten Abend in New York, an dem die erste Symphonie von Gustav Mahler auf dem Programm stand. Das Orchester und speziell der junge Dirigent Maximilian Preuss-Lerche sei mit Ovationen bedacht worden. Auch sein Mentor Maestro K. befand sich unter den Zuhörern, die ihm begeistert zugejubelt hätten. Der Reporter schrieb: „Mit ihm ist ein neuer Stern am Dirigentenhimmel aufgegangen, der

Großes für die Zukunft verspricht. Der junge Dirigent hatte wegen des einen Konzerts seinen Urlaub etwas verschoben und am Morgen nach dem Konzert seinen Heimflug angetreten.“ Der „Lercherl“ meinte dazu: „Schatzerl, der Artikel tut gut, er erspart mir viele Erklärungen und ein paar Umwege bei der Karriere. Doch das bedeutet künftig etliche Gastkonzerte fern der Heimat, und ohne Dich möchte ich nirgends mehr hinreisen.“ Mit einem Kuss beantwortete sie seine implizite Frage und setzte noch hinzu: „Mein „Lercherl“, ich lass Dich nicht mehr davonfliegen und halte Dich ganz fest. Wo auch immer Du hingehst, ich geh mit und wenn es auf den Südpol ginge.“

P.S. Der von Faustina dazu bevollmächtigte„Lercherl“ führte die Auseinandersetzung mit ihrer Tante unerbittlich. Er trieb sie dabei immer mehr in die Enge und rang ihr eine Verzichterklärung auf ihre Haushälfte als Wiedergutmachung ab. Im Gegenzug räumte er ihr ein lebenslanges Wohnrecht sowie eine kleine Rente ein. Damit konnte sie zwar keine großen Sprünge mehr machen, aber immerhin gut überleben. Der Großvater bezog wieder sein Doktorhäusel und war glücklich. Nicht lange danach durfte er an der Hochzeit seiner Enkelin teilnehmen und stieß dort zu seiner großen Überraschung auch auf den Fürsten K., der sich mit seinem Großneffen Maximilian „ausgesöhnt“ hatte. Hingegen hatte das Brautpaar die Gräfin H. bewusst nicht eingeladen. Nicht nur in der Kirche drängten sich die Schaulustigen und Photographen, sondern auch vor dem Palais, wo sich der Adel und die Musiker die Ehre gaben. Die Mutter des „Lercherl“ verdrückte vor Freude so manche Träne, denn mit ihrer Schwiegertochter verstand sie sich von Anfang an sehr gut. Das junge Paar wollte nach der Hochzeitsreise im Palais der Mutter wohnen und so die Einsamkeit der Fürstin beenden.

Gedanken

Sie jagen mich
Sagen mir, was ich nicht hören will,
Sie jagen sich
Schreien, die Stimmen schrill.

Ich will sie übertönen, versuche alles,
während sie mich verhöhnen,
und für den Fall eines Falles,
dass ich es doch schaffe,
lauter als alles andere dröhnen.
Das ist ihre Waffe.

Leonie Müller Im November 2010 im Alter von 13

Pemba Quo Vadis?

Nach einem langen Flug, weg vom kalten Deutschland, mit klimatisiertem Zwischenaufenthalt in Johannesburg erblickten wir endlich die Bucht von Pemba unter uns. Deutlich zu erkennen waren deren mäandrierenden Zuflüsse und Priele, sowie die Lage der Stadt auf einer Halbinsel im Norden Mocambiques. Schon beim Anflug erkannten wir, dass sich die Stadt noch weiter ausgedehnt hatte und vor allem an der Teerstrasse nach Süden zu gewachsen war. Dann setzte das Flugzeug auf und entließ uns in eine andere Welt. Eine Welt, die uns mit Kontrasten konfrontierte. Die Afrikanische Hitze sprang uns geradezu an, doch auf der Treppe zur abgerissenen Terrasse des Flugplatzgebäudes zeigte sich unsere Brücke zu dieser Welt. Drei Blondschöpfe leuchteten uns entgegen, dahinter standen Sohn und Schwiegertochter. Ihr Winken hatten wir schon aus dem Fenster der Maschine gesehen und nun kamen wir ihnen beim Gang über das Flugfeld immer näher. Das alte Gebäude war entkernt worden und würde zu einem neuen und größeren Haus umgebaut werden. Doch wann wird es fertig sein? Das ist eine Frage auf die man in diesem Teil Afrikas zwar immer eine freundliche Antwort erhält, aber längst weiß, dass es doch nicht mehr als nur eine vage Aussage sein kann. Kündigte sich mit dem Umbau des Zugangs die große Veränderung an, die über Pemba hereingebrochen ist? Dann tauchten wir ein in ein heißes Zelt, in dem dichtgedrängt Zoll, Abfertigung, Eincheck- und Wartebereich untergebracht sind. Der übliche Formularkram, und dann waren wir den Unseren nahe. Unbehindert drängten sich die beiden kleinen Enkel Chano (6) und Jomo (3) durch den Lüftungsspalt der Plane, um uns als Erste begrüßen zu können. Dann war es geschafft, Sohn und Schwiegertochter schlossen uns liebevoll in die Arme, die Enkel nun verstärkt um Milan (10) begrüßten uns nun gemäß, alle zeigten ihre große Freude über unser Kommen. Aber der Zoll ließ uns nicht so ohne weiteres durch und verlangte das Öffnen der Koffer, warf dann allerdings nur einen flüchtigen Blick hinein. Unser Sohn reichte dem Zöllner einen Geldschein und damit hatte es sich dann auch schon. Ging der nun an die Staatskasse oder suchte er sich einen anderen Weg? Lassen wir es offen.

Der Vorplatz des Flugplatzes lag wie eh und je in der heißen Sonne, dessen morbider Charme hatte sich nicht verändert. Aber nach der Ausfahrt wurde der Wandel augenfällig. Jenseits der großen Strasse, die Pemba mit dem Hinterland verbindet, pulsierte das Leben in nicht gekannter Dichte. Die Buden beiderseits der zum Indischen Ozean hinabführenden Strasse hatten Gesellschaft bekommen, eine Bank, ein Möbelhaus und andere neue Gebäude kontrastierten mit den windschiefen Baraccas der Inder und Afrikaner. Überall standen oder gingen Menschen, kauften ein, strebten nach Hause oder zur Arbeit. Was sofort auffiel, viele trugen voller Stolz neue Arbeitsanzüge mit dem Aufdruck ihrer jeweiligen Arbeitgeber und zeigten stolz ihre Schutzhelme. Die Gasbohrfirmen und deren Zulieferer, sie hatten Arbeit in die Stadt gebracht, zumindest ein Fortschritt gegenüber dem Gestern. Davon profitierten offensichtlich auch die Händler und die Clans der Arbeitenden. Schlechtbezahlte Arbeit zwar, aber immerhin ein Ausbruch aus der großen Armut als Beschäftigungsloser. Dies war ein erster Eindruck von den Veränderungen, den die vielen Fahrzeuge auf der wegen der abbröselnden Bankette noch schmäler gewordenen Strasse bestätigten. Früher fielen Autos noch auf, an deren Steuer zumeist ein Weißer saß, aber nun kam man nur noch langsam voran. Die Weißen hinter dem Volant fielen jetzt auf, weil sie inzwischen die Minderheit der Fahrer darstellen. Geländewagen, Lastwagen und Kleinbusse mussten sich die Strasse teilen mit Motorrädern und Mopeds, fast alle aus fernöstlicher Produktion. Manche sahen so aus, als würden sie gleich auseinanderfallen, statt auf funktionierende Bremsen vertrauten sie wohl eher auf Allahs Wohlwollen. Viele sind entweder mit Menschen oder Lasten völlig überladen, transportieren alles was benötigt wird. Fahrräder sind hingegen eher selten, sie gewähren anscheinend wenig Status, und die Sandstrassen ihrer Dörfer wie die Anstiege hinauf zur Kuppe der Halbinsel lassen zügiges Fahren ohnehin nicht zu. Anfänglich verwirrend ist der Linksverkehr, der kombiniert mit dem „genialen" Fahrverhalten schon mal den Eindruck einer Geisterbahn erwecken kann.

Doch die Fußgänger bleiben nach wie vor die Mehrheit. Sie tragen große Lasten, zumeist auf dem Kopf und laufen meilenweit zum Ort ihres Zieles. Es scheint so, als wären die Makuas ständig auf den Beinen. Frühmorgens mit dem Ruf des Muezzins und den ersten Strahlen der

Sonne stehen sie auf und tief in der Nacht triffst du noch immer auf viele. Doch welches Bild hat sich in unseren Köpfen verfestigt? Unter ihren Cashew- oder Mangobäumen malerisch der Ruhe pflegende Nichtstuer, die von der Hand in den Mund leben? Dieses Vorurteil hält sich hartnäckig, aber einer näheren Prüfung wahrlich nicht stand. Wer immer eine Arbeit finden kann, der nimmt sie an, Hauptsache sie bringt ihm einen ersten Schritt heraus aus der Armut. Zu mehr als Tagelöhner oder inferioren Tätigkeiten wie Wächter, Handlanger und Hausdienern reicht es noch nicht, dazu fehlt es noch an den nötigen Voraussetzungen. Die Qualität der Schulen, auch der Berufsschulen, muss verbessert werden. Berufsausbildung in unserem Sinne gibt es noch nicht und das Denken in industriellen oder gewerblichen Zusammenhängen muss noch über lange Zeit wachsen. Doch die Behörden weisen stolz ihre Statistiken der Schülerzahlen vor, und auf dem Papier sieht der hohe Prozentsatz der Schüler tatsächlich beeindruckend aus. Blickt man jedoch hinter die Schultüren, dann entsteht ein anderer Eindruck. 70 und manchmal sogar noch einige Schüler mehr in einer Klasse stehen einem effektiven Lernen entgegen. Die Schüler, die in ihrer bisherigen Umgebung nur Makua gesprochen haben, müssen plötzlich den „Unterricht“ in Portugiesisch über sich ergehen lassen. Schlecht bezahlte, teilweise unqualifizierte, oft „schwänzende“ Lehrer sind nicht in der Lage, ihr „Wissen“ zu vermitteln und Fähigkeiten der Schüler zu erkennen, geschweige denn zu fördern. Diese Herausforderung bestimmt künftig über die Nachhaltigkeit des derzeitigen Aufschwungs und die Möglichkeiten, davon zu profitieren. Das wird ein steiniger und langer Weg bis zur profunden Bildung breiter Schichten.

Die einst wenigen Weißen haben mit der Gründung einer Privatschule einen Ausweg aus diesem Dilemma gesucht und gefunden. Mit dem Cambridge-System sichern sie den Schülern und deren Eltern den Übergang auf andere Schulen in anderen Ländern. Englisch ist zwar die Hauptsprache, doch auch die Landessprache Portugiesisch wird dort nicht vernachlässigt. Wir haben einen kleinen Einblick in den Lernstoff, weil unsere beiden älteren Enkel diese Schule besuchen und der Kleine in der Nähe in einen englischsprachigen Kindergarten geht. Unsere tüchtige Schwiegertochter hat dort ihr Büro und ist stolz auf dessen Seminarraum, in dem sie in Bälde Seminare durchführen will. Dennoch ist das

Bringen und Abholen der Kinder, noch dazu bei deren unterschiedlichen Schlusszeiten, jedes Mal ein Aufwand, der durch die Fahrgemeinschaften allerdings auf mehrere Fahrende verteilt wird. Sowohl die Schule, als auch der Kindergarten sind multiethnisch und werden zunehmend auch von begüterten Einheimischen angenommen. Doch bis dahin war es ein steiniger Weg und schon jetzt drängen sich die Schulräume dicht an dicht. Noch überfüllter ist der Kindergarten, der gemäß seines Schildes auch so heißt, aber kommt Zeit, kommt Rat, oder in diesem Fall vielleicht ein neuer Platz.

Nicht weit davon entfernt im tiefer liegenden Hafenviertel befindet sich die Werkstatt unseres Sohnes, der dort mit seinen Mitarbeitern Autos repariert und Blechschäden behebt. Der schlechte Zustand der Straßen sorgt dafür, dass die Arbeit nicht ausgeht. Neuerdings hat sich jedoch ein südafrikanischer Großbetrieb in Pemba niedergelassen und raubt ihm die Kundschaft, die nicht immer Wert auf deutsche Qualität legt. Unser Sohn hat darauf reagiert in dem er seinerseits vorübergehend in die Dienste eines französischen Logistikunternehmens getreten ist. Da deren Standortleitung deutsche Zuverlässigkeit schätzt, arbeitet er für sie als Chef des Nachtdienstes am Hafen. Dort werden die auf den Offshore-Bohrplattformen benötigten Rohre und andere Teile von LKWs angeliefert und im Hafen auf Schiffe verladen. Aufgrund der hohen täglichen Mietkosten der Plattformen darf kein Teil fehlen, muss alles kontinuierlich weitergebohrt werden. Und seine Werkstatt? Die läuft auf Sparflamme weiter, bildet das „Auffangnetz“ für alle Eventualitäten; und damit muss man in diesem Teil der Welt ständig rechnen. Berechenbarkeit gibt es nicht, noch dazu wo der Anteil der einheimischen Arbeiter und der „Ausländer“ gesetzlich festgelegt ist.

Nahe dem Indischen Ozean bogen wir, aufgeteilt auf zwei Autos, in die am Sandstrand von Wimbi vorbeiführende Strasse ab. Hier, dem Korso der jungen Leute, drängten sich parkende Autos und paradierten die jungen Herren mit chicem Outfit oder präsentierten ihre Autos. Auch hier gab es jenen Kontrast zwischen den in die Jahre gekommenen Häusern und Anlagen wie den neuerbauten oder renovierten Gebäuden. Jedwede Unterkunft war langfristig vermietet an die Mitarbeiter der Firmen, die mit der Gassuche betraut sind und die sie dabei unterstützen. Die

Einwohnerzahl von Pemba hat sich im Laufe zweier Jahre durch Zuzüge von außen und die Rückkehrer aus der Hauptsstadt Maputo sprunghaft erhöht. Kenner gehen von einer Verdoppelung aus. Damit hätte die Stadt nun auf einmal über 200 Tausend Einwohner. Wie wir dann später erfuhren bleibt dies nicht ohne Folgen. Die schon zuvor unzureichende Infrastruktur steht kurz vor dem Zusammenbruch. Das betrifft nicht allein die löcherigen, holprigen und welligen Strassen sondern vor allem Strom und Wasser. Beides muss rationiert werden und bleibt oft länger weg. Was jedoch funktioniert ist die Kommunikation. Handys gehören dazu und die einschlägigen Shops finden sich überall, selbst in den Dörfern.

Nach der Strandpromenade begann, so wie eh und je die Sandstrasse in den Stadtteil Nanhimbe wo unsere Kinder wohnen. Und sie begrüßte uns mit Schaukeln und Durchrütteln, ersetzte jeden Achsenprüfstand und malträtierte die Stoßdämpfer. „Normale Autos, wie sie in Deutschland üblich sind, überleben diese Pisten nicht lange, daher gibt es hier fast nur Geländewagen japanischer Bauart. Da war es wieder das „alte“ Afrika. Je weiter weg von Maputo, der fernen Hauptstadt, desto schlechter scheint die Infrastruktur zu sein. Dort sitzt die Regierung und residiert die allgegenwärtige Frelimo, die mit Krakenarmen die Gesinnung der Menschen zu kontrollieren versucht. In Pemba soll es noch besser sein, als weiter im Westen auf dem „platten Land“, hier abwertend als Busch bezeichnet. Dort gibt es meistens nur noch unbefahrbare Wege, keine Wasserleitungen und oft auch keine elektrische Energie. Hospitäler gibt es nur in den größeren Städten, doch selbst dort erregen sie eher Ängste denn Zuversicht. Dabei ist es ein schönes, und wie sich so allmählich herausstellt, auch ein wider Erwarten mit Bodenschätzen gesegnetes Land. Noch sind diese Ressourcen nicht so ausgeplündert wie die Hartholzbäume, auf die es die Chinesen abgesehen hatten und mit Erfolg „geerntet“ haben.

Linker Hand am Strand hatten sich die Weißen die begehrten Grundstücke erobert, rechts zeigten sich nach einigen festen Gebäuden die traditionellen Hütten der Einheimischen. Noch ein Schwenk, dann ging es hinein in die schmale Zufahrt zum „Zentrum“ von Nanhimbe, die sich zwischen schiefen Bambuszäunen und Hütten durchwindet. Das „Zentrum“ Nanhimbes besteht aus einem seit langem nicht mehr fließendem

Brunnen, dem Kindergarten und der Schule. Das stattlichste Gebäude war allerdings jenes des Dorfpräsidenten, ohne den in diesem „Stadtteil" nichts geht. Natürlich gehört auch er der sozialistischen Frelimopartei an, der Befreiungsbewegung, die das Land aus dem Joch der einstigen Portugiesischen Kolonialmacht gelöst hat. Wer in der Verwaltung etwas werden will, der braucht als erste und zwingende Voraussetzung den Eintritt in die alles beherrschende Partei. Nun, wir Deutschen haben das ja zweimal erlebt, und wir wissen um die Macht der Einparteinherrschaft. Das schafft in Mocambique zwar Arbeitsplätze, aber auch Bürokratie und eine fragliche Effizienz.

Wieder zurück auf die Sandstrasse, die „Mainstreet" des Dorfes. Nach wie vor begleiten uns zu beiden Seiten nun die vertrauten ebenerdigen fast fensterlosen Hütten, erbaut mit einem engmaschigen Gitter aus Bambusstangen, das mit zerkleinerten Steinen verfüllt und zuletzt mit Lehm verstrichen wird. So wie sie es seit Jahrhunderten gebaut haben, so bauen sie es auch heute noch. Darüber liegt in der Regel ein mit Makuti (gebündelte Palmblätter) gedecktes Dach, einige wenige Hütten werden mit dem verrosteten Blech aufgeschnittener Ölfässer gegen den Regen geschützt. Ein paar Hütten warten noch immer auf Farbe oder Ausbesserungen, doch das kümmert weder die Bewohner, noch deren Nachbarn. Unter dem riesigen Cashewbaum an der Dorfstrasse sitzen wie immer Menschen, Frauen mit ihren Kleinsten, ihre Fischernetze flickende Männer und alte Frauen, die etwas sortieren oder vorbereiten. Nur noch wenige Meter, dann sind wir am Ziel angelangt, dort erwartet von einem „Empfangskomitee". Die uns vertrauten Hausangestellten Liana und Sophia freuen sich über unseren Besuch und mein spezieller „Freund", der Hund Sky, auch. Innen ist alles neu gestrichen, leuchtet uns in frischem Weiß entgegen. Das Dach ist verlängert worden, bietet nun besseren Schatten und verhindert die Wirkung des Schlagregens. Nun ja, die Regenzeit war vorüber und damit war eigentlich nicht mehr zu rechnen. Sonst ist im Haus alles unverändert geblieben und uns vertraut. Dorothea und Arndt hatten ihr klimatisiertes Schlafzimmer extra für uns frei gemacht und sich zum Schlafen zu ihren Kindern gesellt. Unsere drei Enkel stürzten sich zuerst auf den zu unserer Begrüßung gebackenen Kuchen und danach auf die Geschenke der vier Großeltern aus München, die immer auch bedachten, dass in Pemba etliches nicht zu erhalten ist und ein Stück der alten Heimat in der Ferne immer gerne gesehen wird. Bald darauf spielen die beiden Größeren mit ihren einheimischen Freunden auf der Dorfstrasse Fußball, und da geht es schon mal recht rau zur Sache, was nicht nur der ramponierte Ball auszuhalten hat. Verbissen wird um den Sieg gekämpft, Techniktricks werden angewendet, aber es wird ein jeder Mitspieler einbezogen. Ein kleiner, sehr eifriger Portugiesenjunge wollte unbedingt auch ein Tor schießen, was ihm dann schließlich von den anderen großmütig eingeräumt wurde. In Nanhimbe, dem Dorf, in dem unsere Kinder wohnen, wird eine liberale Form des Islams gelebt, aber er sorgt hier für feste Regeln und ein Höchstmaß an Sicherheit für unsere Kinder und Enkelkinder. Was vermutlich auch ihrer Einbindung in den dortigen Clan geschuldet ist, und durch kleine Gefälligkeiten, wie Transporte zum Krankenhaus und kostenlose Entnahme von Wasser an ihrer Zapfstelle, ausgeglichen werden muss.

Wo einst die Trommeln und der Gesang den Feierabend einleiteten und die Frauen tanzten, da dröhnen nun die von Verstärkern auf Überlautstärke getriebenen Lautsprecher der Radios oder flimmern die Fernseher. Doch am nächsten Tag hörten wir zu unserer Freude jene so vermissten Trommeln und Gesänge, die vom Versammlungsplatz unter dem ausladenden Cashewbaum zu uns herüber drangen. Flugs die Kamera ergriffen, um noch etwas vom ursprünglichen Afrika auf das Bild zu bannen. Doch dann diese Enttäuschung, es handelte sich um eine Versammlung der Renamo, und nicht wie irrtümlich angenommen der Frelimo. Ein solch kümmerliches Häuflein zumeist älterer Menschen würde sich bei ihnen nicht einfinden, bei ihnen wäre der größere Dorfplatz voller Zuhörer. Die Renamo, eine eher kümmernde Partei, leidet unter der Dominanz der Regierungspartei, da nützt es wohl wenig, wenn sie ihre Versammlung mit traditioneller Musik und Tanz verbindet. Dennoch wurden wir freundlich begrüßt und nicht als Störer verjagt. Selbst der alte Leiter schloss sich den anderen an.

Freundlichkeit und Gelassenheit sind uns als Eigenschaften der Einheimischen immer wohltuend aufgefallen. Dazu gesellt sich trotz der nicht zu übersehenden Armut Zufriedenheit. Kleine Kinder ab dem Alter von zwei oder drei Jahren tragen ihre noch kleineren Geschwister herum, die Größeren haben fest zugewiesene Aufgaben und lernen von klein auf, mitzuarbeiten. Die Mütter sind teilweise noch sehr jung, so um die fünfzehn Jahre alt und eigentlich selbst noch Kinder. Der Kindersegen ist Glück und Fluch zugleich, verstärkt die Armut und hemmt die Entwicklung, denn selbst geringer Zuwachs an Einkommen wird dadurch wieder absorbiert. Hier leben Weiße und Makuas, Makonde und andere Stämme friedlich zusammen, keiner stört sich an der Andersartigkeit. Dazwischen mischen sich Inder, die den gehobenen Handel in Händen halten und es geschickt verstehen, sich die Konkurrenz vom Leibe zu halten. Das Preisniveau ist auch deswegen sehr hoch, es erreicht teilweise deutschen Standard. Billiges gibt es hier nicht mehr viel, Fisch und die kümmerlichen Feld- und Baumfrüchte, mehr fällt mir dazu nicht ein.

Bei Ebbe suchen die Frauen und Kinder im nahen Meer nach kleinen Fischen, Muscheln und Krebsen. Damit ergänzen sie ihr kärgliches Essen, das entweder aus Reis, Mais oder Maniok besteht. Dort wo das Meer etwas tiefer ist, rudern Fischer in ihren Einbäumen, ziehen kleine Netze hinter sich her oder mit Ködern bestückte Angelhaken. Seltener zeigen sich die Dreieckssegel einer Dhau, die vor dem Riff dümpelt oder sich vor dem Wind dahin treiben lässt. Dort, wo der helle Sand den Grund bildet, blinkt das Meer türkisfarben, über den von den Wellen und dem abreibenden Sand abgeflachten und ausgehöhlten Korallenbänken färbt es sich dunkler, wechselt zwischen dunkelgrün und schwarzblau und wird mit steigender Entfernung noch schwärzer. Am Horizont bricht das Riff die Wellen und lässt sie zu weißen Schaumkämmen werden; abgeschwächt rollen sie dann im Flachwasser hin zum Strand. Hier hat alles seinen uralten ewigen Charakter behalten, zwingt den Lebenden seinen Rhythmus auf und strukturiert deren Dasein. Dennoch ist einiges in Vergessenheit geraten oder vom Streben nach westlichem Essen überlagert worden. Das gilt auch für ein Gericht, das uns Sophia zubereitet hat: Matappa. Zu dem mit frisch geriebenen Kokos angereicherten Reis wird eine Soße aus grünen Blättern eines bestimmten Busches (dessen Namen mir entfallen ist) gegessen, gemischt mit einem Mus aus Erdnüssen und anderen Zutaten. Dieses Essen ist nicht nur wohlschmeckend, sondern auch reich an Vitaminen und kräftigend. Es soll vor 70 Krankheiten schützen, aber selbst wenn es nur zwei oder drei wären, dann ist es unverständlich, warum sich diese Speise immer seltener in den Schüsseln der Makuas findet.

Am Abend kreuzt vor der großen Bucht eine südafrikanische Fregatte, der Silhouette nach aus deutscher Produktion. Hälftig bezahlt vom Staat Mosambique und den Gasfirmen schützt sie die Frachtschiffe, die den Hafen von Pemba anlaufen oder vor ihm auf die Entladung warten müssen. Sie sichert auch die Plattformen, von denen aus nach Gas gebohrt wird. Somalias Piraten agieren zwar weit im Norden, doch erwartet man auch hier deren Suche nach lohnender Beute und will sie durch die Präsenz der Kriegsschiffe abschrecken. Längst haben die fünf Gesellschaften Gas gefunden, weit mehr als sie erwartet hatten und vergeben bereits Konzessionen in den ihnen überlassenen Suchfeldern. Nach Öl suchen sie noch, scheinen aber begründete Hoffnungen zu hegen. Was dann hier abgehen wird, ist sicher weniger erfreulich. Pemba wird zur Boomtown werden und auch noch die letzten Reste des Alten im Strudel versinken sehen. Und die Gegenleistung der primär daraus Nutzen Ziehenden? Neben der fernen Regierung in Maputo, die hier durch ihre wenig effiziente, leider auch korrupte Provinz- und Lokalverwaltung repräsentiert wird, sind es die Fremden. Sie werden den Reibach machen, Gas fördern, verflüssigen und abtransportieren. Das schafft dank des automatisierten Prozesses nur wenige Arbeitsplätze.

Schwer einzuschätzen ist die weitere Entwicklung, falls Öl gefunden und gefördert wird. Das ist dann etwas aufwendiger und arbeitsintensiver, aber zumeist den Spezialisten vorbehalten. Dazu braucht es jedoch auch eine bessere Infrastruktur, die sie zumindest für sich einfordern werden. Das betrifft erst einmal Strassen, Wasser und Energie. Von besseren Strassen profitiert auch die Allgemeinheit, doch bei Wasser und ganz besonders bei der Energie kann es schon dazu führen, dass sie für die Gesellschaften abgezweigt und den Privaten vorenthalten wird. Das ist so wenig wünschenswert wie die an manchen Förderorten aufgetretenen Umweltverschmutzungen. Stellvertretend für Afrika sei hier das Desaster in Nigeria angeführt! Die Ölgesellschaften haben aus ihren Fehlern gelernt und scheuen die Beeinträchtigung ihres Rufes. Peinlich genaue Sicherheitsüberprüfungen bei den Gassuchern sind nur ein Indiz dafür. Dennoch zieht ein solcher Boom die Glücksritter und in ihrem Gefolge auch Kriminelle an. Bisher ist das Land, das ja einen 30 jährigen schlimmen Bürgerkrieg hinter sich hat, von der Schwerkriminalität verschont geblieben. Diebstähle die gibt es, aber ansonsten ist Mocambique ein relativ sicheres Land, mal abgesehen von Krankheiten, Verkehrsunfällen und ggf. Plagen mit Tieren aller Art.

Profitiert die Bevölkerung dann wenigstens von steigendem Wohlstand? Wohl eher nicht! Die Hilfstätigkeiten werden sich in Grenzen halten und nicht mehr sonderlich anwachsen. Die gut ausgebildeten oder sprachmächtigen Spezialisten kommen aus dem Ausland, vorwiegend aus Südafrika, und neuerdings strömen immer mehr Portugiesen herein. Die, bedingt durch den Import der Waren, ohnehin hohen Preise steigen vermutlich noch weiter an. Selbst die hier gestrandeten oder Zwanglosigkeit suchenden Weißen stöhnen schon unter dem aktuellen Preisniveau. Die landwirtschaftliche Produktion in der Umgebung dient noch immer der Selbstversorgung und trägt wenig zu einer besseren Marktversorgung bei. Armut ist wohl ihr Schicksal, wird es noch lange bleiben und durch die eigenen „Eliten" verschärft. Noch tragen sie es mit erstaunlicher, fast stoischer Geduld. Doch ich erinnere daran, dass hier im Norden Mocambiques der Aufstand gegen die Kolonialmacht Portugal begann und es nicht auszuschließen ist, dass sich irgendwann auch einer gegen die schleichende Rekolonisierung entwickelt.

Und wie sieht es mit der einstigen großen Hoffnung Tourismus aus? Dieses zweite, schwächere Standbein Pembas, der Tourismus, kann sich derzeit nicht entwickeln, denn die Unterkünfte sind samt und sonders langfristig an die Fremden vergeben. Das hohe Preisniveau tut ein Übriges dazu, um die Urlauber fern zu halten. Dabei hätte Nordmocambique wahrlich traumhafte Strände anzubieten. Doch selbst hier gilt bereits ein aber! Lange Abschnitte der Küste südlich von Pemba sind kilometerweit seit kurzer Zeit in Privatbesitz gelangt, sei es als Bauplätze der Reichen oder als Objekte der Spekulation. Auf alle Fälle wird dadurch der Zugang zum Indischen Ozean eingeschränkt. Und die einstige große Hoffnung, der sogar im Ausland beworbene Strand von Wimbi, was ist mit dem? An ihm sollte sich doch vor der Aera von Gas und Öl der Tourismus fokussieren! Hinter den Palmen, den Restaurants und Bungalows locken doch ein blendendweißer Strand und ein selbst im südlichen Herbst noch warmes Wasser. Trittst du dem Strand näher, stören dich bald die unnötigen Überbleibsel der Partymeile. Leere Flaschen, Scherben, hingeworfener oder angeschwemmter Unrat. Doch diese Hinterlassenschaften ließen sich mit geringem Aufwand entfernen, so sich die Stadtverwaltung - falls es so etwas überhaupt gibt - dafür zuständig erklären würde. Das gilt auch für den Zustand der Strasse und der Anlage vor dem Strandbereich.

Touristen erwarten im Notfall auch eine gute ärztliche Versorgung, doch die ist in Pemba noch immer nicht gewährleistet. Eine Privatklinik musste wieder zumachen, deren Kompetenz ließ offensichtlich zu wünschen übrig. Für die Weißen bietet sich auch nur eine kleine Nische, das ist das Ärztehaus von Aguieres, der Rainbow Church, einer evangelikalen Kirche. Unsere Kinder wissen inzwischen deren Hilfe zu schätzen und ihre Bedenken gegenüber dieser Organisation zu relativieren. Bisher haben sie noch keine Missionierungsversuche erlebt, aber freundliche und nette Angehörige dieser Kirche kennengelernt. Die Rainbow Church betreibt eine Schule und ein Waisenhaus, sorgt für deren Bildung und ermöglicht diesen Kindern so eine bessere Zukunft. Der Preis, den sie dafür zahlen müssen? Wir kennen ihn nicht, und sich auf Vermutungen abzustützen, ist nicht seriös. Chano, unser sechsjähriger Enkel, musste am Sonntag mit einem schnell wachsenden Abszess am Lymphknoten die Hilfe der dortigen Krankenschwester in Anspruch nehmen. Neuerdings wird er sogar von einer dort neu eingetroffenen deutschen Kinderärztin betreut. Bei etwas schwierigeren Diagnosen, aber leider auch bei Zahnproblemen, bleibt nur der Flug nach Südafrika zu einem kompetenten Arzt. Doch wieder zurück an den Strand von Wimbi. Jene Einheimischen, die afrikanische „Kunstgegenstände“ – meist chinesischer Imitationskunst entsprungen - ‚Selbstgebasteltes oder Muscheln anbieten, fallen kaum ins Gewicht, sie sind nur kleine Störer und versuchen ja nur, sich und ihren Clan über Wasser zu halten.

Geht man einige Schritte gen Süden weiter, muss man sich zwar jene Stellen aussuchen, an denen das Meer bequem betreten werden kann, aber man bleibt ungestört und sich selbst überlassen. Mit dem „Kauri“ gibt es nach einigen Kilometer am Strand entlang wieder ein Lokal, in dem sich der Strandwanderer erfrischen kann, Aussicht auf den Ozean inbegriffen. Mit etwas Glück gleiten dann Boote an ihm vorbei, deren Ruderer traditionelle Weisen singen und sich damit antreiben. Vielleicht blickt er dann auf halbwüchsige Jungen, die im seichten Wasser auf Knien rutschen, um in den Tümpeln, die die Ebbe hinterlassen hat, etwas Essbares zu finden. Ihre Hemden „zieren“ Aufdrucke, die sie nicht entziffern können und die sie im Basar teuer erstehen mussten. An den Spenden der Europäer und Amerikaner verdienen viele, profitieren vor allem jene, für die diese milden Gaben bestimmt nicht gedacht waren. Grüßt du die Menschen am Strand mit „Bom Dia“ oder „Salama“, grüßen die Einheimischen fröhlich zurück, freuen sich über deinen Gruß. Wir, meine Frau und ich, haben von der Terrasse des „Kauris“ herab das Meer genossen und den Strand darunter erkundet. Gegen geringe Gebühr kann man statt in den seichten Tümpeln der Ebbe im Pool des Hotels schwimmen und sich vom Salzwasser befreien. So man will, lässt sich dort im Schatten der Sonnenschirme Eis essen oder Bier trinken, man erlebt keinen Unterschied zu einem Strand in Südeuropa oder der Türkei.

Überquerst du jedoch die Strasse vor dem Hotel und biegst dann nach wenige Schritten nordwärts in das Dorf Nanhimbe ein, bist du wieder in Afrika. Staubige, schmale Wege, schräge Bambuszäune, Hütten und schattenspendende Bäume begleiten dich. Du stößt auf freundliche Menschen, die dich zwar neugierig mustern, dir aber durchaus wohlwollen. Meist können nur wenige Portugiesisch, obwohl es die verbindende Sprache der vielen Stämme des Landes ist. Deren Makua kannst du nicht verstehen, doch die Sprache des Lachens schon. Und die Begrüßung mit Salama lernt sich schnell und freut den Gegrüßten. Sieht man dir den Deutschen an, dann kann es vorkommen, dass dich eine kleine Frau mit: „Wie geht’s?“ anspricht. Dann hast du Fatima vor Dir, die einst als Arbeitssklavin im sächsischen Mittweida arbeiten musste. Damals in der DDR, in einer Textilfabrik im Rahmen der „Völkerfreundschaft“. Davon gibt es noch etliche in Pemba und alle sind erstaunlicherweise noch immer von Deutschland angetan.

Ein besonderer Fall unter ihnen ist Constantio, man kann ihn auch tragisch nennen. Nach seiner Zeit in Mittweidea hat er noch viele Jahre bei BMW in München am Band gearbeitet und sich dort so viel Geld erarbeitet, dass er sich in Waldkraiburg ein Häuschen bauen konnte. Dort lebte er zufrieden mit seiner Frau Britt, die er in Sachsen kennen gelernt hatte. War es das Heimweh oder das Drängen seines Familienclans, ihn zog es urplötzlich zurück in die alte Heimat. Er setzte seine Ersparnisse in gute gebrauchte Geräte und Ersatzteile um, darauf bauend, dass deutsche Produkte in Pemba gefragt wären. Dies erwies sich leider als Irrtum, denn die neuen Produkte aus chinesischer Fertigung waren für seine Landsleute letztlich doch verlockender und noch dazu billiger. Um nicht darauf sitzen zu bleiben, musste der Unglücksrabe all das teuer Eingekaufte in seiner Heimat verschleudern. Dazu brachte er noch einen Kleinlastwagen von Mercedes mit, der als Chappa (Personenbeförderer) gute Dienste tat. Doch nun ist er nicht mehr fahrfähig und fällt als Erwerbsquelle aus. Vermutlich wurde er von den ihn fahrenden Verwandten nicht sonderlich pfleglich behandelt; auch dies ein hier übliches Verhalten. Und ihn wieder instand zu setzen, dazu braucht es Geld, und das ist ihm ausgegangen. Bis dahin hatte er auch noch gut leben können, doch er hatte die Rechnung ohne seinen Clan gemacht, denn der wollte auch davon zehren. Und solche Clans sind ausgedehnte Rudel hungriger Mäuler und voller Erwartungen an den reichen Onkel aus Deutschland. Und irgendwann hatte der auch nichts mehr und ist nun gezwungen, so bescheiden wie einst zu leben. Dabei hat der nette Mensch sich vieles von Deutschland abgeschaut, er ist pünktlich und absolut zuverlässig, aber das sind in Pemba Tugenden, die nur in Verbindung mit anderen Fähigkeiten zur Geltung kommen können. Derzeit ist er dabei, die Staatsbürgerschaft von Deutschland aufzugeben, die ständig notwendige und teure Erneuerung des Visums überfordert ihn, und die dazugehörenden „Extras" nicht minder. Doch das Procedere zieht sich hin, zum einen vagabundiert sein Antrag auf Wiedereinbürgerung in den Ämtern oder schlummert mangels „Handsalbe" auf einem Schreibtisch. Zum anderen laufen die Gebühren für die noch nicht beantragte Verlängerung des Visums samt Strafgebühren auf und türmen sich zu einer Summe, die ihn überfordert. Und seine deutsche Frau, eine gelernte Altenpflegerin? Die scheint alle Brücken zurück abgebrochen zu haben, zu allem Übel hat sie weder die verbindende Sprache Portugiesisch noch die Lingua franca unserer Tage, das Englisch erlernt. Somit schließt sie sich selbst von einer gemäßen und einigermaßen bezahlten Arbeit aus. Auch der stets gut gelaunte und sicher willige Constantio ist, bedingt durch seine Vorgeschichte, auf Hilfstätigkeiten begrenzt und die werden hier nun mal schlecht bezahlt. Wie sich dieser „Knoten von Pemba" lösen wird? Vielleicht auf die „übliche" einheimische Art, denn alles andere kann er nicht stemmen. Seine großen Kinder sind in Deutschland geblieben, wohnen im elterlichen Haus und studieren. Von dort kann auch keine Hilfe kommen. Drücken wir den beiden netten Leuten die Daumen und hoffen mit ihnen auf ein Ende des Albtraums.

Unser Sohn Arndt würde ihm gerne aus der Patsche helfen, doch er zählt selbst auch nicht zu den Vermögenden, zumal er und seine Dorothea sich ein großes Grundstück gekauft haben und dort gerade dabei sind, ein Häuschen zu errichten. Das erwies sich in Anbetracht der sich abzeichnenden Entwicklung auch als sinnvoll. Nur kurze Zeit nach dem Erwerb stiegen die Grundstückspreise dermaßen an, dass sie sich diesen Traum heute schon nicht mehr ermöglichen könnten. Inzwischen hat Grund bedingt durch den Boom fast ein spekulatives Preisniveau erreicht und die Einheimischen sind wach geworden, sie wollen zu Recht einen gemäßen Anteil am Wert. Die höchsten Preise werden für Grundstücke am Meer verlangt und bezahlt, doch die sind inzwischen ausverkauft. Unsere Kinder haben uns zwei Tage in einer Pension untergebracht, die direkt am Strand liegt, was uns sehr gefallen hat. Eine komfortable Unterkunft, entspannen im Liegestuhl und stets den Indischen Ozean vor Augen, was will man in einem Urlaub mehr. Noch dazu, wenn sich im küstennahen Bereich ständig etwas tut. Aber bald fehlten uns wieder unsere Enkel, die wir ja so selten in ihrer eigentlichen Umgebung erleben können.

Der Ortsteil, in dem das neu erworbene Grundstück zu finden ist heißt Muxara und liegt unweit der breiten Einfallstrasse, etwa 8 Kilometer von der zentralen Betonstadt entfernt, dem einstigen Porto Amalia. Wir fahren auf dem Weg dorthin wieder die Strasse zum Flugplatz und biegen nach Süden ab, nach einigen Kilometern durch sich gerade erschließendes Gewerbegebiet fahrend beginnt Muxara. Beiderseits der Landstrasse zeigen sich nun Hütten, ein Sendemast und der Wasserturm. Rechts dahinter liegt unser Ziel, vorbei geht es an einer größeren Baustelle, aus der einmal ein Restaurant werden soll. Wir folgen dem schmalen Sandweg gute hundert Meter, bis ein neuer Gartenzaun aus Bambus das Ziel ankündet. Hinein in die Einfahrt und wir stehen inmitten eines großen Grundstücks. Das erste, was beeindruckt ist der Blick auf die große Bucht, die sich vor unseren Augen eröffnet. Als zweites sticht der Kubus ins Auge, jenes neue Bauwerk, das künftig als Zwischendomizil dienen wird, bis der große Traum, das eigene größere Haus in Angriff genommen werden kann. Grau ist die Fassade noch und wird später einem strahlenden Weiß weichen. Dann wird der Kontrast zu dem roten Lateritboden noch augenfälliger werden. Im Laufe der beiden Wochen, die wir in Pemba verbrachten, wurde die Terrasse betoniert, der Grillplatz gemauert und der Sickergrube ein Deckel verpasst. Unsere Schwiegertochter sorgte für künftiges Grün und hat nicht nur am Fahrweg, der hinunter zum vorgesehenen Bauplatz führt, Akazien gepflanzt, sondern über das ganze Grundstück verteilt weitere Nutz- und Zierbäume gesetzt. Die schlanke junge Frau trug ganz selbstverständlich schwere Kanister mit Wasser, um die Pflänzchen zu gießen. Es ist wahrlich ein schönes Stückchen Erde, das sich die beiden hier erworben haben und es verspricht, ein kleines Paradies zu werden. Vier Bäume mit breitem Blätterdach haben sie miterworben und die Aussicht auf ein blühendes und grünendes Drumherum. Einen Wasseranschluss gibt es schon und derjenige des Stromes wird folgen. Eine Zisterne, um das Wasser zu speichern und ein Generator, um dem allfälligen Stromausfall zu begegnen sollen danach kommen. Vorerst geht es allerdings darum, den attraktiven Einraumkubus fertig zu stellen und auch den Dusch- WC-Bereich daneben. Dann geht es an die offene Kochnische und danach an den Stellplatz für das Auto. Ohne Schatten können diese „Kübel“ in der Afrikanischen Sonne leicht zu „Kochtöpfen“ oder „Grillpfannen“ mutieren. Noch vor unserer Abreise durften wir den Grillplatz einweihen und mit Fisch und teuer erstandenen Würstchen. Ich muss mich sofort korrigieren, denn die Aussage ein bisschen probieren war angesichts der offerierten Menge an Fisch weit untertrieben; „Fisch satt“ stand wohl auf der Speisekarte. Zuvor wurde zwischen zweien der Bäume ein Stahlseil angebracht, auf dem ein auf Rollen gelagerter Griff unseren Enkeln ein großes, aber nicht ganz ungefährliches Vergnügen bereitete. Der untere Baum beendete zwar die sausende Fahrt, doch ohne eine Bremse oder Abpolsterung würden selbst unsere abgehärteten Enkel Schaden nehmen. Von diesem neuen Sport waren sie nur wegen der aufziehenden Dunkelheit und des versprochenen Grillens wieder weg zu holen.

Da wir ohnehin gerade beim Essen gelandet sind, will ich damit auch weitermachen, besser gesagt beim Ausgehen. Sozusagen zu unserer Begrüßung wurden wir ins Pemba Beach Hotel ausgeführt, dem ersten Haus am Platze. Erbaut wurde es von reichen Arabern und wie nicht anders zu erwarten ist, bleibt es seit eh und je denjenigen vorbehalten, die es sich leisten können. Und das heißt etwas, denn selbst deutsche Luxushotels sind nicht teurer. Dafür wird hier ein ungewöhnliches Ambiente geboten. Diese Mischung aus arabischer und nordafrikanischer Baukultur, verbunden mit einer traumhaften Lage am Ozean, ist wahrlich beeindruckend. Der Park, in dem der Komplex liegt, ist sehr gepflegt und genügt auch höheren Ansprüchen, die jedoch ein wenig zurückzuschrauben sind, wenn es um das Essen geht. Doch dieses Ambiente, das ist einmalig und sicher mehr als einen Besuch wert. Wir waren rundherum zufrieden und hatten einen besonderen Abend erlebt.

Unseren Abschied, auch wieder ohne die Enkel, begingen wir in einem italienischen Restaurant, das feine Gerichte aus der Emiglia Romagna anbot, aus der der Gastwirt, ein drahtiger alter Herr stammte. Hier ist das „Hauptquartier" der ENI-Leute, dort wohnen und essen sie und finden Anklänge an ihre schöne Heimat vor. Am Sonntag „tafelten" wir am Strand von Mecufi, die Füße im Sand und den Kopf vor der Sonne geschützt durch einen Strandpavillon. Wahrlich ein Traum von Südsee, selbst die Kokospalmen fehlten nicht, so wenig wie der weiße Strand und das in allen Blaufarben changierende Meer. Mangrovenbäume etwas weiter draußen, Lasten balancierende Frauen und Porzellanmuscheln anbietende Jungen im Blick. Fisch und Meeresfrüchte waren das Angebot und nach anderem stand uns auch der Sinn nicht, und es mundete köstlich. Das Wasser lockte nicht nur, wir konnten hier in dem flach auslaufenden Meer herrlich schwimmen, ungefährdet von Haien und anderem, einem das Baden vergällenden Getier. Wir haben es auch in Cuiaba (sprich Schiba) versucht, doch dort machten die rollenden und aufgewühlten Wellen das Schwimmen zum Kraftakt. Da zogen wir uns bald in den Pool direkt am Strand zurück, dümpelten wellenfrei im Süßwasser und waren umrahmt von Kokospalmen, die sich Webervögel als Nistplatz auserkoren hatten. Am darauf folgenden Wochenende hatten unsere Kinder ein Hotel auf der Ilha do Mocambique gebucht. Dadurch gelangten wir noch einmal in eine ganz andere Welt.

Diese Welt mussten wir uns erst einmal durch eine lange Anreise verdienen, die sechs Stunden dauerte. Wir gewannen dadurch noch weitere Einblicke in dieses Land und das Leben am Rande der Strasse. Weite Strecken der Strassen sind zu Baustellen umgewandelt worden, aufgebaut auf einem fundierten Untergrund. Diese neuen Strassen versprechen in absehbarer Zeit aber ein besseres und vor allem schnelleres Vorankommen. In Pemba haben die Erbauer der meisten Strassen sich hingegen den Unterbau erspart, was nach anhaltenden und dann heftigen Regenfällen zu Unterspülungen und Abbrechen von Teilen der Strasse führen kann. Und dieser Zustand hat dann auch noch lange Bestand. Ein Abschnitt der neuen Strasse ist schon fertig, breit und wellenfrei lässt er ein entspanntes Gleiten zu. Ihn haben die Italiener erbaut und wieder einmal bewiesen, dass sie darin meisterlich sind. Die schon fertige kurze Strecke, welche die Portugiesen auf ihrem langen Bauabschnitt bereits fertig erstellt haben, ist zwar genauso breit, aber deutlich weniger komfortabel ausgeführt worden. Allerdings ist sie gegenüber dem derzeitigen Zustand mit den unvermittelt auftauchenden Schlaglöchern auch schon eine gravierende Verbesserung.

Nicht nur in den kleinen Städten spielt sich fast das ganze öffentliche Leben am Rand der Strasse ab. Menschentrauben, die die Strasse gefährlich einengen, zwingen zur Vorsicht. Samstag scheint dort der Markttag zu sein, zumindest lässt sich dies aus den Ständen ableiten, die vor allem Textilien feilbieten. In größeren Gruppen streben Menschen von beiden Seiten der Strasse zum Ort hin, in der Hoffnung auf etwas Günstiges. Unterwegs machten wir Rast an einem verlassenen Handelsposten der Portugiesen. Dort konnten einst die Umliegenden ihre Waren anbieten und gegen andere Güter aus ferneren Gebieten eintauschen. Im Zuge des Krieges um die Unabhängigkeit wurden diese Posten dann aufgegeben und nie wieder ihrer sinnvollen Bestimmung zugeführt. Selten werden diese gut gebauten Häuser als Wohnraum benutzt.

In Monapo bekamen wir Zuwachs, den dort stieß Bische zu uns, das Pflegekind unserer Kinder und der Sohn von Liana, einer der beiden Hausangestellten. Große Freude bei unseren Enkeln, die sich um den Platz neben ihm rangelten. Mit einer Reihe von Chappas hatte Bische vier Stunden gebraucht, um die relativ kurze Strecke von Nacala bis

Monapo zu schaffen. Der Fünfzehnjährige geht in Nacala in ein Internat und genießt dort eine gute Schule. Der Junge spricht Portugiesisch, etwas Deutsch und Englisch. Das hat ihm denn auch sofort den Part des Schulsprechers eingetragen, der allerdings von den Lehrern noch missverstanden wird. Er wehrt sich nun dagegen, ihr verlängerter Arm zu sein. Bische leidet ein wenig unter dem langen und das Lernen nicht gerade fördernden Tagesablauf im Internat und auch unter dem eintönigen Essen. Doch da muss und will er durch, um eine gute Basis für sein späteres Leben zu gewinnen. Er hat doch schon viel von dem Denken seiner Zieheltern verinnerlicht und weiß um die Chance, die ihm ein qualifizierter Schulabschluss vermittelt. Mit der Schule ist auch eine Ausbildung zur Tourismusfachkraft verbunden.

Auf guter, aber schmaler Strasse ging es ab Monapo zügig voran und dann kam endlich unser Ziel in Sicht. Noch durch einen Vorort, wie immer voller Menschen am Wege, dann tauchte sie auf, die Insel do Mocambique, kurz von allen Ilha genannt. Weit draußen am Horizont liegt sie wie ein überdimensionaler Ozeandampfer. Langsam nähern wir uns ihr auf einer Brücke, an der keine zwei Autos aneinander vorbeikommen. Ausweichstellen sorgen dafür, dass der Gegenverkehr fließen kann. Wer sich ihr zuerst nähert, muss den Gegenverkehr abwarten und kann dann vorsichtig weiterfahren. Nach 3, 5 Kilometern ist es geschafft, noch ein Rumpler, dann setzt der Kleinbus auf der Insel auf, die wir auf der äußeren Seite befahren. Bis 1875 war die Ilha die Hauptstadt der Portugiesischen Kolonie und Sitz des Gouverneurs wie der Regierung. Bei einem Rundgang lebt diese Vergangenheit wieder auf und macht das einstige Leben vorstellbar. Die langgestreckte Insel ist zweigeteilt, im vorderen Teil leben die Einheimischen und im Viertel vor dem Fort liegen die Häuser und Paläste der Portugiesen. Die Ilha gehört zum Weltkulturerbe und wird an einigen Stellen baulich wieder reanimiert. Sie hat ein eigenes Flair, verbindet nicht nur Portugal mit Afrika, sondern auch Arabien und Indien mit Afrika. Hier wird das multikulturelle und multiethnische Erbe gelebt, waltet nach wie vor religiöse Toleranz und zeigt auf, wie ein harmonisches Miteinander möglich ist. Kirchen, Moscheen und Gebetsräume der Buddhisten, die für alle offen sind zeugen augenfällig davon. Unsere beiden kleinen Enkel lauschten fasziniert den inbrünstigen Gesängen, die aus der offenen Kirchentüre der Katholiken drangen. Hierin hatte sich viel Afrikanisches gemischt und prägte Rhythmus und Melodie. Drei Längsstrassen gliedern die Insel und viele Quergassen erschließen fast jeden Winkel. Plätze wechseln sich mit Gassen ab, selbst ein langer Laubengang ist erhalten geblieben. Sie bilden schöne Blickfänge und gewähren immer wieder Ausblicke auf das umgebende Meer. Schließlich ist die Insel gerade mal 600 Meter breit und etwas über drei Kilometer lang. Auffällig ist, dass man von der mittleren Strasse aus auf das tiefer liegende, sehr eng bebaute Viertel der Makuas hinabblicken kann. Der Höhenunterschied hat keine natürlichen Ursachen, es liegt daran, dass die Portugiesen diesen Teil der Insel einst abgegraben haben, um dort das Baumaterial für ihre Gebäude zu gewinnen.

Wir waren in einem dieser ehemaligen Palais untergebracht, das, wie noch andere, zu einem Hotel umgebaut worden war. Durch diese Umwidmung lässt sich die Renovierung auch wirtschaftlich vertreten und schafft Raum für privates Wohnen wie für Handel, Gewerbe und Tourismus. Dennoch sind noch viele Häuser in einem bemitleidenswerten Zustand, doch sollen es vor Jahren noch viel mehr gewesen sein. Den Innenhof unseres Hotels beherrschte der Pool, der unsere Enkel magisch anzog und in den dann bald noch weitere Kinder „einfielen". Ein gepflegter Garten umgab das Ganze und das offene großzügig gestaltete Restaurant lud ein zum Einnehmen von Erfrischungen. Die großen und klimatisierten Zimmer versprachen eine angenehme und von Moskitos unbehelligte Nachtruhe. Nach kurzem Frischmachen und Zimmerbezug lockte der Rundgang über die Insel und das Eintauchen in eine romantische Abendstimmung. Neurenoviertes und Verfallendes, Menschen im Schatten und solche, die flanierten, belebten die Stadt, die einst dem ganzen Festland dahinter den Namen gegeben hat. Vor den Portugiesen hatten bereits Araber die Insel erobert und mit dem Hinterland Handel getrieben, vermutlich jedoch auch Sklaven geraubt. Jeder Stein könnte eine Geschichte erzählen von dem Leid der Einheimischen und vom Leiden der Soldaten, die geködert mit gutem Sold und Anteil am Raubgut oft mit dem Leben oder mit beeinträchtigter Gesundheit bezahlten. Erfreulicherweise scheinen sich die renovierten Häuser zu vermehren und geben dem Etikett „Weltkulturerbe" greifbare Substanz. Ein besonders gelungenes Beispiel für die Wiederherstellung des historischen Erbes ist der mustergültig sanierte Palast des Gouverneurs, der heute in ein eindrucksvoll gestaltetes Museum umgewandelt ist. Welch ein Prunk offenbart sich beim Rundgang durch die nicht endenden Räume. China und Indien mussten herhalten, um den Luxus zu steigern und den Bewohnern Annehmlichkeit zu verschaffen. Hier erlebt man hautnah den Gegensatz zu dem Viertel der Einheimischen, deren Lebensweise und Armut sich nur unwesentlich von der zu Zeiten der Portugiesen unterscheiden dürfte. Ein eigenartiges, ungutes Gefühl beschleicht den informierten Besucher über diesen Grad der Ausplünderung und Ausbeutung durch die weißen Kolonialherren. Die Räume des Königs von Portugal, die wohl überall vorzuhalten waren, aber nie bezogen wurden, geben diesen Kontrast besonders deutlich wieder. Abgesehen von den bedrohlichen Tropenkrankheiten lief das Dasein der Portugiesen in dieser Kolonie vermutlich bequemer und luxuriöser ab, als im Mutterland. Übrigens, der Einzige, der je im Bett des Königs geschlafen hat, das war Samora Machel, der erste Präsident des freien Mocambique. Ein meines Erachtens guter symbolischer Akt und deutliches Signal einer neuen Zeit. Die gesamte Insel wird dereinst, dann wenn, was zu hoffen ist, die Einheimischen zu etwas Wohlstand gelangt sind und kleine Reisen unternehmen können, das Fenster zu ihrer eigenen kolonialen Vergangenheit sein. Dazu gehört unbedingt auch das riesige Fort, das uneinnehmbar auf der nordwestlichen Landspitze thront und einst auch abschreckte, zumindest die Einheimischen. Die anderen kolonialen Raubstaaten, Holland, Frankreich und England, haben versucht den Portugiesen diesen Stützpunkt zu entreißen, die Holländer sogar zweimal, doch sie mussten die Belagerung des Forts wieder aufgeben. Das blieb verschont, konnte aufgrund der dort eingelagerten Vorräte und der riesigen, noch heute genutzten Zisterne monatelang standhalten. Nicht verschont blieben hingegen die übrigen Gebäude, die ausgeraubt und sogar abgebrannt wurden. Die Dächer des Forts sind instand gesetzt und sammeln wieder das Regenwasser, die Kanonen rosten vor sich hin und reizen die Enkel darauf zu reiten. Auf der äußersten Spitze erhebt sich zu Füßen der Festungswälle das älteste koloniale Bauwerk des südlichen Afrikas, eine spätgotische Kapelle, aus dem Anfang des sechzehnten Jahrhunderts. Kirche und Kommerz, Weihrauch und Pulverdampf, die scheinen zusammenzugehören wie in Bayern die Kirchen und die Wirtshäuser. Danach verließen wir die Insel wieder und machten uns auf den langen Rückweg, der in tiefer Nacht endete. Doch die Reise hatte sich gelohnt und unsere Eindrücke des Landes um eine weitere Facette bereichert. Unsere Kinder, ja auch die Enkel haben alles dazu getan, damit wir uns wohlfühlten und eine angenehme Zeit verbringen durften; und wir haben es wirklich genossen. Vielen Dank und muito obrigado!

Licht

Ich schwebe durch ein Gebilde,
filigran, von Strahlen gewoben
in höhere Gefilde
bin ich emporgehoben,
Stehe vor der Frage – was bin ich schon
Ein Staubkorn, ein kleiner Wicht,
gegen König Licht
Auf seinem strahlenden Thron.

Leonie Müller Im November 2010 (damals 13 Jahre alt)

Versorgung oder Liebe?

„Bitteschön, wenn Sie schneller fliegen wollen, dann lasse ich Ihnen gerne den Vortritt!" Solch ein frecher Flegel, dachte sich die elegante Dame, die versehentlich den vor ihr gehenden Mann auf dem Fingersteig mit ihrem Aktenkoffer etwas unsanft angestoßen hatte. Sie entschuldigte sich daher nicht, schluckte ihren Ärger hinunter. Sie würdigte diesen „Herrn" keines Blickes und betrat vor ihm das Flugzeug. Sie hatte kaum Platz genommen, da kam er auch schon, deutlich zu erkennen an der großen Papprolle. Das hatte sie nicht erwartet, der vermeintliche „Flegel" wirkte auf sie unerwartet anders. Ein schlanker, blonder Mann näherte sich. Er blickte auf seine Bordkarte und suchte nach dem dort ausgewiesenen Platz. Und wo musste er sich jetzt niederlassen? Ausgerechnet neben der Frau, die er soeben noch so arrogant wie spöttisch angesprochen hatte. Jetzt war guter Rat teuer und Flucht nach vorne angesagt. „Bitte entschuldigen Sie, dass ich meinen den ganzen Tag über aufgestauten Frust gerade an ihnen ausgelassen habe." „Gnädig" nahm sie die Entschuldigung an und gab zu erkennen, dass sie ihn leider etwas heftig angestoßen habe. Den schlechten Eindruck, den sie zuvor gewonnen hatte, korrigierte sie nun gerne. Der junge Mann entpuppte sich als ein charmanter und kultivierter Herr.

Auf ihre Frage nach dem Anlass seines Ärgers gab er preis, er sei mit einem Bauherrn aneinander geraten, der gute Architektur verschmähen und klotzige Gebäude bevorzugen würde. Dieses Berlin könne wohl nicht genug von hässlichen Bauwerken haben, fand er sarkastisch. Die Dame entgegnete ihm: „Wer zahlt, der schafft an, das gilt auch für uns Anwälte." Mehr als den Klienten gut zu beraten gehe nicht. Wenn der dann einen anderen Weg einschlagen wolle, sei es eben sein Risiko. Damit habe sie sich abgefunden, versuche das Schlimmste zu verhindern und lege immer ein Protokoll an. Ihrer Sprache nach stammte die elegante Dame, die vielleicht fünf bis zehn Jahre älter war als er, auch aus München, was den Dialog vereinfachte.

Trotz des angeregten Gesprächs, stellten sie sich einander nicht namentlich vor. Die Rechtsanwältin hatte, so wie Tassilo, auch einen frustrierenden Tag hinter sich. Sie hatte, was sie so nebenbei preisgab, die renommierte Kanzlei N.N. vertreten und dies in einer schwierigen Angelegenheit. Ihr Klient habe es ihr dabei alles andere als leicht gemacht, aber sie scheine ihn letztlich dann doch noch überzeugt zu haben. Dann brachte sie lachend ins Spiel, dass ihre Männer vermutlich auch heute auf sie warteten, um ihren aufgestauten Frust bei ihr abzuladen. „Das ist eben das Los von uns Frauen, die unbedingt berufstätig sein wollen. Meine Jungs sind in der Pubertät und entsprechend durcheinander, und mein Mann, ein viel beschäftigter Chirurg, ist am Abend nicht minder kaputt als ich.“ Tassilo schluckte: Und da wollte er sich beklagen? Er hatte nachher die Wahl, zu seinen Eltern zu gehen, dort gut zu essen, oder sich in seiner Wohnung auf die Couch zu legen und Musik zu hören. Niemand würde ihn in irgendeiner Weise behelligen! Das gestand er so auch seiner Gesprächspartnerin ein. „Mein Herr, sie werden bestimmt einmal heiraten und vielleicht Kinder haben wollen, dann geht es ihnen vielleicht so ähnlich wie meinem Mann und mir. Dennoch möchte ich weder meinen Mann missen, noch meine beiden Buben, die drei machen mein Dasein doch lebenswert!“ Als sie sich von einander verabschiedeten, da gab die Anwältin Tassilo ihre Visitenkarte, mit dem Bemerken, er könne ja nie wissen, ob er nicht einmal anwaltliche Hilfe in Anspruch nehmen müsse. Das bog Tassilo zwar lachend ab, nahm die Karte jedoch gerne an und händigte ihr im Gegenzug die seine aus.

Tassilo Florianis Ärger hatte sich längst gelegt, und das Gespräch mit der Rechtsanwältin ihn beschämt. Er saß nun in der S-Bahn, die er im Bahnhof München-Laim wieder verlassen würde, um zu Fuß den kurzen Weg nach Hause zu gehen. So fand er genügend Zeit noch einmal ärgerfrei über diesen „gebrauchten“ Tag nachzudenken. Bisher hatte er nur mit dem Leiter des Münchener Büros seines Berliner Auftraggebers zu tun gehabt, was auch nicht gerade ein Honigschlecken war. Und nun war er erstmals auf den eigentlichen Auftraggeber gestoßen und auch der passte Tassilo nicht sonderlich. Genau genommen handelte es sich bisher nicht um einen definitiven Auftrag, sondern um ein zu qualifizierendes Angebot, bei dem die Vorarbeiten pauschal abgegolten wurden. Dieser Berliner Bauherr, ein im Immobiliengeschäft reich gewordener Unternehmer, forderte doch ein Gebäude, das sich signifikant von den Nachbarbauten abheben solle. Und dies war Tassilo seiner Ansicht nach auch gut gelungen, aber dann…! Er und seine Kollegen hatten sich zäh darum ringend ein elegantes und lichtes Gebäude ausgedacht, das sich von den schon fertig gestellten „Bauklötzchen“ der Umgebung wohltuend abheben sollte. Daran hatten die vier Architekten gerne gearbeitet, einig in der Vorstellung, das Geforderte berücksichtigt und dennoch etwas Besonderes geschaffen zu haben. Damit hatten sie auch den Münchener „Statthalter“ überzeugt, derart bestärkt hatte Tassilo heute dem potentiellen Auftraggeber den fertigen Entwurf präsentiert.

Doch der hatte ihm entgegnet: „Junger Mann, mit dem, was Sie sich da so im Inneren des Baus ausgedacht haben, bin ich ja weitgehend einig, aber doch nicht mit dem Äußeren! So habe ich mir weder die Fassade noch den Anblick vorgestellt. Es sollte schon was Markanteres sein, ein Bauwerk, das die Nachbargebäude aussticht. Dieses Gebogene und Filigrane hebt sich zwar von ihnen ab, passt aber nicht in diese Gegend.“ Tassilo ließ sich zu einer heftigen Entgegnung hinreißen, nicht bedenkend, dass sein Bauherr ein Einheimischer war. Oder war ihm das vielleicht sogar egal? „Ihr Preußen braucht wohl immer noch Eure wuchtige Architektur, so im Stile Kaiser Wilhelms!“ Nicht nur auf des Bauherrn Miene zeigte sich deutliche Verärgerung. Von Diplomatie schien dieser junge Architekt wohl nicht viel zu halten! Schon mal aufgebracht wollte Tassilo noch einen draufsetzen. Wieder einmal war es ihm völlig gleichgültig, dass er so Gefahr lief, erneut einen großen Auftrag zu verlieren. Er griff sich einen Filzstift, ging an die Flipchart und skizzierte einen nur wenig gegliederten massiven Klotz. Dann setzte der junge Architekt dem Entwurf gewissermaßen die Krone auf, er zeichnete eine Parodie der Kuppel des Reichstags und machte daraus eine flache, nur wenig gewölbte Schale. Eine „Trutzburg“ mit dem Deckel einer Suppenterrine wollte Tassilo aufzeigen. Er verkniff sich allerdings die entsprechende freche Äußerung, und doch hatte er es darauf angelegt, die sechs Herren zu provozieren, vielleicht sogar ihren geballten Zorn auf sich zu ziehen. Aber damit hatte er keinen Erfolg. Ihre Verärgerung war längst verraucht und machte Platz für Verwunderung. Dieser junge Architekt aus München hatte wirklich was drauf. Warf der doch so mir nichts dir nichts etwas auf den Bogen der Flipchart, was fast einhellige Zustimmung auslöste. Das war es doch, genau jener markante Bau, mit dem man beeindrucken konnte.

Gönnerhaft merkte der potentielle Auftraggeber an: „Na, Herr Floriani, warum denn nicht gleich so, ein herausstechendes Haus musste es sein und kein so in der Umgebung verschwindendes Gebilde! Mal ganz abgesehen davon, dass wir so aus der Grundstücksfläche noch mehr Wohnungen rausholen können. Arbeiten sie das nun im Detail mit ihren Kollegen aus, dann kommen wir vielleicht doch noch zusammen. Wie auch bisher gilt, bis zur erneuten Präsentation der abgeänderten Pläne ist unser Herr Liedtke, der Leiter unseres Büros in München Ihr Ansprechpartner. Meine Herren, das war es fürs erste, gehen wir wieder an die Arbeit.“ Sprachs und entließ den so überraschten wie genervten Architekten, den diese Niederlage mächtig wurmte.

Ausnahmsweise hielt er sich an die Mahnung seines Vaters: „Tassilo, denk daran, der Köder muss nicht dem Angler, sondern dem Fisch munden. Wir Architekten vergessen allzu oft zwei wichtige Dinge. Erstens: Der Bauherr hat seine Vorstellungen und wirtschaftlichen Zwänge. Aus denen müssen wir das Beste machen, um unseren Ruf zu erhalten. Zweitens: Wir haben ein großes Team zu versorgen und dürfen uns schon aus diesem Grund nicht in falsch verstandener Selbstverwirklichung verlieren.“ Wieder einmal beklagte sich Tassilo innerlich darüber Architekt geworden zu sein. Es ärgerte ihn jedes Mal wenn er mit sogenannten „Baulöwen“ verhandeln musste. Da kam er sich wie ein Hausierer vor, was ihm nicht lag, und was er als unter seiner „Würde“ ansah. Deswegen hatte ihn vor einiger Zeit ein Bauherr als überheblich abgelehnt, und als sein Vater dies erfuhr, war er mächtig verärgert. Tassilo hatte ihm zwar Besserung gelobt, aber sonderlich weit her war es damit immer noch nicht.

Seine Gedanken schweiften zurück in seine Vergangenheit. Die ihm so unangenehme Seite seines Berufes hätte er eigentlich aus den Gesprächen mit seinem Vater kennen müssen. Da er damals kein Architekt werden wollte, schenkte er diesem Aspekt wenig Aufmerksamkeit, bedauerte allerdings seinen Vater, der sich damit herumzuschlagen hatte. Er, Tassilo, wollte nach dem Abitur unbedingt einen künstlerischen Beruf ergreifen und studierte daher Musik. Daran fand er ja Gefallen und kam, laut der Aussage der Professoren, in den gewählten Fächern Klavier und Gesang gut voran, aber ihm ging es nicht schnell genug. Ungeduldig mit seinen Fortschritten gab er dem sanften Drängen seines Vaters nach, orientiert sich um und wechselte zur Architektur. Dessen kreative Seite hatte es ihm sehr angetan und entsprach voll und ganz seinen Wünschen. Die mit den Entwürfen verbundenen detaillierten Ausarbeitungen nahm er notgedrungen als dazu gehörend hin, hoffte jedoch schon damals darauf, später so wenig wie möglich damit zu tun zu haben. Was im Studium nur am Rande gestreift wurde, war das intensive Ausarbeiten von Angeboten und die Errechnung der diesbezüglichen Kosten. Und schon gar nicht das Auseinandersetzen mit Bauherrn. Oder hatte er das damals schlicht überhört?

Statt sich jetzt einem neuen Projekt zuwenden zu können, drohte wieder einmal eine unerfreuliche Detailarbeit. Eines nahm er sich vor, diesen Quader würde er verwandeln, vielleicht ließ der sich doch noch an allen Seiten etwas „aufwölben“. Wenn er dazu hin die quadratischen Eckklötze zu eleganten halbkreisförmigen Ausbuchtungen umwandeln würde? Neben der Gewissheit, damit seine Skizze verbessern zu können, tröstete ihn ein anderer Gedanke noch weit mehr. In vierzehn Tagen würde er mit dem Auto in die Toskana reisen, um dort auf einem Weingut an einem Sprachkurs teilzunehmen, den er selbst allerdings als Urlaub mit Beiwerk ansah. Seine Eltern, die seiner Meinung nach ihres Sohnes Italienisch überschätzten, fanden den Kurs völlig überflüssig. Tassilo freute sich jedoch auf eine entspannte Zeit in der geliebten Toskana. Er konnte sich eingestehen, dass er wieder einmal eine kleine Flucht brauchte, um dem beruflichen Alltag auszukommen.

***

In der Nähe von London trafen sich am selben Abend vier junge Damen. Zwei von ihnen kamen mit dem Zug aus dem Nordwesten Englands, um bei ihrer Freundin Gwendolin zu übernachten. Zuletzt traf mit Mabel die vierte der Freundinnen ein, sie war mit einem Vorortzug gekommen. Die Gastgeberin servierte ihren Freundinnen ein typisch englisches Essen. Wie sie anmerkte, sei es als Henkersmahlzeit vor dem morgigen Flug nach Florenz gedacht. Dort würde sie nicht nur ein fremdes Land erwarten, sondern sicher auch ungewohntes Essen. Alle vier waren zwar schon einmal in Italien gewesen, jedoch nur in Feriencamps der Küste und keine von ihnen tiefer im Binnenland. Aber dieses Mal wollten sie in der ländlichen Toskana einen vierwöchigen Sprachkurs absolvieren, den sie allerdings recht locker zu nehmen gedachten. Der Prospekt dieses Weingutes zeigte neben den aus Zweckbauten in ansprechende Unterkünfte verwandelten Rückzugsbereichen und Seminarräumen doch auch einen Swimmingpool. Außerdem lockte er noch mit Tennisplätzen, einer Bibliothek, Billard und einer Weinstube. Drei der jungen Damen erwarteten natürlich auch eine Reihe männlicher Teilnehmer, denn ein kleines „Abenteuer“ könnte vielleicht den Sprachkurs interessanter machen.

Nach dem Essen machten sie es sich in den weichen Polstermöbeln des kleinen Wohnzimmers bequem. Die vier jungen Damen hatten miteinander an derselben Hochschule studiert, allerdings in drei unterschiedlichen Fakultäten. Sie waren alle Mitte Zwanzig, hatten sich früh während des Studiums angefreundet, und obwohl sie nun alle im Berufsleben standen, hielten sie den Kontakt aufrecht. Insbesondere galt dies für Alicia und Margaret aus Lancaster, die beiden Freundinnen kannten sich schon seit Kleinkindertagen und sahen sich häufig. Wie immer die vier jungen Damen im Verlauf des Abends darauf gekommen waren, sie machten nach ausgiebigem Herumalbern ein Quiz. Jede von ihnen sollte jeder der anderen auf den Kopf zusagen, welchen „Traummann“ sich diese insgeheim als Ehemann vorstellen würde. So, als seien sie noch spät pubertierende Backfische, stiegen die drei Freundinnen auf diesen verrückten Einfall Mabels ein.

Das erste Los fiel auf die stille und etwas verträumte Margaret. Die allgemeine Einschätzung lautete: Sie würde einem gebildeten, musisch veranlagten Mann den Vorzug geben, der aus derselben gehobenen gesellschaftlichen Schicht stammen musste wie sie. Das bestritt die zierliche junge Medizinerin zwar nicht, ergänzte es allerdings noch um einige Wünsche. Ihr Zukünftiger müsse nicht nur gute Manieren haben, sondern auch fest im Leben stehen. Wäre er außerdem noch häuslich, dann käme er ihrem Ideal sehr nahe. Kleine Fehler dürfe er schon haben, meinte sie, denn auch wir Mädels haben doch welche. Nur einen Angeber könne sie nicht ertragen, von Blendern habe sie ein für alle mal die Nase voll. Die auf den ersten Blick etwas unscheinbar und zurückgenommen wirkende brünette und blasse Margaret hatte sich erst vor kurzem von ihrem langjährigen Freund getrennt, und einen ähnlichen „Typen“ konnte sie sich absolut nicht mehr als Partner vorstellen. Gemeinsam hatte die Freundinnen Margarets Entscheidung als richtig und notwendig bestätigt. Wichtiger war es ihnen jedoch gewesen, die traurige Margaret wieder aufzurichten und ihr Trost angedeihen zu lassen. Wer diese junge sensible junge Frau näher kannte, dem gefiel ihre warmherzige und bescheidene Art.

Als nächste war die kecke, rothaarige Mabel an der Reihe, die sich zwar vordergründig lustig und burschikos gab, aber dessen ungeachtet nicht gut einzuschätzen war. Von ihr stammte auch die Idee mit dem Quiz. Wem außer ihr kam überhaupt ein solch verrückter Gedanke? Nur Mabel, der zu allerlei „Unfug“ geneigten Ärztin. Zärtlich müsse er sein und ein guter Vater, das Aussehen sei ihr dabei nicht sonderlich wichtig. Und reich müsse er schon gar nicht sein, damit verbänden sich zumeist nur unnötige Probleme. Verlässlichkeit, Treue und Ehrlichkeit unterstelle sie als Basis, genauso wie ein gesundes Selbstbewusstsein. Und auf was hatten die Freundinnen zuvor bei ihr getippt? Sie stellten sich für Mabel einen charmanten, zu allerlei Scherzen aufgelegten Mann vor, einen, der das Leben locker nehmen würde. Sollte er dann noch ein Mediziner sein wie sie selbst, dann müsste doch alles passen, womit sie jetzt so ziemlich daneben lagen. Letztgenanntes war ihr selbst nicht sonderlich wichtig, er könne durchaus auch ein tüchtiger Handwerker sein, so wie ihr eigener Vater und zwei ihrer drei Brüder. An ihrer Fehleinschätzung hatten die Freundinnen erst einmal zu kauen. Ernsthaft, zuverlässig und ehrlich solle ihr Künftiger sein, ihre Eigenart respektieren und sie vorbehaltlos lieben, gab sie noch preis.

Als Dritte galt es nun die hochgewachsene schöne Gwendolin einzuschätzen, was gar nicht so einfach war bei der blonden Juristin, mit den strahlenden blauen Augen. Die elegante Gwen, wie sie von ihnen genannt wurde, kam aus einer Anwaltsfamilie. Auf den ersten Blick wirkte sie eher kühl und unnahbar, doch diese Fassade täuschte, denn die Freundinnen kannten längst ihre weiche Seite und ihre Verletzlichkeit. Gegen die schützte sie sich gerne mit überlegenem, ab und an sogar schnippischem Verhalten, gelegentlich mischte sich auch ein Schuss Überheblichkeit hinein. In einem Punkt gab es volle Übereinstimmung, es betraf das erwünschte gute Aussehen des Zukünftigen. Zwei tippten richtig, ein Anwalt wäre sowohl ihr als auch ihren Eltern genehm. Schief lagen sie allerdings mit ihrem Verdacht, er solle aus bester Familie sein und wohlhabend dazu. Er müsse nur ein anständiger und verlässlicher Mann sein, der sich beruflich engagieren würde, aber sich nicht darin verlieren dürfe. Sie lege nämlich großen Wert auf ein gutes Eheleben und einen liebevollen Vater für die gemeinsamen Kinder. „Wenn er mir an Bildung überlegen wäre, könnte ich mir das schon sehr gut vorstellen. Aber Ihr wisst ja, solche Männer sind rar, und dann so was von umschwärmt!“ Was sie jetzt einräumte klang ein wenig resigniert.

Mit großem Gelächter erörterten sie zuletzt die Wunschliste der dunkelhaarigen Alicia mit den hellen Augen. Die einerseits recht nüchterne, aber andererseits warmherzige und fröhliche Alicia, trug in diesem Punkt oft genug das Herz auf der Zunge. Die attraktive Gartenbauarchitektin hatte ihnen gegenüber aus ihren vorrangigen Vorstellungen nie ein Hehl gemacht. Reich müsse er sein und aus der sog. gehobenen Gesellschaftsschicht stammen. Obendrein solle er noch sportlich, witzig und cool sein. Damit trafen alle drei ins Schwarze, zumal sie ja von Alan, dem festen Freund von Alicia wussten; und auf den diese Punkte laut Alicia zutrafen. Sie foppten Alix mit der Frage, ob ihr Zukünftiger denn nicht auch zärtlich, fürsorglich und kultiviert sein sollte? Darauf gab ihnen die schöne Alix eine eher ausweichende Antwort. Darüber schien sie in ihrem Bestreben, künftig ein sorgenfreies Leben führen zu können und von „Stand“ zu sein, wohl nie so richtig nachgedacht zu haben, worin die anderen sich jedoch täuschten.

Irgendwie schien Mabel schon im Sprachurlaub zu sein, denn sie ging davon aus, dass es dort einige attraktive Männer geben könnte. „Mädels, was ist, wenn es dort einen Mann gibt, der uns alle interessiert?“ „Ach was Mabel, Du träumst wohl und konstruierst einen utopischen Fall“, warf Gwendolin ein. „Und wenn doch?“ So leicht war Mabel von einer fixen Idee nicht abzubringen. „Mich berührt das ja nicht, ich bin in festen Händen. Dann soll er sich eben für jene von Euch entscheiden, die es ihm am meisten angetan hat. So ist das nun mal und nicht anders! Dein

Fall kommt doch nur in kitschigen Liebesromanen vor. Von denen musst Du in letzter Zeit wohl einige zu viel gelesen haben", spottete Alicia. „Alix, so einfach kannst Du Dich nicht davonstehlen. Gegen eine echte und Dich wie aus heiterem Himmel treffende Liebe bist selbst Du nicht gefeit, Du, die vordergründig so schrecklich Nüchterne! Du bist sonst so nett und herzlich, aber gibst Dich gerade wie eine überlegene und über allem stehende große Schwester. Alix, das gefällt mir überhaupt nicht!" Um die leise Verärgerung von Mabel nicht höher „aufkochen" zu lassen, gaben die anderen Freundinnen deren Drängen nach und versprachen ihr folgendes: „Sollte dieser unwahrscheinliche Fall tatsächlich eintreten, dann akzeptieren wir die Entscheidung des „Traummannes" für eine von uns ohne Vorbehalt."

Danach gingen die jungen Damen zu Bett, denn es galt am nächsten Tag früh aufzustehen. Alicia fand nicht sofort in den Schlaf, sie dachte noch nach über die von den Freundinnen zusätzlich eingebrachten Eigenschaften. Nicht eine davon würde sie ihrem Alan zubilligen, nicht einmal ansatzweise. Dafür war er beruflich tüchtig, was sie allerdings so nur von ihm selbst wusste. Da er jedoch sonst ein ehrlicher Kerl war, akzeptierte sie seine Selbsteinschätzung als zutreffend. Sie hatte ihn eben so zu nehmen wie er war, um dann das Beste für sich daraus zu machen. Die in diesem Punkt recht zielstrebige und fast zwanghafte Alicia schlummerte ein in dem Bewusstsein, sie würde ihn in der Ehe schon „hinkriegen". Wobei von einer Heirat bisher eigentlich nie die Rede gewesen war, was aber für Alicia außer Frage stand. Vielleicht wollte sie mit diesem Selbstbetrug nur verhindern, erneut über Schwächen Alans nachdenken zu müssen. Auf die Idee kam sie nicht, sie und Alan könnten vielleicht nicht zusammenpassen, oder gar Margarets Befürchtung zu akzeptieren, die Ehe mit Alan würde zwangsläufig ins Desaster führen.

***

Die Dämmerung zog allmählich auf und kleidete die Landschaft um das Weingut Bontardi in ihr bläulichgraues Schattengewand. Der Blick reichte dessen ungeachtet noch weit hinaus in die sanfte wellige Gegend. Er verfing sich an hintereinander aufscheinenden Bergkämmen, denen die blaue Stunde eine jeweils andere azurne Farbe schenkte. Sie reichten von einer schwarzblauen bis zu einer fast mit dem Horizont verschwimmenden lichtblauen Tönung. Malerisch lag das Weingut auf einem Hügel in der Nähe von Buonconvento, einem Landstädtchen in der südlichen Toskana. Der gelbrot gefärbte Himmel im Westen bot über den sanft geschwungenen Hügeln allabendlich ein besonderes Schauspiel. Die Zypressen auf den Hügelkuppen verwandelten sich allmählich zu dunklen, von der versinkenden Sonne umflammten Kerzen. In dem nach Westen zu offenen Innenhof des alten Gutes brannten schon die Fackeln und auf den Tischen flackerten Windlichter, illuminierten die Sitzgruppen und das archaische Gemäuer.

Fast zeitgleich verließen die schon länger anwesenden Gäste ihre Zimmer und strebten zu den lauschigen Plätzchen. So wie an jedem dieser lauen Abende wollten sie dort den immer noch linden Tag mit toskanischem Wein ausklingen lassen. Diese Zeit wurde jeden Abend herbeigesehnt, denn damit begannen die karg bemessenen Mußestunden. Die meisten der hier Lernenden hatten irrtümlich angenommen, der gebuchte Sprachkurs sei ein lockeres Beiwerk zum Ferienaufenthalt in einer idyllischen Landschaft. Das stellte sich vor Ort schnell als Trugschluss heraus. Dieser Sprachkurs erwies sich als ziemlich fordernd. Selbst die wenigen Ausflüge waren nicht als Erholung angelegt, sondern zur praktischen Vertiefung des bis dahin gelernten Stoffes gedacht.

Heute hatte sich ein wenig Abwechslung ergeben, denn es war der Tag des Wechsels. Zwei Gruppen verabschiedeten sich an diesem Morgen und der Bus brachte am Spätnachmittag eine große Gruppe neuer Sprachschüler mit. Vier Wochen lang sollten diese „Neuen“ hier die Italienische Sprache erlernen oder ihre Kenntnisse auffrischen. Wie die „Arrivierten“ es nicht anders erwarten durften überwogen bei den Neuankömmlingen die Frauen. Diesmal hatten sich vor allem Damen mittleren Alters eingefunden, einige von ihnen schienen sogar noch älter zu sein. Zwei Herren so um die Sechzig und ein schüchterner bebrillter junger Mann fühlten sich, wie es bei einem flüchtigen Blick den Anschein hatte, in diesem Damenflor etwas verloren und nicht sonderlich wohl. Die „Neuen“ wurden im Speisesaal von den „Arrivierten“ neugierig gemustert. Diese inzwischen miteinander vertraute Gruppe mühte sich seit zwei Wochen um das Italienische und empfand sich daher gegenüber den „Neuen“ als die „Platzhirsche“. Ihrer ersten Beobachtung nach ähnelte die Zusammensetzung der Neuankömmlinge in etwa jener langweiligen Gruppe, die sich an diesem Morgen verabschiedet hatte. Aus der einsetzenden Unterhaltung entnahmen sie, dass sich erneut vor allem deutschsprachige „Schüler“ eingefunden hatten, was bei den schon seit zwei Wochen Lernenden von vornherein Barrieren aufbaute. In ihrer Gruppe dominierte das Englische, das vorwiegend von jungen, teilweise recht hübschen Damen zu hören war. Deutsche befanden sich nicht unter ihnen, was allen recht gewesen war.

Die vier Freundinnen Alicia, Gwendolin, Mabel und Margaret hatten sich an diesem Abend jene Sitzgruppe erobert, die bisher von einigen aus der weggefahrenen Gruppe in Beschlag genommen war. Dort eröffnete sich der beste Ausblick und umfächelte einen ein auch am Abend noch willkommenes leichtes, weil kühlendes Lüftchen. Nicht nur die attraktiven Alicia und Gwendolin stachen aus den Arrivierten hervor, es gab unter den Engländerinnen, Skandinavierinnen und Holländerinnen auch noch weitere „Schönheiten“. Doch wen interessierte dies schon in diesem Kurs, es hatten sich leider keine Herren in dem für sie interessanten Alter eingefunden. Drei Plätze blieben an den Tischen der Neuen vorläufig unbesetzt. Wie sie von der Dame an der Rezeption erfahren hatten, würden drei Herren noch später eintreffen. Die jungen Damen gingen davon aus, dass es sich auch bei diesen Nachzüglern um ältere und für sie wenig interessante „Semester“ handeln dürfte. Aber wer weiß, vielleicht täuschten sie sich ja?

Nach etwa einer halben Stunde trafen die ersten beiden avisierten Herren ein, aber es waren keine alten, sondern junge und passabel aussehende Männer. Diese setzten sich nach der Begrüßung durch eine Betreuerin zu ihrer Gruppe und führten bald darauf das große Wort. Nur wenig später zeigte sich am Fuße des Hügels das Licht eines Autoscheinwerfers, welches den sich schlängelnden Weg abtastete, der zum Weingut heraufführte. Als das Fahrzeug nur noch etwa einen halben Kilometer entfernt war, ließ sich dessen Geräusch unschwer als jenes eines VW-Käfers identifizieren. Traf nun der Letzte noch erwartete Sprachschüler ein? So war es, ein junger Mann betrat nach kurzer Zeit den Innenhof und schaute sich suchend um. Eine Betreuerin nahm sich seiner an und begleitete ihn zur Rezeption. Dort wo er zuvor stehen geblieben war, konnte man ihn aufgrund des schwachen Lichtscheins nicht so gut erkennen. Hochgewachsen und von schlanker Gestalt war er, und vermutlich nicht viel älter als dreißig Jahre, doch viel mehr konnten die neugierigen jungen Damen nicht wahrnehmen. Dabei waren doch, wie schon gesagt, junge Männer durchaus interessant für die überwiegend aus Frauen bestehenden Gruppen. Zweimal noch tauchte der Mann am Rande des Hofes auf, beides mal beladen mit Gepäck. Was dabei besonderes Interesse auslöste, war eine Gitarre, die er zuletzt mit sich führte. Alle gingen davon aus, dass sich der junge Mann noch einmal zeigen würde, doch das erwies sich als Irrtum. Dieses Verhalten löste spontan Fragen aus. Hatten sie es bei ihm vielleicht mit einem Einzelgänger zu tun? Dagegen sprach allerdings seine Gitarre. Oder war dieser Mann schlicht müde, weil er heute vermutlich schon eine lange Fahrt hinter sich hatte? Für diese Deutung entschied sich die Mehrzahl der im Hofe Weilenden, und sie lagen damit richtig.

Tassilo war wieder einmal nicht rechtzeitig aus den Federn gekommen und hatte auch danach getrödelt. Angesichts der langen Strecke, die vor ihm lag, war dies leichtsinnig, aber er hatte darauf vertraut, unterwegs werde schon alles glatt gehen, was auch bis Mantua zutraf. Er konnte dann der Versuchung nicht widerstehen, von der Autobahn abzufahren. Die einstige Residenzstadt der Gonzagas wollte er sich wenigstens im Eilschritt erschließen. Und es hatte sich wahrlich gelohnt. Was für eine schöne Stadt war doch dieser Schauplatz der Verdioper „Rigoletto“, aber auch der letzten Tage des unglücklichen Tiroler Bauernführers Andreas Hofer. Diese ineinander übergehenden Plätze und großzügigen Straßen, die beeindruckenden Paläste und Gebäude hatten ihn sofort in ihren Bann gezogen. Er nahm sich vor, auf dem Rückweg noch einmal hier anzuhalten, um etwas mehr Zeit für die schöne Stadt zu haben. Auf dem Parkplatz folgte die böse Überraschung, sein VW-Käfer sprang nicht mehr an. Tassilo, der die Macken seines alten Autos kannte, fand nach einigem Suchen die Ursache. Diese Suche lief unter den interessierten Augen mehrerer Zuschauer ab, die seine Arbeit mehr oder minder sachlich kommentierten. Angesichts der verrinnenden Zeit konnte er die Störung allerdings nur notdürftig beheben. Er musste von nun an darum bangen, sein Ziel noch so rechtzeitig zu erreichen, um dort wenigstens eingelassen zu werden. Dies war ja auch der Fall, sogar einen kleinen Happen hatte er noch bekommen.

***

Morgen würde es bei allen um die mit Spannung erwartete Eingruppierung in die jeweiligen Kurse gehen. Zwar sollte sich jeder potentielle Sprachschüler daheim anhand eines Fragebogens selbst einstufen und ihn ausgefüllt seiner Anmeldung beifügen. Fast zwangsläufig ergaben sich dabei ziemliche Diskrepanzen in der Selbsteinschätzung. Diese sollten zu Beginn des Kurses in einem umfangreichen Test aufgedeckt werden. Das betraf jedoch nicht nur die Neuankömmlinge, auch die Gruppe der „Arrivierten“ musste sich einem Test zum Stand ihrer bisher erworbenen Kenntnisse unterziehen. Er bestand aus einem Multiple-Choice-Bogen, den die Lehrer schnell auswerten konnten und bei Grenzfällen noch aus einem mündlichen Test. Das Ergebnis der Tests, verbunden mit der Einschätzung der bisherigen Fortschritte durch die Sprachlehrer, würde dazu führen, dass sich die Sprachschüler in einem ihrem Kenntnisstand und sprachlichen Können entsprechenden Kurs wiederfinden würden. Das bedauerten die meisten der Damen, denn sie hatten sich bisher gut verstanden und als eine harmonierende Gemeinschaft erlebt. Ob aus der großen Gruppe der Neulinge noch jemand zu ihnen stoßen würde? Das wohl eher nicht, denn bei den „Neuen“ handelte es sich laut der Ausschreibung um Anfänger. Außerdem „durfte“ man sich im Kurs der Fortgeschrittenen nur noch auf Italienisch unterhalten und sollte von seiner Muttersprache absehen. Wobei, was die „Arrivierten“ so nebenbei mitbekommen hatten, die beiden etwas vorlauten jungen Herren zählten sich, vermutlich in Verkennung der Realität, offenkundig zu jenen, die höher eingestuft werden wollten.

Auf dem Rückweg zu ihrem Appartement musste Alicia direkt an jenem Raum vorbeigehen, den der spät eingetroffene junge Herr bezogen hatte. Dieser „Letztgekommene“ hatte die Vorhänge seines Zimmers noch nicht zugemacht, so konnte sie ihrer Neugierde nachgeben und einen Blick hineinwerfen. Aus dem Spalt des gekippten Fensters drang leise eine „ernste“ Musik nach draußen. Alicia, die sich mit dieser Art der Musik nicht auskannte, ging davon aus, dass es sich um Klassische

Musik handeln müsse. Aber das interessierte sie im Augenblick sowieso nicht, sondern ausschließlich der junge Mann, dessen Profil sie sehen konnte. Der hatte seine Beobachterin noch nicht bemerkt, was diese durch Klopfen an sein Fenster änderte. Überrascht wendete er sich dem Fenster zu und löste sich von dem Buch, in das er sich vertieft hatte. Er öffnete den rechten Fensterflügel. Im Schein des Lichts zeigte sich dem Überraschten ein ausnehmend attraktives Gesicht. Tassilo, davon leicht irritiert, ging davon aus, eine rassige Italienerin vor sich zu haben und sprach sie in ihrer Heimatsprache an. Doch deren Gegengruß und ihre Antwort kennzeichnete ein unüberhörbarer „nordischer" Akzent. Er hatte sich wohl in der Annahme geirrt, eine Angestellte des Gutes vor sich zu haben. Dabei sprachen dieses schmale und sonnengebräunte Gesicht, wie auch die langen schwarzen Haare eigentlich sehr dafür. Ihr nicht zu üppiger, leicht sinnlicher Mund und eine Nase wie einst jene von Liz Taylor widerlegten diesen Eindruck nicht. Die junge Dame bedeutete ihm freundlich, es sei hier nicht ratsam das Fenster auch nur einen Spalt offen zu lassen. Die „Moskitos" würden diese Chance unerbittlich nutzen und ihm die Nachtruhe vergällen. Der junge Mann dankte ihr für den guten Rat und scherzte, bei soviel weiblicher Schönheit würden sie ihn bestimmt zuletzt heimsuchen. „Da irren Sie sich, bei den „Moskitos" stechen nur die Weibchen und die machen keinen Unterschied bei ihren Opfern." Tassilo wollte darauf noch etwas entgegnen, aber die Schöne hatte sich mit einem glockenhellen Lachen bereits verabschiedet. Ihr eigenes Zimmer lag nämlich nur zwei Türen weiter in diesem mit Appartements unterteilten ehemaligen Weinlager. Diese waren so wie es aussah im ganzen Komplex die schönsten Zimmer, was sie im Vergleich zu den Zimmern ihrer Freundinnen feststellen konnte. Zuerst hatte sie bedauert, dass die Räume der Freundinnen am anderen Ende des ausgedehnten Weinguts lagen, allerdings kamen auch sie dort nur in getrennten Häusern unter. Alicia lernte ihr Domizil bald zu schätzen, denn es gab neben dem geräumigen Zimmer noch zwei weitere Vorzüge, die dank der dicken Mauern angenehme Kühle und die himmlische Ruhe.

Die beiden jungen Menschen nahmen das Bild des jeweils anderen mit hinüber in den Schlaf. Alix, wie Alicia im Familien- und Freundeskreis genannt wurde, gefiel der junge Mann mit den hellen Haaren und der sonoren Stimme auf Anhieb. Dabei hatte sie ihn im Halbschatten noch nicht einmal so genau erkennen können. Sie fragte sich, aus welchem Land der „Neue“ wohl stammte. Obwohl sein Italienisch um einiges besser klang als das ihre, sprachen sowohl die blonden Haare als auch die blauen Augen gegen einen Südländer. Sein Italienisch klang zwar wie jenes der Sprachlehrer, aber eine kaum zu hörende herbe Färbung schwang darin mit. Da sie sich ihrer Ansicht nach etwas zu lange mit dem jungen Mann beschäftigt hatte, tadelte sie sich für ihr ungehöriges Interesse. Sie rief sich in Erinnerung, sie sei schließlich liiert und habe sich von jeglichem „Abenteuer“ fern zu halten. Aber so ganz ließ sie der junge Mann nicht los.

Welchen Eindruck hatte denn die flüchtige Erscheinung bei Tassilo Floriani ausgelöst? Die Schöne hatte ihn nicht gleichgültig gelassen, sie beschäftigte ihn. Eigentlich stand er doch gar nicht auf dunkelhaarige und glutäugige Mädchen mit langen Wimpern, aber in diesem Fall? Kaum hatte er sich dieses Vorurteil eingestanden, musste er sich auch schon korrigieren. Die Augen der jungen Frau waren nämlich keineswegs dunkel gefärbt, sondern eigenartig hell. Ob sie nun blau, grün oder grau waren, das hatte er nicht feststellen können. Hell klang auch ihre Stimme wie ihr fröhliches Lachen, mit dem sie sein Kompliment quittiert hatte. An was erinnerte er sich bei ihr noch? Leider konnte er wegen des schummerigen Lichts der Außenbeleuchtung weder ihre Gestalt wahrnehmen, noch ihren Gang verfolgen. Aber an die blitzenden weißen, ein wenig zu groß geratenen Zähne erinnerte er sich. Dieses Merkmal fand sich häufiger bei Amerikanerinnen oder Engländerinnen, zumindest hatte er es öfters so erlebt. Nun, diese Fragen würden sich in den nächsten Tagen sicher beantworten lassen. Erst einmal musste er selbst die morgen anstehende Eingruppierung gut überstehen, dies schuldete er seinem Ehrgeiz. Daher vertiefte er sich wieder in sein Übungsheft.

Am nächsten Morgen machte die neugierig gewordene Alicia vor dem Frühstück einen Umweg über den halbleeren Parkplatz, auf dem gerade mal sechs Autos standen, darunter befand sich auch der gesuchte VW-Käfer, es war ein cremefarbenes Cabriolet. Dessen deutsches Kennzeichen lautete M-TF 2010. Fürs erste war damit ihre Neugierde gestillt, und sie musste sich eingestehen, sie fühlte sich erst einmal recht „ernüchtert“. Mit den Deutschen hatte sie in den südlichen Ferienorten zumeist keine guten Erfahrungen gemacht, und speicherte diese seitdem mehrheitlich als laute und wenig angenehme Zeitgenossen ab. Warum sollte ausgerechnet dieser deutsche VW-Fahrer eine Ausnahme bedeuten? Daher wollte sie auch in diesem „Fall“ vorerst nicht von ihrem Vorurteil abrücken. Es sei denn, dieser „Neue“ würde sie im Verlauf der nächsten Tage vom Gegenteil überzeugen!?

Der junge Deutsche kam sehr spät und als Letzter in den weitläufigen Speiseraum. Notgedrungen setzte er sich an einen freien Platz zu drei älteren Damen. Alicia hatte sein Erscheinen sehr wohl bemerkt und auch, dass er mit einem dezenten blauen Hemd und einer eleganten weißen Hose bekleidet war. Damit fiel er aus dem üblichen Rahmen, denn die wenigen Herren kleideten sich allesamt viel legerer. Der junge Mann legte also Wert auf ein gepflegtes Aussehen, und das gefiel Alicia gut. Sein lässig über den Schultern hängendes helles Jackett signalisiert ihr, dass er nicht über seine Kleidung beeindrucken wollte und vielleicht doch ein lockerer Typ war.

Als Tassilo zum bereits ziemlich geplünderten Büffet ging, suchte er den Raum ab nach dem schönen Mädchen vom gestrigen Abend. Aber er konnte es vorläufig nirgendwo entdecken. Ihm selbst folgten viele Augenpaare, dem Getuschel der jungen Damen nach, schien er für viele eine attraktive Erscheinung zu sein. Alicia widerstand der Versuchung noch einmal ans Büffet zu gehen, um sich dort für ihn bemerkbar zu machen. Sie ließ ihn jedoch nicht aus den Augen und bekam so mit, dass er sich mit einem Schälchen Müsli begnügte und ein Kännchen Tee aufbrühte. Klassische Musik hören, gepflegt und gut aussehen, aber ein „Müslifreak“ sein, das passte für Alicia irgendwie so gar nicht zusammen. Verdammt noch mal Alix schalt sie sich, warum interessiert dich denn dieser Deutsche so sehr. Wobei sie damit allerdings in ihrer Gruppe nicht alleine war, auch die Freundinnen hatte der blonde Mann beeindruckt, was diese wie üblich auch erörterten.

Als der „Neue“ wieder seinen Tisch aufsuchen wollte, musste er um das Büffet herumgehen, denn der Rückweg war ihm von jenen Hungrigen verstellt, die einen Nachschlag holen kamen. Aber dafür entdeckte er die abendliche Erscheinung unweit des Büffets, das ihm zuvor die Sicht verdeckt hatte. Inmitten einer Tischrunde hübscher junger Damen saß sie, die Gesuchte. Diese vier Mädchen waren unschwer als Engländerinnen auszumachen, dafür hatte er inzwischen einen Blick entwickelt. Tassilo begrüßte die Schöne freundlich, wofür sich Alicia mit einem strahlenden Lächeln und in einem holprigen in Deutsch ausgebrachten „Guten Morgen“ bedankte. Was ihre Tischgenossinnen nicht weniger verwunderte, er hatte sie dabei auf Englisch eine schöne „Nachtelfe“ genannt. Danach musste Alicia neugierige Fragen und sogar noch „Verdächtigungen“ über sich ergehen lassen. Alle wunderten sich, dass ausgerechnet sie als Einzige im Raum diesen so gut aussehenden jungen Mann bereits kannte. Es nützte ihr nichts als sie ihnen das nächtliche „Intermezzo“ aufdeckte. Alicia musste nun nicht nur deren leisen Spott, sondern auch ihren kaum verhohlenen Neid aushalten. Die Freundinnen wollten ihr die Wahrheit nicht so recht abnehmen. In dieses Geplänkel hinein erschallte der Gong und mahnte an den anstehenden Ernst der nächsten Stunden, denn der lange Test stand an.

Nach dem Test empfand Alicia ein eher gemischtes Gefühl, sie war sich nicht sicher, ob sie die angestrebte nächste Stufe geschafft hatte. Das Ergebnis des Tests würden die Spracheleven erst am nächsten Morgen erfahren, so wie auch in welchem der drei Unterrichtsräume sie sich einzufinden hatten. Wie unter einem inneren Zwang machte sie nach dem Mittagessen wieder einen Umweg über den Parkplatz. Was sie vielleicht erhofft, aber nicht erwartet hatte, der Deutsche machte sich dort gerade an seinem VW-Käfer zu schaffen. Er werkelte mit aufgekrempelten Hemdsärmeln unter der aufgeklappten Heckklappe seines Autos herum, griff sich zweimal ein am Boden liegendes Werkzeug. Unmittelbar danach schloss er die Heckklappe. Als er sich aufrichtete, erblickte er erfreut die „Nachtelfe“. Was er insgeheim erhofft hatte, die schlanke, hochgewachsene Figur stand dem schönen Gesicht in nichts nach. Sie trug enge Jeans und eine helle Bluse, was sie bestens kleidete. Außerdem fiel ihm auf, dass die Schöne sehr dezent geschminkt war, was er bei den jungen Damen in England selten erlebt hatte, die bei den Hilfsmitteln des „Aufhübschens“ oft kräftig zugriffen. Die „Nachtelfe“ musste sich ihres blendenden Aussehens sehr wohl bewusst sein, schloss Tassilo daraus.

Unbekümmert sprach er die attraktive junge Dame an. „Schöne Unbekannte, wie ist es Ihnen denn bei der Prüfung ergangen?" „Wenn ich das nur wüsste", entgegnete ihm Alicia. „Ich kann es leider nicht einordnen und bin jetzt ziemlich unsicher. Und Sie?" Tassilo wiegte zweifelnd den Kopf: „Die schriftliche Probe fand ich nicht so schwer, doch das Gespräch mit einem der Sprachlehrer danach schon. Der Herr setzte immer mehr nach und sprach immer schneller. Was er damit bezweckte, das erschloss sich mir nicht; nun ja, morgen werde ich es erfahren. Entschuldigen Sie bitte meine Unhöflichkeit, ich habe mich Ihnen ja noch gar nicht vorgestellt. Ich heiße Tassilo Floriani und komme aus München, wie Sie unschwer anhand meines Autokennzeichens feststellen konnten." Sie nickte zustimmend und sagte fröhlich lachend, sie selbst heiße weder mit Vorname noch mit Nachname „Nachtelfe, sondern Alicia Whittacker, aber meist werde sie Alix genannt. „Dass ich aus England stamme, das haben sie ja schon selbst herausgefunden, denn sonst hätten Sie mich sicherlich nicht auf Englisch angesprochen."

Sie gingen miteinander vom Parkplatz weg in Richtung der dem Gut zugeordneten Gästebungalows und unterhielten sich dabei. Das angeregte Gespräch zeitigte bei beiden einen guten Eindruck vom jeweiligen Gegenüber. Alicia wollte von ihm wissen, ob sein Auto Probleme mache. „Bis gerade schon, aber jetzt nicht mehr, ich konnte einen von mir unterwegs nur notdürftig behobenen Defekt beseitigen, hoffentlich endgültig. Wegen dieser ärgerlichen Kleinigkeit bin ich gestern am Abend leider so spät eingetroffen. Außerdem habe ich der Versuchung nicht widerstehen können, unterwegs noch der schönen Stadt Mantua einen schnellen Besuch abzustatten. Mit dem direkten Flugzeug von München nach Florenz wäre die Reise sicher schneller gegangen, zumal man ja am Flugplatz per Bus abgeholt wurde. Doch ich wollte mein Auto dabei haben. Ich habe diesen Sprachkurs vor allem deswegen gewählt, weil das Weingut in einer so schönen und kulturell reichen Gegend liegt. Hätte ich allerdings gewusst, dass sich hier so viele hübsche junge Damen und mit ihnen sogar eine so bildschöne eingefunden haben, dann wäre mir die Entscheidung noch viel leichter gefallen." „Sind Sie denn immer solch ein Schmeichler", konterte Alicia, „man könnte ja meinen, dass Sie einer dieser sich darin überbietenden Italiener sind." Die Fröhlichkeit, die ihren Worten zugrunde lag, zeigte Tassilo, Alicia meinte es nicht ernst. Er hatte den Eindruck, sie wusste es sehr wohl zu schätzen, als schönes Mädchen wahrgenommen zu werden. Er ging nicht darauf ein und sprach weiter: „Wie schon angedeutet möchte ich etwas von dieser herrlichen Gegend mitbekommen und sie mir mit dem Auto erschließen. Dafür verzichte ich gerne auf die lange Mittagspause."

Alicia nickte: „Das kann ich gut verstehen, denn ich habe meine mitgebrachten Bücher längst ausgelesen. Und hier in der prallen Hitze am oder im Pool herumzuhängen oder gar Tennis zu spielen, das langweilt mit der Zeit. Solch kleine Ausflüge würden mir auch gefallen. Aber ich bin mit Flugzeug und Bus angereist, und daher leider und mehr als mir lieb ist, an diesen Ort gefesselt. Zweimal haben wir vier Freundinnen uns einen Mitwagen beschafft, und noch jeweils eine andere Frau mitgenommen. Das Anmieten erwies sich jedoch von hier aus leider als ziemlich umständlich." Tassilo machte ihr einen Vorschlag: „Fünf Damen kann ich mit meinem engen Vehikel nicht gut mitnehmen. Aber wenn sie so göttlich schlank sind wie Sie, vier von ihnen allerdings sehr gerne."

So hatten Alicia und ihre drei Freundinnen Gwendolin, Mabel und Margaret einen Chauffeur, und sie freuten sich dabei gleich über zwei Gesichtspunkte. Sie kamen so dem gewohnten Ablauf und vor allem der langweiligen Mittagspause aus, und am heutigen Tag zudem auch noch dem ganzen Nachmittag. Die Sprachlehrer hielten zu dieser Zeit eine Konferenz ab, in der sie die Eingruppierung der Schüler in die drei Gruppen festlegen wollten. Die Aussicht auf einen schönen Ausflug war für die jungen Damen jedoch nur die eine Seite der Münze, die andere war ihnen beinahe noch wichtiger. So konnten sie diesen attraktiven Deutschen, den Alicia „angeschleift" hatte, näher „begutachten". Der Neid vieler anderer Damen war ihnen gewiss, was die jungen Engländerinnen sehr wohl wussten, aber nicht kümmerte. Wie es den Anschein hatte, genossen sie es sogar, dass ihr Wegfahren mit dem blonden Deutschen von vielen Teilnehmerinnen beobachtet wurde.

Zuerst einmal erlebten die Freundinnen diesen jungen Deutschen allerdings als enttäuschend langweilig. Sie unterhielten sich in ihrer „Geheimsprache" über ihn. So hatten sie schon auf der Hochschule ihre Kommilitonen eingeordnet. Der Deutsche war demnach ein „glg" und ein „ng“; im Langtext ein „good looking guy“ und ein „nice guy“. Sie begnügten sich mit dieser Bewertung nicht, ihr folgte ein weiteres Etikett: Er ist leider ein eher langweiliger Typ. Die kecke Mabel meinte sogar: „Dieser Tassilo ist ja so etwas von schrecklich gestrig.“ Warum kamen die Damen zunächst zu dieser Einschätzung? Die blonde und ausnehmend hübsche Gwendolin bat Tassilo unterwegs, ihnen während ihrer gemächlichen Fahrt durch das Gebiet südlich von Siena eine flotte CD aufzulegen. Ob er vielleicht etwas von dem Sänger Jason Derolu (so verstand es Tassilo) oder der Sängerin Kathy Perry dabei habe? Damit stürzte sie Tassilo in Verlegenheit, denn er besaß keine der gewünschten CDs und nicht einmal eine von den Beatles oder von Michael Jackson. Was die Mädchen in fast ungläubiges Erstaunen versetzte, er musste sogar einräumen, er wisse mit den ihm zuerst genannten Namen nichts anzufangen. Ob denn alle jungen Deutschen diese Pop-Stars nicht kannten? Selbst dazu musste er passen und ihnen die Antwort schuldig bleiben. Das war an sich erstaunlich, denn sie hatten eines recht schnell herausgefunden, dieser Tassilo war nicht nur ein charmanter sondern auch ein gebildeter junger Mann. Denn auf alle ihre Fragen zu den Sehenswürdigkeiten der Gegend wie zu den Orten, die er gezielt ansteuerte, wusste er zu antworten. Seine „Führung“ durch Pienza, dieser nie fertig gestellten Idealstadt en miniature eines Papstes, wie durch die Weinstadt Montepulciano, hatte ihnen gefallen.

Alicia, die sich den Vorzugsplatz neben dem Fahrer vorbehalten hatte, griff unterwegs nach den CDs, die im offenen Handschuhfach lagen. Beethoven, Mozart und Schubert las sie auf den Hüllen, sie verkniff sich das ihr auf der Zunge liegende Lästern, sie wollte ihn nicht kränken. Die vierte im Bunde, die stille Margaret, bat Alicia dann eben eine der CDs aufzulegen, was diese mit Hilfe Tassilos schaffte. Dabei berührten sich ihre Hände, und Tassilo hielt die ihre etwas länger als nötig gewesen wäre, was die sommersprossige und rothaarige Mabel zu einer spöttischen Bemerkung hinriss. Tassilo stieg sofort darauf ein, reichte ihr seine rechte Hand über die Schulter, die die Spötterin gar an ihre Wange drückte. War das nur ein Spiel oder gar das Vorgeplänkel eines Flirts? Lassen wir es vorerst noch offen. Was die vier Mädchen nicht erwartet hatten, die CD gefiel ihnen sogar. Sie wollten von ihrem Fahrer wissen, was sie gerade hörten. „Das ist von Ludwig van Beethoven“ bekamen sie zur Antwort, eine seiner Klaviersonaten sei es. Ob er nur solche Musik hören würde, setzte Alicia nach. Tassilo nickte: „Ja, aber nicht nur hören, Alix, ich spiele einige davon auch selbst!“ „Wow, bist Du vielleicht ein Konzertpianist?“ Ohne es überhaupt zu realisieren, hatte sie ihn statt mit dem distanzierenden Sie mit dem vertrauten Du bedacht. „Leider nein, dafür bin ich nicht gut genug, daher habe ich mein Musikstudium aufgeben und einen anderen Beruf erlernen müssen, aber das Klavierspiel habe ich beibehalten.“

Das ist schon ein ungewöhnlicher junger Mann, einer von jener Sorte, die einem sonst in den Diskos und „üblichen“ Veranstaltungen für junge Menschen nicht „über den Weg läuft“, dies fand nicht nur Alicia. Die ihn aber dessen ungeachtet immer interessanter fand, und der sie mehr und mehr beunruhigte. Von ihm ging eine starke Anziehung aus. Obwohl er sich zu allen seinen Mitfahrerinnen gleich nett und zuvorkommend verhielt, bekam Alicia sehr wohl mit, dass sie selbst ihm am besten gefiel. Einerseits schmeichelte es ihr, aber andererseits stürzte es sie in ein Dilemma. Aber was sprach denn gegen einen „heißen“ Ferienflirt, selbst wenn sie dabei etwas weiter gehen würde? Aber war denn dieser ernsthafte und feine Tassilo dafür der richtige Mann? Versprach der sich vielleicht doch etwas mehr von ihr?

Insgeheim verglich sie ihn bereits mit Alan Woodbridge, ihrem festen Freund. Und je tiefer sie in den Vergleich einstieg, desto ernüchterter wurde Alicia. Ihr „cooler“ Alan war nicht sonderlich gebildet, er verhielt sich auch ab und an eher hochnäsig und überheblich, und als kultiviert ließ er sich auch nicht bezeichnen. Die vornehme und zurückhaltende Art, die sie bei diesem Tassilo erlebte, davon war Alan meilenweit entfernt. Betrachtete sie beider Männer Aussehen, dann fiel auch dies zu Ungunsten von Alan aus. Ihr Freund Alan, immerhin ein guter Sportler und erfolgreicher Regattasegler, war gerade mal so groß wie sie, etwas korpulent und neigte zum Schwitzen. Sein rosiges Gesicht und seine sich schon lichtenden, rötlich schimmernden Haare hatten sie bisher wenig gestört, doch mit diesem Tassilo konnte er nicht mithalten. Dieser elegante und schlanke Mann, hatte volles blondes Haar und ein gebräuntes, männliches Gesicht. Aber Alan besaß für sie einen großen Pluspunkt. Er, der einzige Sohn eines Industriellen, war reich, sehr reich sogar, und er stammte aus einer angesehenen alten Familie. Eine Ehe mit ihm konnte ihr jenes Leben und jenen gesellschaftlichen Aufstieg bieten, den sich die Töchter der Aufsteiger oft erträumten. Alicia war die Tochter eines erfolgreichen Gärtnerehepaares, die ein gut gehendes großes Gartenzentrum betrieben. Ihre Eltern hatten es dank harter Arbeit geschafft, aus kleinen Anfängen heraus zu Wohlstand und Ansehen zu gelangen. An ihrer Verbindung mit Alan Woodbridge war ihren Eltern gelegen, denn dadurch wurden auch sie mit aufgewertet. Dabei war ausgerechnet ihre sonst doch so nüchterne und unkomplizierte Mutter die treibende Kraft. Was hatte ihre Mutter vor eineinhalb Jahren noch dazu gesagt, als sie, Alicia, den coolen und schlagfertigen Alan auf einer wilden Party kennen gelernt hatte? „Mein Mädel, diesen Alan Woodbridge solltest Du festhalten, er bietet Dir Reichtum und Aufstieg. Du gibst ihm Deine Schönheit dagegen.“ „Aber Mummy, und wie ist es dann mit der Liebe?“ „Nun, die stellt sich schon noch ein, und wenn nicht, dann hast Du wenigstens ein sorgenfreies Dasein! In diesem Leben gibt es eben nichts umsonst und nichts ohne Gegenleistung. So ist das nun mal!“

***

Hunderte Kilometer nordwestlich wollten sich in einem, um diese Zeit wenig frequentierten Strandhotel in der Nähe von Morecambe zwei sehr einflussreiche Herren treffen. Die beiden angesehenen Industriellen waren sich bis zu diesem Tag viele Jahre lang bewusst aus dem Weg gegangen. Charles Turner hatte mit seinem Telefonanruf tags zuvor bei seinem Konkurrenten dessen Sekretärin in Verwirrung gestürzt. Sie stellte den Anruf nicht sofort durch, sondern klärte erst mit ihrem Chef, ob er den Anruf überhaupt annehmen wolle. William Woodbridge wunderte sich nicht wenig über diesen nie erwarteten Anruf. Was wollte ausgerechnet sein erbitterter Wettbewerber von ihm? Ging es ihm vielleicht nur um eine Beschwerde, von der andere nichts erfahren sollten, oder führte Turner etwas anderes im Schilde? Neugierde und Höflichkeit ließen ihn den Anruf entgegennehmen. Charles Turner wollte mit ihm ein Gespräch führen, was er weder am Telefon noch in Gegenwart Dritter für sinnvoll ansehen würde. Der verwunderte William Woodbridge stieg zum Schluss des kurzen Anrufs auf den Vorschlag des Anrufenden ein, sich am Samstagmorgen in eben jenem oben genannten abgelegenen Ort zu treffen.

Dem vornehmen grauen Bentley nach zu schließen, war Charles Turner bereits eingetroffen. William Woodbridge parkte seinen dunkelgrünen Jaguar direkt daneben. Wie am Telefon ausgemacht, sollten sie ausnahmsweise das Auto selbst fahren, um keine Zeugen ihres Zusammentreffens zu haben. Freundlich lächelnd begrüßte der alte Fabrikant seinen um zehn Jahre jüngeren Kollegen und lud ihn auf einen Drink an einen etwas abseits gelegenen Tisch. Dort seien sie, wie er anmerkte, garantiert ungestört. Die beiden Herren bildeten schon rein äußerlich betrachtet ein Kontrastprogramm. Charles Turner war hochgewachsen und hager, ihn kennzeichneten asketische Gesichtszüge und üppiges eisgraues Haar. Unter den buschigen Augenbrauen blickten graue Augen, die zwar nicht kalt, aber aufmerksam und wach wirkten. Selbst an solch einem Wochentag trug er die obligatorische Fliege zu einem feinen Anzug. Alles an ihm ließ erkennen, hier hatte man es mit einem Herrn aus der „guten" Gesellschaft zu tun. William Woodbridge, der Inhaber eines gut laufenden metallverarbeitenden Betriebs war von seinem Aussehen her fast ein Gegenentwurf. Die mittelgroße, untersetzte Statur, eine ausgeprägte Halbglatze, den ein rötlicher Haarkranz umrahmte, wie das breite rosige Gesicht drängte den Vergleich mit Winston Churchill geradezu auf. Die kleinen blauen Augen, die kräftige kurze Nase und die fleischigen Hände unterstrichen den Eindruck. Der Mann strahlte eine große Energie aus, er zählte seiner Kleidung wie seinem Auftreten nach aber sehr wohl zur Oberschicht.

William Woodbridge vermochte seine Neugierde nur mühsam zu zügeln. Was steckte denn tatsächlich hinter diesem geheimnisvollen Zusammentreffen? Etwas Unangenehmes konnte es nicht sein, der Gesichtsausdruck seines Gegenübers sprach dagegen. Aber ging es im Gespräch eher um eine Banalität, oder vielleicht doch um eine interessante Sache? Eines wusste er längst, nicht nur sein Unternehmen florierte, auch das seines Konkurrenten konnte sich wahrlich sehen lassen. Allerdings waren ihm genaue Daten und Fakten unbekannt. Leider überschnitten sich ihre Produkte im Kerngeschäft derart, dass ein harter Wettbewerb die zwangsläufige Folge war.

Ohne Umschweife kam Charles Turner zur Sache: Ihm gefalle die bisherige Konkurrenzsituation immer weniger. Diese würde ihnen beiden immer mehr schaden und keinem von ihnen nützen. Wäre es denn nicht viel sinnvoller, sich in irgendeiner Art zusammen zu tun? Er, Charles Turner, sei ja nicht nur um einige Jahre älter als sein Gegenüber, er sei darüber hinaus auch gesundheitlich etwas angeschlagen. Ewig wolle er das aufreibende Geschäft als Firmenchef daher nicht mehr führen. Er habe zwar eine Tochter, die ihm lieb und wert sei, er traue ihr jedoch die Führung seines wachsenden Unternehmens nicht zu. Sie sei nun mal musisch veranlagt und sehr häuslich, verstehe jedoch zu seinem Kummer weder was von Technik noch von Wirtschaft. William Woodbridge sei da als Vater wahrlich besser dran. Mit leisem Neid verfolge er, wie sich sein Sohn Alan in die Firma eingearbeitet habe und einmal das Unternehmen fortführen werde. Darauf zu bauen, seine Tochter finde genau jenen Ehemann, der an seiner Stelle das Unternehmen erfolgreich leiten könne, halte er für eine wilde Phantasterei. Angesichts der strategischen Herausforderungen aufgrund der weltweiten Konkurrenz und der volatilen Marktlage, sei dies ein unvertretbarer Traum. Und er sei alles andere als ein Träumer. „Herr Woodbridge, um ganz offen zu sein, mir verbleiben daher langfristig betrachtet nur zwei Alternativen: Entweder mein Unternehmen zu verkaufen, was ich nicht gerne tun würde. Oder es mit dem eines Konkurrenten zu fusionieren.

Danach machte er erst einmal eine Pause, um seinem Gegenüber die Chance einzuräumen, das Gehörte zu überdenken. William Woodbridge hatte interessiert zugehört und überließ es dem Gesprächspartner seine Gedanken weiter zu entwickeln. „William Woodbridge, ich bin mir bewusst, dass ich Sie mit dieser Überlegung ziemlich überrasche. Aber ich habe mich nach langem hin und her endlich dazu durchgerungen, nunmehr in die Offensive zu gehen. Ich bin mir dabei sehr wohl über eines im Klaren. Ich betrete einen gefährlichen Weg und baue daher auf Ihre Integrität. Darauf vertrauend will ich, vielleicht ziemlich unvorsichtig, unsere latent gegebenen Animositäten außen vor lassen. Eines ist mir jedoch wichtig zu sagen. Diese haben von meiner Seite aus nichts mit Ihrer von mir geschätzten Person zu tun. Die bestehenden Verwerfungen haben sich leider allmählich aus unserem harten Wettbewerb ergeben.

Zugegeben sei auch: Ich musste und wollte hier über meinen Schatten springen und will nichts unversucht lassen, um nun darüber mit Ihnen zu reden. Ich denke, dass Sie noch einige Tage brauchen werden, um mein Ansinnen zu überdenken. Vermutlich wollen sie darüber auch noch mit Ihrem Sohn Alan sprechen. Mein Ansuchen kommt vermutlich über sie wie ein Überfall und macht Sie vielleicht sogar misstrauisch. Aber es ist nicht meine Art lange um den heißen Brei herumzureden."

Im Kopf des Angesprochenen wirbelten die Gedanken und überschlugen sich die Überlegungen. Er wusste, diese Chance war einmalig, sie würde nie mehr wiederkommen. Außerdem schätzte er Charles Turner als einen honorigen Mann, der sich ihm gegenüber immer fair verhalten hatte. Er hatte in der Branche wie in der Grafschaft einen ausgezeichneten Ruf als guter Unternehmer und ehrlicher Mensch. Dieser erfolgreiche Mann hatte in fortgeschrittenem Alter eine jüngere Frau aus dem Adel geheiratet, vermutlich wollte er mit ihr zusammen noch etwas vom Leben haben. Solch ein Gedanke war auch ihm nicht fremd, doch sein Alan war leider noch nicht ganz so weit, um jetzt schon loszulassen. Aber eines war inzwischen deutlich geworden, der ihm verbliebene Sohn würde mit seiner Hilfe doch noch zu seinem kompetenten Nachfolger werden können. Sein ältester Sohn und designierter Nachfolger Henry war vor einigen Jahren bei einem schlimmen Verkehrsunfall ums Leben gekommen.

William Woodbridge wollte daher das Eisen schmieden solange es noch glühte und Nägel mit Köpfen machen. Hier durfte er nicht abwarten, wer weiß, was da noch alles dazwischen kommen konnte. „Herr Turner, Ihr Vertrauen ehrt mich, und Ihr Mut, mich so offen anzusprechen, imponiert mir. Ob ich mich dies getraut hätte, wohl eher nicht? Auch ich habe nichts gegen Sie, ganz im Gegenteil, doch bisher verhinderte unser harter Wettbewerb, vielleicht auch meine Befürchtung eine „Abfuhr" zu erleiden, ein Aufeinanderzugehen. Ich vermag Ihre Überlegungen gut nachzuvollziehen, sie sind mir nicht fremd. Ich brauche daher keine Bedenkzeit, ich bin an einer Vertiefung dieses Angebots durchaus interessiert."

Charles Turner war nun seinerseits verblüfft. Er hatte zwar nicht mit einer Zurückweisung seines Angebots gerechnet. Doch er war davon ausgegangen, einen erst einmal wenig zugänglichen Konkurrenten vor sich zu haben. Aus diesem Grund plante er für dieses erste Vorgespräch gerade Mal eine gute halbe Stunde ein. Seine Frau Jennifer und Tochter Harriet waren daher an diesem Samstag, trotz des ungemütlichen und windigen Wetters, mit ihm hier herausgekommen. Die beiden Damen sollten sich während des wichtigen, aber wohl eher kurzen Gesprächs ihres Mannes und Vaters, mit dem ihnen nicht genannten „Partner" draußen ergehen. Darüber informierte Herr Turner jetzt William Woodbridge, der herzlich lachen musste. „Dann hätte ich meine Helen ja auch mitbringen können, die nur allzu gerne gewusst hätte, welch geheimnisvolles Gespräch auf mich wartete. Meine liebe Frau verdächtigt mich jetzt vielleicht, ich würde mich mit einer jungen Dame treffen. Doch Scherz beiseite, nun könnte aus dieser Ihrer ersten Kontaktaufnahme noch ein ungeplant längeres Gespräch ergeben. Lieber Herr Turner, unverhofft kommt oft, so sagen sie es drüben auf dem Kontinent." „William Woodbridge, darauf sollten wir anstoßen", fand Charles Turner. Gesagt getan, sie prosteten sich locker zu und beschlossen von ihrer bisherigen förmlichen Ansprache abzurücken. Sie wollten sich, so wie einst, wieder als Charles und William begegnen. Das einsetzende Lachen der beiden Herren hörten die soeben eintretenden Damen Turner. Sie wunderten sich über die ihnen auf Anhieb nicht bekannte Männerstimme.

Die Damen blickten sich suchend um, konnten ihrer Neugierde nicht länger widerstehen. Und wen sahen sie dort hinten in einem scheinbar lockeren Gespräch mit ihrem Mann und Vater verstrickt? Keinen anderen als William Woodbridge, ihren so tüchtigen wie gefürchteten Konkurrenten. Wie Charles Turner gehörte auch er zu den bestbekannten Persönlichkeiten der Grafschaft. Sie hatten ihn bis dahin zwar bei gesellschaftlichen Ereignissen flüchtig begrüßt, aber nur, um der Höflichkeit zu genügen. Und nun saß tatsächlich er dort in der Ecke, unterhielt sich mit seinem bisherigen „Kontrahenten" in bestem Einvernehmen, so als hätte es nie etwas anderes gegeben. Es erweckte von außen sogar den Anschein, als würden sich die beiden Herren offen wie Freunde unterhalten.

Nicht bedenkend, dass jener Ecktisch eine „Tabuzone“ war, steuerten sie auf Mann und Vater zu. Während es Charles Turner so gar nicht passte, in diesem wichtigen Gespräch gestört zu werden, kam es William Woodbridge hingegen gelegen. Nachdem er die Damen Turner zuvorkommend begrüßt hatte, betrachtete er väterlich interessiert Harriet, die etwa zwanzigjährige Tochter und fragte sie ein wenig aus. Eine Schönheit wie seines Sohnes Freundin Alicia war sie zwar nicht, aber zumindest auf den ersten Blick ein nettes, frisches Mädchen. Und was noch mehr für sie sprach, sie war von Stand, und darauf legte er großen Wert. Die beiden Damen zogen sich nach einigen Minuten diskret zurück und nahmen im Nebenzimmer Platz. Die beiden Herren klärten noch ab, wie sie nun weiter miteinander vorgehen wollten. Als letztes legten sie einen Termin für den folgenden Dienstagabend fest. Nach kurzer telefonischer Rücksprache mit seiner Frau, lud William Woodbridge nicht nur Charles Turner, sondern auch Frau Jennifer Turner und ihre Tochter Harriet zu sich nach Hause ein.

Mit einem großen ausgefallenen Blumenstrauß überraschten die Turners die Gastgeberin. Zur Enttäuschung von Harriet war Alan, der Sohn des Hauses, nicht anwesend. Sie, die passionierte Seglerin, kannte ihn doch vom Segelclub her, und sie bewunderte dessen seglerisches Können. Bei normalem oder sehr starkem Wind ließ Alan in den Regatten keinem seiner Konkurrenten eine Chance. Seine Mutter entschuldigte ihn, Alan hätte leider einen nicht zu verschiebenden Termin in Preston wahrzunehmen. Schnell kam jetzt eines heraus, die beiden Damen kannten sich gut, sie schätzten einander und duzten sich. Sie trafen sich einmal monatlich im Rahmen eines Damenkränzchens, um Bridge zu spielen. Beiden Herren kam diese „Beichte“ recht gelegen. Wie es bei einem ersten Besuch der Brauch war, gab es eine kurze „Führung“ durch das große, gediegene Haus. Harriet interessierte sich dabei für das Zimmer von Alan. Wie erwartet dominierten die gewonnenen Pokale die Suite, aber Harriet fand zu ihrer Überraschung kein Foto, das Alan mit seiner Freundin Alicia zeigte. Hatte das am Ende etwas zu bedeuten? War diese Beziehung vielleicht doch nicht so fest, wie sie angenommen hatte?

Das offenkundige Interesse der jungen Dame an Alan zeitigte bei den beiden Männern einen ähnlichen Gedanken. Sie hatten sich mittlerweile in das Herrenzimmer zurückgezogen, um tiefer in die offerierte Fusion einzusteigen. Wie wäre es denn, wenn aus Alan Woodbridge und Harriet Turner ein Ehepaar würde? Dann könnte eine mögliche Fusion doch völlig „normal“ über die Bühne gehen! Als die beiden Väter sich jetzt anblickten, da mussten beide lachen. „William, ich vermag es zwar nicht Ihre Gedanken lesen, aber Sie haben sich heute wie schon beim letzten Treffen zu offenkundig und väterlich interessiert mit meiner Harriet unterhalten. Mir kam dabei, auch dank Ihres offensichtlich gezielten Nachfassens, vermutlich ein und dieselbe Idee. Daher wage ich erneut einen „kühnen“ Vorstoß. Wäre es für Sie denn überhaupt vorstellbar, wenn aus Ihrem Sohn und meiner Tochter ein Ehepaar würde?“ Das Lächeln von William Woodbridge sprach Bände, diese Idee schien ihm zu gefallen. „Das ist für mich nicht nur vorstellbar, das wäre sogar eine geradezu ideale Lösung. Dem steht allerdings noch etwas entgegen, was jedoch meiner Ansicht nach jedoch nicht unüberwindbar ist. Doch darüber will ich bei passender Gelegenheit, allerdings äußerst vorsichtig, mit meinem Alan reden. Sehen Sie es mir bitte nach, wenn ich mich dazu noch nicht näher äußern kann.“ Natürlich wusste auch Turner von der schönen Alicia Whittaker, der derzeitigen Freundin von Alan. Aber wie fest die beiden jungen Leute zu einander standen, das wusste er nicht, vielleicht nicht einmal Alans Vater.

Wie von selbst kam nun die Sprache auf Alan Woodbridge. Ihn kannte Charles Turner aus dem Segelclub, den er präsidierte und dessen bester Segler unstrittig Alan war. Welche Funktion er jedoch derzeit im Unternehmen seines Vaters ausübte, und wie ihn dieser beurteilte, das wusste er nicht. Williams Antwort war erfreulich offen und unterstrich das inzwischen erreichte Einvernehmen. Alan habe, allerdings nach Rücksprache mit ihm, nach dem gut bestandenen Vordiplom sein Managementstudium abgebrochen. Er, ein ausgeprägter Praktiker sah im weiteren Studium keinen Nutzen für sich. Die dort angebotene Theorie wäre eher geeignet für künftige Führungskräfte von Konzernen und Großbetrieben. Für mittelständische Unternehmer bringe es nicht das, was er sich davon erhofft hatte. Stattdessen habe sein Sohn in Amerika dann teure, aber offenkundig effiziente Kurse absolviert. Davon würden sie zu seiner Freude inzwischen profitieren, denn Alan koordiniere und kontrolliere derzeit drei Großprojekte. Diesen seien insgesamt noch acht spezifische Projekte zugeordnet. Obwohl sie noch nicht abgeschlossen seien, hätte ihnen deren Arbeit bereits viel gebracht und seinem Alan ein gutes Standing in der Belegschaft. Nach dieser Phase, in die sich sein Sohn mit Haut und Haaren einbringe, würde er Alan noch intensiver und gezielter als bisher in die Führung des väterlichen Unternehmens einarbeiten. Er sehe dem mit großer Zuversicht entgegen, was nicht immer der Fall gewesen sei.

Damit gab sich Charles Turner noch nicht ganz zufrieden. Er wollte wissen, wie denn sein Vater Alan als Mensch und potentiellen Nachfolger einschätzen würde. „Charles, vor zwei Jahren hätte ich Ihnen dazu bestimmt eine ausweichende Antwort geben müssen. Damals hatte ich noch so allerhand an ihm auszusetzen. Doch das ist Schnee von gestern. Auf einen kurzen Nenner gebracht gilt heute: Mein Alan ist fleißig, zielstrebig und arbeitet mit mir gut zusammen. Ich kann mich auf ihn und seine Loyalität zu Hundert Prozent verlassen. Auch auf der zwischenmenschlichen Ebene haben wir inzwischen näher zu einander gefunden.“ Das was er hörte bestätigte einen weiteren Gedanken Turners, den er allerdings noch für sich behalten wollte, denn noch waren die Weichen nicht richtig gestellt. Als die beiden Unternehmer nach zwei Stunden wieder zu den Damen stießen, war für sie eines gewiss. Sie waren auf gutem Weg zu einer sich immer mehr als konkret herauskristallisierenden Fusion. Über die ersten Modalitäten dieses schwierigen Prozesses wollten sie sich in einem weiteren Gespräch klar werden. Außerdem wollten sie danach auch die Kennziffern der beiden Unternehmen und die wesentlichen Daten in den Geschäftsbüchern vergleichen. Das gute Ergebnis ihres Gesprächs war den beiden Herren nicht nur am Gesicht abzulesen. Der Hausherr brachte es auf die Formel: „Charles und ich wollen unsere Unternehmen in einer noch zu findenden Form fusionieren!“ Sein Partner Charles setzte hinzu: „Über das weitere Vorgehen werden wir uns beim nächsten Zusammentreffen verständigen.“

Beim Einschlafen ging William Woodbridge das Gespräch noch einmal durch und blickte hochzufrieden darauf zurück. Einen Punkt hatte er Charles Turner wohlweislich nicht aufgedeckt, denn dazu war es noch zu früh. Es betraf sein Verhältnis zu Alan, das lange Jahre ein höchst problematisches gewesen war. Inzwischen hatte er jedoch, auch dank eines langen Gesprächs mit einem Schwager, seinen Anteil daran eingesehen. Bis dahin hatte er zumeist nur gefordert und leider oft getadelt, aber irgendwelche Art der Anerkennung hatte er Alan praktisch nie gegeben. Selbst seine Erfolge bei den Segelregatten verbuchte er unter falsch investierter Zeit und forderte ihn auf, sich mehr um Schule und Studium zu kümmern. Dabei brauchte Alan, was er nun einzusehen vermochte, dringend Anerkennung. Ganz besonders die von ihm seinem Vater, in dessen Schatten er nur schwer groß werden konnte. Er hatte sich dies zu Herzen genommen, was bei Alan wie eine Wundermedizin gewirkt hatte, seitdem setzte sein Sohn sich wie beflügelt ein. Beim Segeln, da war Alan ein bewunderter Crack, und daraus zog er viel für sein Selbstvertrauen; daher nahm er, sein Vater, seit einiger Zeit selbst dazu positiv Stellung. Seitdem hatte sich ihr Verhältnis erfreulich verbessert und sie bewegten sich nun auf gleicher Augenhöhe. Eines hatte er Charles Turner zu Recht preisgegeben: Sein Alan war zielstrebig, beharrlich und zäh.

Bewusst zurückgehalten hatte er jedoch einen weiteren Aspekt: Dank seiner Arbeit in den Projektgruppen würde sich sogar Alans soziale Kompetenz zusehends verbessern. Seine Hitzköpfigkeit, die er laut Aussage seiner Frau Helen leider von ihm hatte, würde sich im Laufe der Jahre vielleicht auch noch legen. Worüber William Woodbridge schon gar nicht reden wollte, war der ihm Sorgen bereitende Alkoholkonsum seines Sohnes. Wenn Alan vor einem Problem stand, für das er noch keine Lösung sah oder das ihm unangenehm war, dann griff er gerne zum Glas. Laut seiner Frau würde es nur noch gelegentlich vorkommen, doch so ganz traute er dieser Aussage nicht. Seine Helen hatte den Jungen von Kindertagen an in Schutz genommen und versucht, so viel wie möglich von ihm fernzuhalten. Daher hatte er, der Vater, sich aufgefordert gefühlt, dagegen zu steuern, leider mit den bekannten Folgen. Es war nicht auszuschließen, dass seine Strenge mit zu Alans Flucht in den Alkohol beigetragen hatte. Doch das wollte er jetzt verdrängen und sein Urteil auf Alans Erfolge und seine positive Entwicklung in der letzten Zeit im Unternehmen stützen. Sein Charles Turner gegenüber geäußertes Fazit war daher wirklich belastbar: In ein, spätestens zwei Jahren war Alan in der Lage, die Führung des Unternehmens erfolgreich zu übernehmen. Er, der Vater, hatte jetzt schon ein gutes Empfinden und blickte zuversichtlich in die Zukunft. Mit diesem beruhigenden Gefühl schlummerte William Woodbridge ein.

***

Kehren wir zurück in die Toskana und wenden uns wieder dem Quintett zu. Die fünf jungen Menschen ließen sich am Abend des Ausflugs unter einer lauschigen Pergola nieder. Sie hatten diese kleine Trattoria zu Füßen der trutzigen Wein- und Bergstadt Montalcino zufällig entdeckt. Gwendolin fand, sie sollten hier einkehren. Das Städtchen könnten sie doch auch ein andermal aufsuchen. Da ihr alle begeistert zustimmten, nahmen sie den letzten freien Tisch des winzigen Gastgartens in Beschlag. An den vier anderen Tischen saßen Familien und ältere Paare. Alicia hatte sich bewusst gegenüber von Tassilo gesetzt. Sie wollte sich so davor schützen, dass er vielleicht im Laufe des Abends den Arm um sie legen oder ihr sonst wie nahe kommen konnte. Da sie alle viel fotografierten, wäre eine Aufnahme, die sie eng mit ihm zusammen zeigte, weder bei ihren Eltern, noch bei dem eifersüchtigen Alan gut angekommen. Dennoch gefiel es ihr nicht, dass Margaret und Gwendolin diese Chance zu nützen wussten. Sie rahmten Tassilo nicht nur ein, sie schmiegten sich beim Fotografieren auch noch dicht an ihn.

Aber nun ging es für die fünf jungen Leute erst einmal darum, sich um das Essen zu kümmern, das ihnen die erstaunlich reichhaltige Speisekarte offerierte. Der Wirt, so war es hier üblich, empfahl ihnen außerdem noch die besonderen Gerichte des heutigen Abends. Es lag nicht nur daran, dass der Gastwirt die Empfehlungen schnell vortrug, selbst beim Durchgehen der Karte erkannten die jungen Damen bald, mit ihrem Italienisch kamen sie hier nicht weit. Und Englisch verstand der freundliche Gastwirt schon gar nicht. Ausgerechnet der angebliche „Sprachneuling“ Tassilo half ihnen aus der Verlegenheit. Locker zwischen Italienisch und Englisch hin und her pendelnd, vermittelte er dem Wirt die Wünsche seiner Begleiterinnen. Für sie alle bestellte er, neben dem hier obligatorischen Mineralwasser einen leichten Rosso di Montalcino. Tassilo hätte, was er dem Wirt auch so mitteilte, zwar viel lieber einen alten Brunello getrunken. Aber wie er schon von den jungen Damen erfahren hatte, tranken seine Begleiterinnen zu Hause eher selten Wein.

Nach Tassilos Dialog mit dem Wirt wurden ihm von den anderen Tischen Scherzworte zugerufen, die vor allem dem ungleichen Verhältnis der Geschlechter galt. Tassilo, der fröhlich mitlachte, blieb den einheimischen Gästen nichts schuldig und löste damit bei ihnen öfters prustendes Lachen aus. Nachdem sich seine freche Behauptung, er sei ein reicher Muslim und könne sich daher mehrere Frauen leisten, nicht verfangen hatte, wurde er gefragt, welche der schönen Engländerinnen denn seine Favoritin sei. Jetzt musste Tassilo Farbe bekennen und gab verklausuliert zu verstehen, die dunkelhaarige junge Dame, die ihm direkt gegenüber sitze, sei diejenige, die ihm am besten gefalle. Dafür bekam er von allen Seiten Zustimmung, die schöne und rassige Alicia entsprach auch deren Schönheitsideal. Obwohl die so Gepriesene nicht alles mitbekommen hatte, mochte sie Tassilos fröhlich-lockere Art, und vor allem, dass sie selbst diejenige war, die ihm am Besten gefiele.

Das Essen unterbrach für einige Zeit den lustigen Krieg der Worte. Der Wirt brachte den für die Damen bestellten Wein und schenkte ihn ein. Aber was war mit Tassilo, der kein Glas erhalten hatte? Er bekam gleich darauf sogar einen gut gefüllten großen Kelch dunkelroten Weines kredenzt. Der Wirt merkte dazu an: „Der geht auf das Haus." Und Tassilo bekam wirklich einen vorzüglichen Tropfen hingestellt. Der Gastwirt erntete dafür den gebührenden Dank. Tassilo musste den Wein sofort verkosten und beurteilen. Genießerisch behielt er den ersten Schluck im Munde, verzog zufrieden und anerkennend das Gesicht. Und er sparte nicht mit Lob, fand, er habe selten einen besseren Wein getrunken. Er bedauere es sehr, dass er als der Fahrer nicht mehr als ein Glas trinken dürfe. Alt sei dieser herrliche Brunello, unglaublich samtig und jetzt auf seinem Höhepunkt angelangt. Mit diesen bewundernden Worten hatte er nicht nur dem Wirt eine Freude gemacht. Auch die anderen Gäste, die sich hier als Montalcini angesprochen und gepriesen fühlten, hatte er damit gewürdigt. Ihr Brunello war für sie ohne Frage der Beste auf der Welt, und der junge Deutsche machte sich so Freunde.

Seinen Begleiterinnen mundete das einfache und dennoch wohlschmeckende Mahl, sie fanden, Tassilo habe sie bestens beraten. Sie, die bisher nur das aufgesetzte und alles andere als landestypische Treiben der Urlaubsorte kannten, kamen dank Tassilo erstmals mit dem unverfälschten Italien in Berührung. Sie genossen die heitere Atmosphäre des Gartens und sprachen dadurch angeregt dem Wein kräftig zu. Die jungen Damen tauten immer mehr auf und getrauten sich jetzt ihr Italienisch anzubringen. Das löste zwar gelegentlich rundum Heiterkeit aus, aber damit gehörten sie nun auch dazu. Alicia, die sich doch von Tassilo fernhalten wollte, konnte ihn, den sie im Auto nur von der Seite ansehen konnte, nun einen ganzen Abend lang von vorne betrachten. Wenn er sie anblickte, und das tat er häufig, versenkte sie sich in seine Augen. Darin vermeinte sie nicht nur ein ehrliches Interesse an ihr abzulesen, sondern auch Warmherzigkeit und Zuneigung. Die ihr von ihrem Freundeskreis her so ungewohnt andere, heitere und liebenswürdige Art Tassilos sprach sie außerdem immer mehr an. Sie wusste nicht wie ihr geschah, sie fühlte sich von ihm wie von einem starken Magneten angezogen. Dieser feine und kluge Deutsche war zwar durchaus ein Mann, aber sicher kein Macho.

Alicia ertappte sich dabei, wie sie in Gedanken sein Gesicht zärtlich „abtastete“, mit den Fingerkuppen über seine glatte Stirn strich, dann seine gerade schmale Nase verfolgte und schließlich über seine weichen Lippen mit sinnlichem Zögern fuhr, ganz langsam und zärtlich. In ihrer Phantasie ging sie noch weiter, küsste ihn sanft auf den Nacken und knabberte mit den Lippen daran. Langsam fuhr sie mit der Hand in den Hemdkragen hinein, fühlte seine Wärme und seine weiche Haut. Erschrocken über diesen Tagtraum rief sie sich zur Raison. Doch das hielt nicht lange vor und bald darauf setzte sie ihre phantastische Reise fort. Tassilo würde sich damit nicht zufrieden geben, und bestimmt nicht nur mit zarten Küssen begnügen. Er war ja schließlich ein Mann! Ob er dann vielleicht sanft und zärtlich sein konnte, bedachte, was sie fühlte und sich wünschte? „Alix, was ist denn mit dir los, hast du schon so viel getrunken, dass du allmählich all deine Hemmungen verlierst!?“ Dieser Anruf an sich selbst, half ihr dann doch, verhinderte allerdings nicht, dass sie auch weiterhin dem Wein zusprach.

Wer anders als die kecke Mabel konnte auf die „unglückliche“ Idee kommen, mit Tassilo Brüderschaft zu trinken. Dieser Aufforderung schlossen sich alle anderen liebend gerne an. Mabel bestand sogar darauf, dass es richtige Küsse zu sein hätten und machte es den Freundinnen vor. Tassilo, der kein Kind von Traurigkeit war, küsste herzhaft, aber eher „sportlich“ zurück. Als Letzte war Alicia an der Reihe, die ihn wohlweislich nur flüchtig küssen wollte, aber das missglückte ihr völlig. Sie wurde von ihren Freundinnen als Spielverderberin zurechtgewiesen. Beflügelt durch die tolle Stimmung und durch den genossenen Wein tat sie ihnen, oder vielleicht sich selbst, den „Gefallen“. Danach wurde sie darauf hingewiesen, ihr Kuss sei jetzt viel zu leidenschaftlich und vor allem viel zu lange ausgefallen. Ihre Freundinnen hatten ja nur zu recht, dieser Kuss hatte Alicia völlig durcheinander gebracht und ihre letzten Hemmungen hinweggeschmolzen, so wie die Kraft der Frühlingssonne das letzte Eis. Sie musste sich betroffen eingestehen, dieser Tassilo gefiel ihr beunruhigend gut. Aber auch ihn hatte dieser zärtliche Kuss, den er so erwidert hatte, alles andere als gleichgültig gelassen. Was für ein Kuss, was für ein „himmlisches“ Mädchen war diese Alicia nur. Jetzt befand sich Tassilo in so aufgeräumter Stimmung, dass ihm nach Singen zumute war.

Er holte seine Gitarre aus dem Kofferabteil seines VW-Käfers, stimmte sie und begann zu singen. Schnell machte sich in der Gartenrunde eine ausgelassene Stimmung breit. Tassilo sang zu Beginn das Volkslied „Vieni sul mar!“, verleitete damit weitere Gäste und vor allem den sangesgewaltigen Wirt zum Mitsingen. Aus dem Wirtsraum entwischte ein kleiner, schwarz gelockter Junge von vielleicht vier Jahren seiner Mutter. Das Spiel und der Gesang des blonden Mannes hatten ihn angezogen. Der kecke und herzige Junge baute sich direkt vor Tassilo auf, um sich nichts entgehen lassen zu müssen. Vergebens war der Ruf der Wirtin, ihr Beppino überhörte es geflissentlich, Tassilo jedoch nicht. Er schnappte sich den Kleinen und setzte ihn vor sich auf den Steintisch. Verlockend hielt er ihm die Gitarre hin. Der Junge konnte der Versuchung nicht widerstehen und zupfte an zwei Saiten. Tassilo drückte nun die Saiten auf die Stege und der Kleine erzeugte so einige Töne. „Beppino, was hörst Du lieber, das oder das?“ Der Junge entschied sich für das von Tassilo zuletzt angestimmte Wiegenlied. Die beiden „Männer“ machten aus, dass Beppino nach dem Lied seiner Mutter brav folgen würde, was der fest versprach. Es war höchst unwahrscheinlich, dass dieses Schubertsche Wiegenlied hier je ertönte, aber es gefiel nicht nur dem strahlenden Beppino. „Schlafe, schlafe holder süßer Knabe", Tassilo hatte es zwar auf Deutsch gesungen, berührte damit aber dennoch die ganze Runde. Danach gab er Alicia die Gitarre in die Hand, ergriff den Kleinen und brachte ihn zu seiner Mutter. Zum Abschied drückte er ihm einen Gute-Nacht-Kuss auf die Stirn. Artig bedankte Beppino sich bei „Onkel" Tassilo und entschwand im Inneren des Hauses. Dieses kurze Intermezzo hatte vor allem bei den jungen Damen großen Eindruck hinterlassen. Wie nett und einfühlsam ihr „Bruder" mit dem kleinen Jungen umgegangen war, das zeigte, was für ein guter Vater aus ihm werden konnte.

Danach wollte sich Tassilo wieder italienischen Volksliedern zuwenden, wurde jedoch daran gehindert. Etliche Gäste erbaten sich von ihm noch weitere dieser so in die Seele eindringenden Deutschen Lieder. Das ließ Tassilo sich nicht zweimal sagen. Er blieb erst einmal bei Schubert und gab zwei seiner Lieder zum Besten, nämlich „Nacht und Träume" sowie „Du bist die Ruh". Darauf folgte ein eingängiges Lied aus der Mozartschen Oper Zaide: „Ruhe sanft mein holdes Leben". Um die Stimmung nicht ins Besinnliche abgleiten zu lassen, ging er wieder über zu gängigen Opernarien von Donizetti und Verdi. Natürlich durfte des Herzogs von Mantua berühmte Arie: „Ach wie so trügerisch sind Frauenherzen...," aus der Verdi-Oper Rigoletto nicht fehlen. Was er jetzt anstimmte, war den Einheimischen wohl vertraut, den „Schwestern" jedoch nicht. Für diese war der „freche" Text ja auch nicht bestimmt, wohl aber die betörende Melodie. Die Einheimischen sangen die Weisen begeistert mit, klatschten Beifall und feierten den musikalischen Deutschen. Seinen Begleiterinnen, die bisher eigentlich nur Rock- und Popmusik kannten, gefiel diese so ganz andere Art der Musik. Sie trug mit dazu bei, diesen Abend zu verzaubern und in eine besondere Stimmung zu tauchen. Damit er der Runde nicht den Rücken zuwenden musste, hatte sich Tassilo neben Alicia gestellt. Außerdem stützte er sein linkes Bein auf ihrer Bankseite ab, um so die Gitarre besser spielen zu können. Wobei er nicht nur die Saiten zum Klingen brachte, sondern, so angebracht, auf dem Gitarrenboden den Takt klopfte und Kastagnetten imitierte.

Dieser „Troubadour“ mit seiner männlich-dunklen und so einschmeichelnden Stimme, der sollte ein Deutscher sein? Das vermochten die von ihm hellauf begeisterten Engländerinnen nicht zu fassen. Aber auch die Italienischen Gäste wollten unbedingt seinen Nachnamen erfahren. Als sie Floriani hörten, da wussten sie es. Ein alter Mann rief ihm zu: „Sangesgewaltiger Deutscher, Du bist doch einer von uns, das Blut Deiner Ahnen verbindet Dich mit ihrer Heimat.“ Für ihn seien zwar auch andere Völker musikalisch, doch er räume unter ihnen zwei Nationen den Vorrang ein, das seien die Italiener und die Deutschen. Was ihm rundherum bestätigt wurde. Für ihn verbinde die Musik des Menschen Seele mit dem Kosmos und ihre Herzen miteinander, eine Aussage, die allseits gefiel.

In den Pausen seines Spiels setzte er sich zu Alicia, die sich nicht von der Stelle rührte, um ihm so ganz nahe sein zu können. Verstohlen berührte sie ihn immer wieder und fühlte sich ihm nicht nur äußerlich nahe. Tassilo warb auf eine versteckte Weise um sie. Als er zur hellen Begeisterung der Italienischen Gäste das einschmeichelnde „Quanto e bella“ aus dem Liebestrank von Donizetti anstimmte, da widmete er Alicia Blicke, die ihr ohnehin schon entflammtes Herz völlig zum Glühen brachte. Zum Abschluss dieses einmalig schönen Abends in der Trattoria fachte er Alicias innere Glut mit dem Lied „Notturno d`amore“ noch einmal an.

Am nächsten Morgen stahl sich Alicia hinüber in ihr Zimmer, die Nacht hatte sie bei und mit Tassilo verbracht. Und was für eine zärtliche Notte d`amore hatte sie erlebt, sie fühlte sich wie im siebten Himmel. Davon hatte sie in früheren Jahren geträumt, als sie noch jugendlich romantisch an die wahre Liebe geglaubt hatte. Die zwischenzeitlich gemachten Erfahrungen mit dem anderen Geschlecht hatten sie jedoch ernüchtert, ließen sie glauben, damals unrealistischen Träumen nachgehangen zu haben. Und nun dieses so ganz andere Erleben, eines das ihr Schmetterlinge im Bauch verschaffte. Alicia verdrängte all das, was sie mit ihrem festen Freund Alan verband, der ihr bisher gerade mal drei knappe und wie üblich, auch recht nüchterne E-Mails geschickt hatte. Alan konnte sich wohl überhaupt nicht vorstellen, dass hier große Gefahr im Verzug war. Alicia musste sich jetzt eingestehen, sie hatte sich mit

Haut und Haaren in Tassilo verliebt. Das ging allerdings meilenweit über eine „heiße" Ferienbeziehung hinaus. Ob sie sich daraus wieder befreien konnte, darüber wollte Alicia erst einmal überhaupt nicht nachdenken.

Hätte sie dies vermocht, und sich mal wie eine fremde Person betrachten können, dann wäre ihr die bei ihr durch dieses Erlebnis eingetretene Verwandlung nicht entgangen. Die letzten zwei Jahre, die sie mit Alan zusammen war, wollte sie sich in eine nüchterne und überlegene Person verwandeln, und hatte sich fast zwanghaft auf den ihr so wichtigen sozialen Aufstieg eingestellt. In diesem Plan hatte innige Liebe keinen Stellenwert, allenfalls eine gute Kameradschaft mit Alan. Ob er und sie überhaupt zusammenpassten und eine gute Ehe führen konnten? Diese Frage und deren hohen Preis verdrängte sie bisher geradezu verbissen. Und wie verhielt es sich jetzt damit? Ohne es wahrzunehmen zu können, hatte sich bei ihr quasi „über Nacht" ein erheblicher Einbruch ergeben, einen, den sie selbst am Abend nach Kräften gefördert hatte. All ihr aufgesetztes „Darüberstehen" lag nun zu ihren Füßen, zerbrochen wie eine Rüstung nach verlorener Schlacht. Ihre eigentliche Natur hatte vehement ihr Recht eingefordert, und ihr etwas vor Augen geführt, was kein sozialer Aufstieg und kein Reichtum jemals aufwiegen konnten.

Beim Frühstück versuchte Alicia so zu tun, als sei mit Tassilo nichts gewesen, aber es fiel ihr überaus schwer. Wie gerne hätte sie darüber wenigstens mit Margaret gesprochen. An ihrem Tisch hatten Tassilos neue „Schwestern" ihm einen Platz freigehalten, er gehörte nun zu ihrer Runde. Übermütig laut hatten ihn Gwendolin und Mabel zu sich „herbeordert", und er kam natürlich gerne, aber schon wieder als Letzter. Margaret hatte ihn beim gestrigen Frühstück gut beobachtet, wusste sogar noch, was er sich vom Büfett genommen hatte. Unaufgefordert holte sie für ihn ein Müsli und einen grünen Tee. Alicia vermied es ihn anzublicken, dabei hätte sie sich doch so gerne an ihn gekuschelt und ihm ihre Liebe gezeigt. Waren die Freundinnen am Ende gar eifersüchtig? Auch sie hatten sich doch heftig um Tassilos Gunst bemüht! Er war zwar zu allen nett gewesen, aber ihr, Alicia, hatte er sich deutlich anders zugewendet, was den Freundinnen doch nicht entgangen sein konnte?

***

In ihrem Überschwang hatte Alicia leicht unvorsichtig handelnd, noch am Morgen eine kurze Botschaft per E-Mail an ihre Mutter gesendet. „Liebe Mummy,
mir geht es heute so was von gut. Wir haben hier einen unglaublich netten, feinen und kultivierten jungen Mann kennen gelernt, der uns allen überaus gut gefällt. Mit ihm waren wir am Nachmittag unterwegs in dieser traumhaften Landschaft und lernten zwei alte sehr beeindruckende und anheimelnde Städtchen kennen. Und den einmalig schönen Abend verbrachten wir miteinander in einem Wirtsgarten unter lauter Einheimischen. Unser aller Schwarm hat mit seinem Gitarrenspiel und seinem Gesang auch die anderen Gäste betört. Was für ein toller Mann!!! Wir sind geradezu hingerissen von ihm!!! Er hat so viele Vorzüge, aber leider auch einen großen Makel: Er ist ausgerechnet ein Deutscher!

Sei ganz lieb umarmt und grüße Daddy herzlich von mir,
Deine Alix."

Diese E-Mail schlug bei ihrer Mutter wie eine Bombe ein, sie witterte auf einmal große Gefahr. Sollten dadurch am Ende noch alle ihre und Alicias Pläne auf einmal hinfällig sein? Ihre Alicia hatte doch nicht einmal in ihren jüngeren Jahren eine solch geradezu hymnische Beschreibung eines Mannes gegeben. Was, wenn sie sich ausgerechnet in diesen Mann verlieben würde, und noch dazu in einen Deutschen! Letzteres war für Mary Whittaker völlig undenkbar, ausgerechnet ein Deutscher als Freund ihrer Tochter und im schlimmsten Fall vielleicht gar noch als Schwiegersohn. Das war unvorstellbar für sie und würde ihre bisher so harmonische Familiensituation ja geradezu auf den Kopf stellen. Was war denn nur in ihre sonst doch so besonnene Alicia gefahren? Das musste sie unbedingt mit ihrem Mann John besprechen, diesem drohenden Unheil musste begegnet werden! Aber wie?

In ihrem Mann fand sie keinen Bundesgenossen, denn der nahm diese Mail recht locker. „Darling, das ist doch nicht mehr als eine Schwärmerei, die durch die Ferienstimmung beflügelt wird. Außerdem ist doch nicht gesagt, dass sich dieser Mann in eine des Quartetts verliebt, und wenn schon, muss es ja nicht ausgerechnet in unsere Alix sein. Wenn

auch ihre Freundinnen um ihn konkurrieren, dann wird ihm eine, und das schon im eigenen Interesse, stecken, dass Alicia in festen Händen ist."
„Und wenn doch, Johnny? Bedenke doch, der Typ ist ein Deutscher!!"
„Na und, darunter gibt es bestimmt auch nette und anständige Menschen. Aber nun im Ernst, wir sollten wegen einer solchen Mail jetzt nicht gleich in Hysterie verfallen." Ihr Mann teilte ihre Bedenken nicht, dann musste sie eben auch noch mit ihrem Sohn Andrew darüber reden. Der wiegelte auch ab, beruhigte aber seine Mutter mit dem Satz: „Auf einen Deutschen lässt sich unsere Alix auf gar keinen Fall ein. Sie hält doch von denen auch nichts, Mummy!"

Noch immer nicht völlig beruhigt antwortete Mary Whittaker umgehend ihrer Tochter, was sie im Nachhinein als eine unbedachte, weil „hysterische" Aktion bedauerte.

„Darling, mach mir ja keine Dummheiten! Verfolge Deinen angepeilten Weg und verbaue Dir Deine Zukunft nicht. Solch eine spontane Liebelei kann wie ein Rausch sein und hinterlässt danach nicht selten einen großen Kater! Genieße es, wenn es denn schon sein muss, aber ziehe danach einen kräftigen Schlussstrich. Bedenke dabei vor allem auch eines, traue keinem Deutschen über den Weg!!! Diese sind uns so was von fremd, und wie die Geschichte hinreichend bewiesen hat, sind sie auch höchst unberechenbar!!!
In Liebe und großer Sorge, Deine Mutter."

An diesem Tag ging noch eine E-Mail auf dem Computer von Alicia ein, die von Alan stammte.
„Liebe Alix,
hier hat sich Vieles und Erstaunliches ereignet. Nach Deiner Rückkehr müssen wir ernsthaft über unsere Beziehung reden! Lass es Dir gut gehen und komme gestärkt zurück.
Herzlich Alan."

Mehr war es nicht, Alicia nahm es locker, sie war außerdem viel zu sehr mit der Macht ihrer Liebe zu Tassilo beschäftigt. Alan war für sie derzeit ohnehin so fern wie die Sterne am Nachthimmel. Vielleicht war er mit dem falschen Fuß aufgestanden oder hatte wohl wieder mal einen

„depressiven Schub“. Oder war vielleicht sonst etwas im Busch? Na, und wenn schon, das würde sich daheim schon klären lassen. Damit wollte sie sich jetzt nicht weiter abgeben, zu sehr besetzte sie ihre eigene Situation.

Was Alix nicht wusste, auch Tassilo hatte eine E-Mail an seine Eltern gesendet, mit der er allerdings bei weitem nicht jene Besorgnis auslöste, wie Alicia mit der ihren.

„Meine lieben Eltern,
eines vorweg, mir geht es so gut wie schon lange nicht mehr. Das liegt, und nun haltet Euch erst einmal fest, vor allem an einer reizenden jungen Dame, die ich hier im Sprachkurs kennen gelernt habe. Das ist die Frau fürs Leben, eine um die es sich lohnt zu kämpfen!!! Und das werde ich! Solch ein kluges und warmherziges Mädchen begegnet einem nur ganz selten. Die muss es sein und keine andere!!!
Alicia stammt aus dem Nordwesten Englands, hat Gartenarchitektur studiert und ist auch sonst etwas Besonderes. Drückt mir ganz fest die Daumen, dass sie mein wird.
Herzliche Grüße, Euer Tassilo.“

„Wird er denn gar nimmer gescheit, unser Bub? Verliebt der sich doch Hals über Kopf in ein wildfremdes Mädel. In einer Urlaubsstimmung werden die Mädchen nicht nur täglich schöner und die Sehnsüchte immer mächtiger. Aber anscheinend nimmt der Verstand in der südlichen Hitze wohl immer mehr ab.“ Soweit der Kommentar seines Vaters, womit sich die Mutter nicht zufrieden gab. „Und wenn es doch was Ernstes wäre, und die junge Dame wirklich eine besondere junge Frau, was dann?“ „Na dann werden wir sie ja kennen lernen und können uns selbst ein Bild von ihr machen. Und Englisch können wir doch auch, daran würde es nicht scheitern. Unser Bub ist inzwischen alt genug, um zu wissen, was er tut. Wenn sein Interesse an dieser Alicia auch nach einigen Wochen noch anhält, wird er es uns schon sagen. Mir ist als Vater nur eines wichtig: Er muss mit ihr, oder wem auch sonst, glücklich werden und eine feste Basis in einer eigenen Familie finden. Aber, Schatz, lassen wie es doch erst einmal auf uns zukommen, wer weiß wie es dann aussieht.“ „Du hast ja recht, kommt Zeit kommt Rat, und nichts wird so heiß gegessen wie gekocht.“

***

Aber nun galt die Aufmerksamkeit aller Sprachschüler der anstehenden neuen Eingruppierung. Nacheinander wurden die Namen der in die Gruppe der Fortgeschrittenen eingeteilten „Schüler“ aufgerufen, aber nicht alphabetisch, sondern in der Reihenfolge der Einstufung. Tassilos Name wurde als Erster genannt und er gefragt, weswegen er, der Italienisch fast perfekt sprechen würde, sich hier dennoch einem Sprachkurs unterziehe. Ließ seine Antwort Rückschlüsse zu? Zeugte sie von einer eher kritischen Selbsteinschätzung, vielleicht aber auch nur von großem Ehrgeiz? „Ich freue mich über diese, für mich unerwartet gute Einschätzung, die sich jedoch bis dahin mit meiner eigenen Bewertung nicht ganz deckte. Aber nun bin ich schon mal hier und werde bestimmt noch einiges dazu lernen.“ Tassilo hatte dabei eines verdrängt, so wie zuvor bei den berechtigten Einwänden seiner Eltern. Er hatte doch in seinem abgebrochenen Studium der Musik Italienisch zu lernen. Neben dem Klavierfach hatte er auch Gesang studiert, und dazu war Italienisch unabdingbar. Außerdem hatte er mit seiner Familie so manchen Urlaub in Italien verbracht.

Danach folgten die anderen fünfzehn Namen, darunter auch der von Gwendolin. Jetzt wurde es spannend, wer würde als Letzte aufgerufen werden? War es nun Alicia, Margaret oder eine anderen Person? Alicias Spannung wuchs als der letzte Name angekündigt wurde, aber es war zu ihrer Enttäuschung nicht der Ihre, sondern der von Margaret. Leider war Alicia nicht, so wie inständig erhofft, in Tassilos Gruppe gelandet, sie musste mit der zweiten Gruppe vorlieb nehmen. Es tröstete sie auch nicht, dass sie im Ranking die Gruppe jener Sprachschüler „anführte“, die zwar Italienisch einigermaßen beherrschten, aber darin noch nicht sattelfest waren. Die sonst so kluge Mabel, die sich jedoch mit Sprachen schwer tat, musste ebenso in der zweiten der drei Gruppen weiterlernen, sie nahm es allerdings gelassen hin.

Die neu zusammengestellte Gruppe der Fortgeschrittenen, die nun sechzehn Teilnehmer umfasste, verließ die große Runde zuerst und begab sich zu ihrem Raum. Unter ihnen befand sich als einziger Mann Tassilo Floriani, den zwei seiner „Schwestern" einrahmten. In dem hellen Unterrichtsraum erwartete sie jener ältere Lehrer, der Tassilo gestern so gründlich examiniert hatte. Der Sprachlehrer führte sogleich eine Neuerung ein: „Die acht in den Tests am höchsten eingestuften Sprachschülerinnen bitte ich, als Tutorinnen den Schwächeren so zu helfen, dass diese davon zusätzlich profitieren. Das ständige Gespräch in diesen Lernduos verfestigt das am Morgen Gelernte und macht es für die Praxis tauglich. Die am weitesten Fortgeschrittene bitte ich daher sich derjenigen Dame anzunehmen, die den größten Lernbedarf aufweist."

Dann lachte er auf und sagte: „Verzeihung Signore Tassilo, dass ich Sie gerade zu einer Dame gemacht hatte. Ich muss mich erst daran gewöhnen, dass seit langem mal wieder ein Mann unter den ehrgeizigen Damen ist." Tassilo alberte zurück und fragte ihn, ob er sich für den nächsten Tag einen Rock ausleihen solle. Die ganze Runde lachte, ganz besonders Gwendolin und Margaret, die sich den männlichen Tassilo so gar nicht als Frau vorstellen konnten. Der Lehrer bat die einander Zugeteilten sich schon hier in diesem Raum zusammenzusetzen, um miteinander vertraut zu werden.

Tassilo, der so zu Margarets „Coach" in den nachmittäglichen Übungsphasen geworden war, konnte ein Schmunzeln nicht verbergen. Als der Sprachlehrer sagte, dass sie am Spätnachmittag und am Abend miteinander an einem dafür geeigneten Ort lernen sollten, da dachte Margaret weiter. Bot sich ihr nun die große Chance? Konnte sie so Tassilo näher kommen und ihn vielleicht für sich erobern? Wobei das sicher kein einfaches Unterfangen werden würde, denn zu deutlich hatte sie sein Interesse an ihrer Freundin Alicia wahrgenommen. Und wie verhielt es sich denn dabei mit der Alix? Die hatte doch gestern auch kräftig gezündelt! Ob das dem schönen Abend geschuldet war? Oder lag es vielleicht doch nur am Wein, dem sie alle gut zugesprochen hatten? Das vermochte Margaret noch nicht richtig einzuordnen. Sollte das allerdings seitens Alicias etwas Ernstes sein, dann müsste sie zurückstehen und Alix dieses Glück gönnen. Denn nur eine echte Liebe konnte ihre gute

Freundin wieder von Alan Woodbridge wegbringen; die beiden passten ihrem Empfinden nach so gar nicht zusammen. In einer Ehe mit Alan würde ihre Freundin unmerklich verkümmern und unglücklich werden. All der Reichtum, der sie dann umgeben würde, konnte das nie und nimmer wettmachen. Zwei so zielorientierte und doch so gegensätzliche Menschen, die sollten ein Leben lang gut miteinander auskommen? Das war für die sensible Margaret schlicht unvorstellbar, und ihrer Freundin auch nicht zu wünschen. Alicia war trotz ihrer unbestreitbar praktischen Seite, die sich in einer gewissen Nüchternheit manifestierte, als Jugendliche viel zu gefühlvoll und empfindsam gewesen. Diese weiche Seite hatte sich doch nicht aufgelöst, sie war inzwischen nur überlagert oder verdrängt worden, so gut kannte sie Alix längst. In ihrer Obsession, über eine Ehe mit Alan in die reiche Gesellschaftsschicht aufzusteigen, opferte sie sicher so manchen Traum, aber sie war garantiert nicht in der Lage, all ihre Träume und Gefühle über Bord zu werfen.

Doch wie stand es nun um sie selbst? Tassilo gefiel ihr jetzt schon überaus gut, würde sie seinerseits ein klitzekleines Interesse an sich verspüren, dann würde sie sich bestimmt nicht zieren. Eigentlich wollte sie hier doch nichts als Italienisch erlernen, von sich Verlieben stand überhaupt nichts in ihren ursprünglichen Plänen. So als hätte der Lehrer die Gedanken Margarets erraten und ihren das Lernen gefährdenden Hintergrund, baute er ein Handikap ein. An jedem dritten Tag würde er den Lernfortschritt abprüfen, um gegebenenfalls helfend eingreifen zu können. Doch aus dem ausschließlichen „Coaching“ durch Tassilo wurde nichts. Gwendolins vorgesehene Lernpartnerin, eine holländische Lehrerin, wollte nicht schon wieder mit ihrem beruflichen Alltag konfrontiert werden. Sie bat daher darum, alleine lernen zu dürfen. Bevor sich nun Ratlosigkeit breit machen konnte, sprang Tassilo ein. Er erbot sich, dann eben mit den beiden jungen Damen zu lernen, was der sichtlich erleichterte Sprachlehrer begrüßte. Und das erwies sich tatsächlich als eine gute Lösung, zumindest was da Lernen anging. Für Alicia, die davon am Abend erfuhr, bedeutete es eine unverhohlene Erleichterung. So würden sich ihre beiden Freundinnen gegenseitig in „Schach halten“ und konnten ihr bei Tassilo nicht „gefährlich“ werden.

Aber auch Alicia musste die jeweilige Überprüfung nicht scheuen, denn die beiden Liebenden unterhielten sich jetzt häufig ganz bewusst auf Italienisch. Das galt nicht nur für jenen besonderen „Übungsplatz", den Alicia nun allnächtlich einnahm, sondern auch bei den nachmittäglichen oder abendlichen Ausflügen des Quintetts. Zweimal suchten sie alle zusammen die besondere Trattoria auf, wurden mit großem Hallo empfangen und fühlten sich dort willkommen. Vor allem der kleine Beppino hatte Tassilo ins Herz geschlossen, der ihm stets eine Kleinigkeit mitgebracht hatte. Der Kleine erbettelte jedes Mal ein Gute-Nacht-Lied von „Onkel" Tassilo. Nachzutragen gilt noch eines: Der von Tassilos Gesang so begeisterte Gastwirt und Vater Beppinos hatte ihm zum Abschluss des ersten Abends eine Flasche jenes ausgezeichneten Brunello mitgegeben, der dem deutschen „Troubadour" so gemundet hatte. Die Tage verflogen viel zu schnell, den beiden Verliebten bangte es immer mehr vor dem Ende des Kurses.

Alicia hatte Tassilo inzwischen eingestanden, dass sie sich schon an einen anderen Mann gebunden hatte. Aber jetzt sei durch den Eintritt Tassilos in ihr Leben alles so völlig durcheinander geraten. „Ich wehrte mich doch so gegen Deine Anziehungskraft, ich wollte Alan treu bleiben, aber ich wehrte mich vergebens. Halbherzig habe ich versucht, meine Liebe zu Dir wenigstens zu einem „heißen" Urlaubsflirt abzuwerten, aber damit hatte ich mich nur selbst belogen. Tassilo, mein Liebster, ich bin nun völlig durcheinander, und wenn ich an Daheim denke, dann ist mir so bang zu Mute!" Tassilo zog sie tröstend an sich, gab sich jedoch mit ihrem Eingeständnis nicht zufrieden. „Was hat denn dieser Alan an sich, was ich nicht habe, Alix cara?" Wie ein wundes Tier schaute sie ihn an und entgegnete ihm leise: „Er ist ein Brite, er ist reich und er stammt aus einer angesehenen Familie!" Tassilo setzte nach: „Hat Alan sich seinen Reichtum denn selbst erarbeitet, und wenn ja, womit?" Alicia fühlte sich in die Enge getrieben, aber sie stellte sich tapfer dieser Frage. „Nein, er hat sogar sein Managementstudium abgebrochen und arbeitet seitdem in der Firma seines Vaters. Reich ist eigentlich nur der, aber Alan, sein einziger Sohn, soll in einigen Jahren sein Nachfolger werden." „Alix, was wäre denn mit Euch beiden, wenn sich der Reichtum von Alans Familie verflüchtigen würde, durch welche Umstände auch immer? Könnte es denn nicht sein, dass damit auch die Grundlage Eurer

Beziehung weggebrochen wäre? Du brauchst mir jetzt keine Antwort geben. Aber ich bitte Dich, sie in Deinem gewohnten Umfeld zu überdenken, nur so kannst Du Dir vermutlich über Dein Verhältnis zu diesem Alan klar werden. Und noch etwas gebe ich Dir zu bedenken. Angesehen bist du nur dort, wo man dich und deine Familie kennt. Außerhalb dieses engen Umfeldes bist du nur einer von vielen Unbekannten. Dort musst du durch deine Persönlichkeit wirken, um wahrgenommen zu werden."

Alicia, der diese Fragen einleuchteten, aber unangenehm waren, versuchte Tassilo durch Zärtlichkeiten von weiterem Nachsetzen abzuhalten, doch Tassilo setzte nach: „Cara, auch ich habe mich Hals über Kopf und „rettungslos" in Dich verliebt. Ich kann mir ein Dasein ohne Dich überhaupt nicht mehr vorstellen. Für mich ist unsere Beziehung weit mehr als eine durch die Ferienstimmung stimulierte Liebelei. Daher gebe ich nicht auf. Natürlich hat mir Deine „Beichte" nicht gefallen, aber ich durfte ja nicht davon ausgehen, dass Du, ein solch besonderes Mädchen, noch frei sein würdest. Dann wären ja alle Männer, die Dir bisher begegnet sind, entweder Esel oder Blinde."

Tassilo zögerte erkennbar, überwand sich und gab seinerseits etwas preis. „Vor über einem Jahr hat mir meine feste Freundin, sie hieß Kathrin, wegen eines reichen und deutlich älteren Konkurrenten den Laufpass gegeben, was mir sehr wehgetan hat. Inzwischen ist sie wieder geschieden und daher vermutlich wenig glücklich." Alicia fragte nach und erfuhr, dass diese junge Frau den Eltern von Tassilo nicht besonders zugesagt hatte. Sie seien daher recht froh gewesen, als die Verbindung wieder auseinanderging. „Hat diese Kathrin denn nicht versucht, Dich nach ihrer Scheidung wieder zurückzugewinnen?" Tassilo blickte in die Ferne und gab zögerlich Auskunft. „Ja, das hat sie versucht und bat mich über eine meiner beiden Schwestern zu einer Aussprache. Dazu war ich gerade noch bereit. Doch als sie mir unverblümt mitten im Gespräch das Angebot machte, mit ihr die Nacht zu verbringen, da wusste ich, es geht ihr nicht um mich, sondern ausschließlich um ihre eigene Absicherung. Damit konnte sie mich nicht mehr ködern." Was Tassilo geflissentlich verschwieg oder verdrängte, er hatte Kathrin sehr schroff und verletzend behandelt. Sie ein berechnendes Aas zu nennen, das war wirklich unnötig, und er hätte sich das besser erspart. Aber er war so etwas von „angefressen“ und verschaffte sich so Luft. Kathrins Reaktion bestätigte ihn auch noch, war nicht weniger impulsiv herausgestoßen wie seine Beschimpfung. „Du hast Dir in mir eine Feindin geschaffen!“ Das warf ihm die Gekränkte zornig an den Kopf. Aber dies berührte Tassilo nicht mehr, und ließ ihn kalt.

An Alicia gewendet fuhr er fort: „Damals, als sie mir erklärte, sie habe sich für einen anderen Mann entschieden, weil ich, der noch studiere, ihr vorläufig keine solche Perspektive bieten könne, überging sie ungerührt meine seelische Not. Kalt sagte sie: „Wie Du damit klar kommst, das geht mich nichts mehr an. Ich muss mich jetzt ausschließlich um meine eigene Zukunft kümmern.“ Für mich brach fast eine Welt zusammen, aber es hatte, wie so vieles im Leben, auch eine heilsame Seite. Kathrin öffnete mir so meine „blinden“ Augen, dadurch wurde ich endlich sehend. Eine Ehe auf sozialen Aufstieg und Reichtum aufzubauen, wie sie das vorhatte, damit habe ich so meine Schwierigkeiten. Für mich ist das ein unvertretbares Opfer und Handeln wider die Natur des Menschen! Seitdem hatte ich keine feste Beziehung mehr, obwohl ich nach einiger Zeit dazu wieder bereit gewesen wäre.“

Eine Weile schwiegen die beiden, dann fragte Alicia: „Tassilo, danke für dieses Vertrauen, willst Du mir diese bittere Erfahrung ersparen und auch die Augen öffnen? Geht es Dir darum, dass ich meinen Weg finde?“ Tassilo schüttelte den Kopf und entgegnete ihr: „So edel bin ich wahrlich nicht, Schatz! Ich erlebe in Dir, in diesen leider viel zu schnell zu Ende gehenden Tagen, eine wunderbare junge Frau, die nicht nur bildschön, sondern auch unglaublich warmherzig und liebenswert ist. Mein vorrangiges, sicherlich höchst egoistisches Motiv ist es, Dich ganz für mich zu gewinnen.“ Dann dachte er etwas nach und setzte fort: „Aber selbst wenn dies nicht so wäre, würde ich Dich vor einem möglichen Irrweg bewahren wollen. Daher möchte ich Dir gerne noch einige Fragen stellen.“ Alicia, gefiel es wie er um sie kämpfte und wollte gerne darauf eingehen.

„Alix, bist Du denn auch Alans Eltern willkommen?“ Tassilo kannte durch ihre Gespräche inzwischen das Herkommen Alicias und konnte sich so ihre Lebensumstände einigermaßen vorstellen. Dabei kamen ihm vermehrte Zweifel an Alicias Vorstellung von ihrem weiteren Leben. Leicht unwillig antwortete sie ihm: „Tassilo caro, Du deckst all meine Fragen und Zweifel auf, aber ich will mich dieser Frage nicht entziehen. Alans Eltern sind zwar zuvorkommend und auch freundlich zu mir, aber so richtig angenommen fühle ich mich von ihnen bisher nicht. Ich bilde mir allerdings ein, dies wird sich mit der Zeit geben, und ein Enkelkind das Eis völlig zum Schmelzen bringen." Tassilo sah es Alicia an, sie hätte am liebsten das Thema gewechselt, aber so leicht wollte er es ihr nicht machen. „Alix, ich will Dir ganz bestimmt nicht weh tun, aber ich möchte Dich nicht mehr aus meinem Leben entgleiten lassen. Daher frage ich so gezielt nach. Ich habe bei meinen Eltern erleben dürfen, was eine gute Partnerschaft auszeichnet. Ihre gute und liebevolle Beziehung ist für mich zum Vorbild geworden. Wir beiden kennen uns noch nicht lange, erleben uns außerdem in einer vom Alltag befreiten unbeschwerten Situation. Das ist für mich zwar wunderschön, aber dabei möchte ich nicht stehen bleiben. Du hast mich so sehr beeindruckt, dass ich aus unserem Kennenlernen eine feste Beziehung machen möchte." Alicia schlang ihre Arme um ihn und gab durch ihren Kuss zu erkennen, wie sehr ihr das Gesagte gefiel.

Tassilo griff ein weiteres Unbehagen Alicias auf: „Weder Du, noch ich kennen unser Verhalten im Alltag. Im Gegensatz zu Dir kenne ich Dein Heimatland ein wenig, und daher auch die etwas andere Lebensweise in England. Ich habe einige Reisen dorthin unternommen, nahm vor vielen Jahren an einem Schüleraustausch teil und war vor nicht allzu langer Zeit ein ganzes Jahr in London beruflich tätig. Du aber kennst ja bisher weder mein Verhalten im Alltag, noch meine Eltern und vor allem nicht meine Heimat München. Mir ist nicht entgangen, dass sich bei Dir, dem so unbekannten Deutschland gegenüber Vorurteile aufgebaut haben, was ich Dir nicht einmal verdenken kann. Diese kannst Du nur dadurch überwinden und für Dich die richtigen Antworten finden, wenn Du Dich ihnen stellst. Auch ich habe diese und noch andere Fragen, aber ich halte sie solange zurück, bis Du die Deinen geklärt hast. Aber eines sei Dir gewiss, so leicht zu entmutigen bin ich nicht, ich werde um Dich kämpfen."

Alicia empfand diese Worte Tassilos zu Recht als eindeutige Botschaft. Er wollte sich nicht mit einer Ferienliebelei abfinden, warb um ihre Liebe und hegte ernste Absichten. Ihre erste Einschätzung hatte sich für sie zunehmend erhärtet, Tassilo war bei all seiner Liebenswürdigkeit ein ernsthafter Mann, und, da war sie sich ganz sicher, auch ein höchst anständiger. Und sie, Alicia, wie stand es in diesem Punkt mit ihr? Tassilo war ein wirklich besonderer Mann und ein Leben mit ihm konnte sich Alicia gut vorstellen. Dennoch blieben bei ihr erhebliche Bedenken bestehen. Tassilo war ein Deutscher, und, was er gut erfasst hatte, sein Heimatland ängstigte Alicia. Sie war zwar noch nie in Deutschland gewesen, hatte aber vieles und zumeist abträgliches über dieses Land vernommen.

Und noch etwas hemmte Alicia. Aus seinem in die Jahre gekommenen Fahrzeug schloss sie, Tassilo zählte vermutlich nicht zu den Wohlhabenden. Sie wusste inzwischen von ihm: Er war Architekt! Deren „übliche“ Lage kannte sie zur Genüge. Die jungen angestellten Architekten taten sich schwer und verdienten nur sehr wenig. Warum sollte ausgerechnet Tassilo hier eine Ausnahme sein? In diesem Punkt besaß sie ein fast zwanghaftes Absicherungsbedürfnis; ein Leben, bei dem jeder Penny umgedreht werden musste, kam für sie nicht in Frage, ängstigte sie viel zu sehr. Wenn sie jedoch seine feine Art und seine Allgemeinbildung betrachtete, musste Tassilo aus einem guten Hause stammen. Das alles sprach zwar für ihn, aber sie hatte sich nun mal fest auf ein Leben an der Seite des vermögenden Alan eingerichtet. Und dies, obwohl sie sich eingestehen musste, ihn nicht besonders zu lieben, und eher einen „Kumpel“ in ihm sah. Aber durch die Verbindung mit ihm konnte sie in Lancaster bleiben und in der Nähe ihrer Eltern sein. Alicia hatte fest vor, nach der Heirat noch einige Zeit im elterlichen Betrieb mitzuarbeiten, um so unabhängig zu bleiben. Dabei hoffte sie, Alans Eltern würden daran keinen Anstoß nehmen, war sich darin allerdings sehr unsicher. Würde sie jedoch zu Tassilo ziehen, dann wären all diese Pläne Makulatur. In der Fremde wäre sie sowohl emotional, als auch materiell, völlig von ihm abhängig und müsste sich auf sehr viel Neues einstellen. Außerdem, das stellte für sie eine riesige Hürde dar, müsste sie in diesem Fall auch noch diese schwierige Deutsche Sprache erlernen! Andererseits, ein Dasein ohne ihren Tassilo, das wollte sie eben auch nicht mehr.

Diesen Zwiespalt würde sie mit nach Hause tragen. Dort musste sie sich darüber klar werden, was sie nun vorrangig und tatsächlich wollte.

***

Als Alan nach seinem Schock zu sich kam, wenn auch nur für einen kurzen Moment, fand er sich neben seinem Auto liegend vor, blickte verschwommen in das Geäst einer mächtigen Eiche. Dieser Blick wurde auf einmal verdunkelt, zwei Menschen sahen auf ihn herunter, ihrer Kleidung nach waren es Bauern. Finster wirkten sie und aufgebracht. Der Jüngere gab seiner Wut sogleich den „gehörigen" Ausdruck: „Dieser reiche, besoffene Nichtstuer wäre besser am Baum verreckt! Der Typ stinkt zehn Yard gegen den Wind nach Alkohol, der muss ganz übel getankt haben. Und dann steigt der Kerl in seinen teuren Schlitten und rast anschließend, bis oben hin vollgefüllt mit Whisky über die Landstrasse. Und ausgerechnet in unserer Kurve verliert er die Kontrolle und fliegt hinein in meine Schafherde. Vier trächtige Muttertiere hat dieser Scheißkerl auf dem Gewissen. Am liebsten würde ich seine Ohnmacht mit dem Knüppel in alle Ewigkeit verlängern!" Dabei wedelte er drohend mit einem knorrigen Stock vor Alans Gesicht herum. Sein Nachbar ermahnte ihn: „George, die Polizei und der Krankenwagen werden gleich da sein und das betrunkene Bürschchen in sicheren Gewahrsam nehmen. Die werden ihn bestimmt nicht gerade mit Samthandschuhen anfassen. Du kannst davon ausgehen, die nehmen ihn gehörig in die Mangel. Diese Säufer, die eine Gefahr für alle darstellen, haben bei ihnen ganz schlechte Karten. Da kann der Herr Papa noch so sehr mit einem Bündel Geldscheinen winken!" Mehr drang nicht in Alans Unterbewusstsein, er versank wieder in seiner Mischung aus Trunkenheit und Ohnmacht. Er wusste weder wo er war, noch was ihm fehlte. Er bekam auch nicht mit, dass er den neuen Jaguar seiner Mutter verschrottet und was er sonst noch angerichtet hatte. Der neue Wagen hing zerstört an jenem Baum, zu dessen Blätterwerk er einen Augenblick lang aufgesehen hatte.

„Mensch Alan, was hast Du Dir denn da gedacht, vom Stuhl einer Kneipe nahtlos auf den Fahrersitz Deines Autos zu wanken. Fahren unter Alkohol ist wahrlich kein Kavaliersdelikt, sondern ein Straftatbestand. Und Deine 1,6 pro Mille, die in Anwesenheit der Polizei gemessen wurden, sind fürwahr kein Pappenstiel, mein Lieber. Du hast bei all dem noch verdammt viel Glück gehabt, bist mit einer Gehirnerschütterung und einem glatten Beinbruch davongekommen! Der Schaden, den Du angerichtet hast, ist ein Klacks gegen das, was Dich in Lancaster erwarten kann. Wenn das Malheur rumkommt, dann wird das für Deinen Ruf ziemlich abträglich sein, vor allem, wenn die Presse davon Wind bekommt. Sei nur froh darüber, dass der Sanitätswagen Dich nicht in Lancaster eingeliefert hat, sondern in unser Krankenhaus. Mein Kollege in der Ambulanz hatte Dich erkannt und mich sofort verständigt, obwohl ich gestern keinen Dienst hatte. Als Dein guter Freund und als Arzt, kenne ich Dein Problem und bin sehr besorgt um Dich. Alan, so kann es nicht weitergehen. Irgendwann donnerst Du nicht durch ein schwaches Gatter in eine Schafwiese hinein, sondern gegen eine massive Steinwand. Oder, was noch schlimmer wäre, Du überfährst einen Menschen, gar ein Kind! Was dann los sein wird, das muss ich Dir nicht sagen.“

Der junge Arzt blickte Alan an, in diesem Blick lag Ärger und eine Spur von Mitgefühl. Ihn dauerte sein Freund und Segelpartner, der offensichtlich mit dem Trinken etwas kompensieren wollte. Doch Alan durfte nicht länger auf diesem falschen Weg bleiben, der zwangsläufig in den Abgrund führte. Dabei ging es Alan doch über alle Maßen gut. Er war von Hause aus gutsituiert, hatte eine tolle Freundin und die Aussicht, Chef eines erfolgreich laufenden Unternehmens zu werden. Warum musste er denn immer wieder einen solchen Mist machen!? Er erinnerte sich wieder an das, was er Alan noch mitteilen wollte. „Alan, Dein Einverständnis voraussetzend, habe ich Deine Mutter verständigt. Sie ist außer sich vor Sorge um den einen, ihr noch gebliebenen Sohn. Alan, noch einen Sohn auf der Strasse zu verlieren, das würde Deiner Mutter das Herz brechen. Ich lasse Dich jetzt allein, werde aber während meines Nachtdienstes noch einmal bei Dir vorbeischauen. Ich wünsche Dir jetzt einige ruhige, aber auch nachdenkliche Stunden und hoffe, dass Du danach Deiner Mutter gegenüber ein belastbares Versprechen abgeben kannst.“ Damit entfernte sich Dr. Harold Gardner und ließ einen tief beschämten Alan zurück.

So hatte es begonnen und Alan endlich dazu gebracht, über sein Verhältnis zum Alkohol nachzudenken. Warum griff er denn immer wieder zum Whiskyglas? Selbst in seinem Büro hatte er, geschickt in einem Ordner verborgen, seine Whiskyflasche und das entsprechende Glas parat. Viele Kneipen hatte er in letzter Zeit aufgesucht, und wie oft hatte er sich danach in wieder nüchternem Zustand „geschworen“, er werde ab jetzt, wenn überhaupt, nur noch mäßig zu trinken. Doch Alan war nicht in der Lage gewesen sich zu disziplinieren. Jetzt lag er im Krankenhaus und der Besuch seiner Mutter stand ihm bevor. Alans seelische Verfassung war an einem Tiefpunkt, als seine vor Sorge völlig aufgelöste Mutter herein kam. Mit ihr verband ihn ein inniges Verhältnis, das er nicht immer wieder gefährden wollte. So durfte es nicht weitergehen, er musste dringend etwas tun und sich Hilfe holen. Das versprach er dann auch seiner Mutter, die das nur zu gerne glauben wollte.

Aber welcher Art konnte diese Hilfe sein? Da kam er vorerst nicht weiter, doch hier half ihm sein Freund Harold. „Alan, ich kenne eine exzellente Ärztin, die Dir helfen kann, Dein Problem in den Griff zu bekommen. Du musst es aber unbedingt wollen und intensiv mitarbeiten, sonst bringt das überhaupt nichts! Außerdem ist es schwer bei ihr Termine zu bekommen. Sie nimmt nicht jeden Patienten an und arbeitet auch nicht an jedem Problem. Ich kenne die alte Dame und habe bei ihr einen Stein im Brett. Alan, wenn ich bei ihr für Dich ein gutes Wort einlege und sie erweichen kann, sich Deiner anzunehmen, erwarte ich als Dein Freund, dass Du mitziehst. So unangenehm das auch manchmal für Dich sein kann. Ich möchte nicht, dass durch Dich meine gute Beziehung beschädigt wird, die mir als Arzt und Mensch so wichtig ist! Nur wenn ich dieses Versprechen von Dir erhalte, dann werde ich am Montag mit ihr sprechen.“

Eine Woche später stand der auf eine Krücke gestützte Alan in einem Villenviertel Prestons vor einer Praxis, deren Adresse ihm sein Busenfreund Harold gegeben hatte. Auf dem glänzenden Messingschild am Eingang des Landhauses las er: Dr. med. Sarah Miller-Goldenstein, Psychotherapeutin. Das jagte ihm erst einmal einen ziemlichen Schrecken ein, Harold hatte ihn zu einer „Seelenklempnerin“ geschickt. Über diese Sparte der Medizin hatte er bisher doch nur gelästert und dumme Witze gerissen, und nun sollte er dort selbst hinein gehen, besser gesagt hineinhumpeln? Es blieb ihm allerdings auch keine andere Wahl, er wollte und musste etwas gegen sein Problem tun, denn er kam selbst nicht weiter. Außerdem vertraute er auf Harolds Kompetenz. Einige Minuten später saß er einer kleinen weißhaarigen Frau gegenüber, die ihn interessiert aus ihren dunklen Augen musterte und sein Problem darlegen ließ. So hatte es angefangen, und seitdem war er schon oft bei ihr gewesen, entweder spät am Abend oder am Samstag. Niemand wusste etwas von diesen Sitzungen, weder seine Eltern, noch seine Freundin Alicia. Er hatte zuerst wie ein Ertrinkender nach diesem Schilfhalm gegriffen, der sich allmählich zu einem Schilffloß verwandelte. Inzwischen ging er jedes Mal voller Hoffnung zu der Psychotherapeutin, die ihm zwar nichts schenkte, aber mit ihren Fragen und aufgezeigten Alternativen half. Er hatte sich inzwischen leider einen Rückfall geleistet, was die Ärztin zu einer deutlichen Aussage bewegte. Das dürfe nicht noch einmal vorkommen, denn sie setze nicht nur auf seine Einsicht, sondern auch auf seine konsequente Mitarbeit. Das saß und bewirkte über seine Zerknirschung hinaus, ein Innehalten.

„Alan, wie wichtig ist Ihnen Ihre Freundin Alicia?“ Diese Frage seiner Psychotherapeutin brachte Alan zum Stottern, darauf war er nicht gefasst. Er reagierte erst einmal mit einer Gegenfrage: „Warum wollen Sie ausgerechnet das von mir wissen? Hat das etwas mit meinem Alkoholproblem zu tun?“ „Das kann ich Ihnen so nicht beantworten. Unser Arbeiten hat eine gewisse Verwandtschaft mit der Archäologie. Wir haben zwar einen Ausgangspunkt oder Verdacht, wissen aber nicht, was wir vorfinden werden. Daher legen wir miteinander „Suchgräben“ an, um eventuell fündig zu werden. Ihre mir dargelegten Träume bewegen mich dazu, auch in diese Richtung zu „schürfen“. Unterstellen wir also, dass etwas dran sein könnte, Alan? Ist das für Sie so akzeptierbar?“ Alan stimmte zu, obwohl er gerade in dieser Spur eine Sackgasse vermutete. Allerdings musste er sich eingestehen, Frau Dr. Miller-Goldenstein hatte seine wunden Punkte schnell erkannt, speziell sein leicht zu erschütterndes Selbstbewusstsein. Gemeinsam arbeiteten sie nicht nur die Ursachen heraus, sondern auch seinen Anteil daran. Doch dabei war sie nicht stehen geblieben, sie hatte ihn auch jene Hilfen erarbeiten lassen, mit denen er es stärken konnte.

„Wir haben Ihr Verhältnis zu ihren Eltern, speziell zu Ihrem Vater hinterfragt. Miteinander identifizierten wir darin eine der Quellen, die vielleicht Ihre Neigung zu dieser Sucht ungewollt bestärkt haben. Sie, der jüngere und spät geborene Sohn, standen lange im Schatten ihres großen und begabten Bruders, der auch nach seinem Unfalltod immer noch als Vorbild herangezogen wird. Vergleiche mit immer mehr idealisierten toten Geschwistern, gehen häufig zu Lasten der überlebenden Kinder, was wir in Ihrem Fall nicht ausschließen konnten. Hier hat sich Ihrem Erleben nach, seit Ihrer Aussprache mit Ihren Eltern eine erfreuliche Besserung eingestellt. Ihr strenger Vater tritt Ihnen inzwischen offener gegenüber, und er kann nun Ihre Leistungen würdigen. Dennoch ergibt sich, was Sie mir heute beschämt eingestanden haben, bei einem Punkt noch keine signifikante Änderung. Ich rekapituliere: Immer dann, wenn ich vor einem Problem stehe, verspüre ich einen heftigen Drang, mir ein Glas Whisky einzuschenken. Wir haben daher versucht, an Ihre Stärken heranzukommen, um Ihnen Ihre Fähigkeiten und Potentiale vor Augen zu führen. Wenn Ihr Vater, was sehr erfreulich ist, den Druck von Ihnen nimmt und Ihr Können würdigen kann, dann müsste es sich doch auch in Ihrem Selbstwertgefühl niederschlagen? Für mich gibt es da vielleicht noch eine andere Störgröße, daher diese Frage und mein Suchen.“ Alan nickte zwar, wirkte aber wenig überzeugt von diesem Ansatz. Dennoch überließ er der Therapeutin das Feld.

„Wer und was ist Alicia? Was bedeutet sie Ihnen? Fühlen Sie sich durch sie vorbehaltlos angenommen? Und zwar Sie, Alan, als liebenswerter Mensch, guter Partner, und dies für ein gemeinsames Leben?“ Nun musste Alan Farbe bekennen und alle seine Fragen und Zweifel aufdecken. Er schilderte Alicia als eine attraktive, selbstbewusste junge Frau, die studiert habe und fest im Leben stehe. Ob sie ihn vorbehaltlos lieben würde? Das vermochte er nicht zu beantworten, hier schlichen sich Zweifel ein. Wohl aber könne er eingestehen, dass sie ihn manchmal verunsicherte. Sie erinnere ihn dann an eine ältere Schwester, was ihn sehr an das dominante Verhalten seines verstorbenen großen Bruders gemahne. Ginge denn ihre Beziehung über ein Zweckbündnis hinaus? Wohl eher nicht, er würde zwar in seinem Freundeskreis um die schöne Alicia an seiner Seite beneidet, was er sehr genieße. Aber liebte er sie wirklich so tief, dass er sie gegen alle Widerstände heiraten wollte? Darauf wusste er keine richtige Antwort, musste sich allerdings eingestehen, dass ihm dabei unbehaglich zumute sei? Allmählich schälte sich in dem Gespräch mit der Therapeutin eines heraus: Würde er Alicia heiraten, dann wüsste er eine starke und ihn antreibende Partnerin an seiner Seite. Doch auch eine ehrgeizige Frau, die seinem Selbstbewusstsein nicht gut tun könne. Außerdem werde er den Verdacht nicht los, dass Alicia ihn zwar mochte, aber auch als Steigbügelhalter benütze, um sozial aufzusteigen. Diese Einsicht gefiel ihm so gar nicht, sie war aber nicht von der Hand zu weisen. So fest, wie er sich bisher glauben machen wollte, war also ihre Beziehung bei weitem nicht.

Ob sich seine Freundin denn Hoffnungen auf die Ehe mit ihm machen würde? So setzte die alte Dame nach. Alicia mache sich sicher Hoffnungen, er habe jedoch zu ihr bisher nie vom Heiraten gesprochen. Außerdem wisse er, dass es seinen Eltern überhaupt nicht recht sein würde. „Sie respektieren zwar Alicias Tüchtigkeit und Art, doch sie haben sich für mich eine andere Partie vorgestellt. Als meine Freundin können sie sich Alicia durchaus akzeptieren, aber als meine Frau nie im Leben! Ihren Sohn mit einer „Gärtnerin“ verheiratet zu wissen, gefällt ihnen überhaupt nicht.“ Auch er sei sich in diesem Punkt ziemlich unsicher und habe sich bisher bedeckt gehalten.

Die Therapeutin machte ihm bewusst, er sei gegenüber seiner Freundin nicht ehrlich und halte sie mit ihren Hoffnungen hin. Weil er sich dieser Deutung nicht verschloss, wollte er ihrer Anregung folgen und Alicia bald klaren Wein einschenken. Anhand einiger Nachfragen wuchs seine Einsicht, und er vermochte es, diesen ihm sichtlich unangenehmen Schritt als notwendig einsehen. Es würde dann ausschließlich von Alicia abhängen, ob sie mit dieser Situation leben wolle, oder von sich aus einen Schlussstrich ziehen würde. Echte Liebe müsse nicht unbedingt in eine Ehe einmünden, aber die beiderseitigen Positionen in diesem Verhältnis, die müssten transparent und ehrlich sein. Nach diesem Gespräch fühlte sich Alan irgendwie erleichtert und war bereit, mit Alicia ernsthaft darüber zu reden, was er ihr dann sogleich in einer E-Mail mitteilte. Doch noch war es nicht soweit, denn Alicia hielt sich derzeit in Italien zu ihrem Sprachkurs auf.

***

Selbst im Flugzeug schafften es ihre drei Freundinnen nicht, die unglückliche Alicia aufzuheitern, der Abschiedsschmerz quälte sie wie nie etwas zuvor. Immer wieder kamen ihr, der sonst doch so Beherrschten, die Tränen. Der Abschied von Tassilo fiel ihr unendlich schwer, sie hatte das Empfinden, das Herz würde ihr aus dem Leib gerissen. Sie klammerte sich bis zuletzt an ihn und wollte ihn nicht loslassen. Als sie als letzte in den Bus stieg, der sie zum Flughafen bringen würde, sahen alle ihr verweintes Gesicht, aber sie nahm es nicht wahr. Längst hatten ihre Freundinnen mitbekommen, dass Alicia und Tassilo sich gefunden hatten. Anfangs als die Freundinnen entdeckt hatten, dass der umschwärmte Tassilo sich für Alicia entschieden hatte, waren vor allem Gwendolin und Margaret eifersüchtig gewesen, doch das legte sich bald. Nun kümmerten sie sich rührend um die traurige Alicia. Sie wirkte auf die drei Freundinnen wie erloschen, ihr schien es vor dem Heimkommen zu grauen. Sie sah wohl die unausweichliche Klärung als einen sie erdrückenden Berg vor sich.

Alicia hatte gezündelt, so wie auch sie selbst es nur allzu gerne gemacht hätten. Jetzt vermochte sie dieses Feuer aber nicht mehr zu kontrollieren. Aus einem vermeintlichen Ferienflirt hatte sich keine flüchtige Liebelei entwickelt, sondern offenkundig eine verzehrende Liebe. Ihre Freundinnen kannten Alicias Dilemma, sie wussten um die Hoffnungen und Erwartungen ihrer Familie. Doch da musste sie durch, und hatte eine grundsätzliche Entscheidung zu treffen, eine, die für ihr künftiges Leben die Weichen stellen würde. Nur Margaret kannte Alan, den Freund von Alicia, persönlich, und sie schätzte ihn nicht sonderlich. Doch die anderen Freundinnen wussten ebenfalls von ihm. Margaret stammte aus einem ähnlich reichen Hause wie Alan und kannte ihn schon lange. Erschwerend trat hinzu, die beiden Elternpaare trafen allenfalls bei besonderen gesellschaftlichen Ereignissen direkt zusammen, ein intensiverer Kontakt hatte sich nie ergeben.

Im Flughafen Heathrow verabschiedeten sich die beiden Londonerinnen von Alicia und Margaret, die nach Manchester weiterfliegen mussten. Liebevoll nahmen sie insbesondere Alicia in die Arme. Mabel, die ja in der Ausbildung zur Psychotherapeutin stand, ermutigte sie noch einmal: „Sei nicht länger traurig, Alix. Du durftest doch das Schönste im Leben erfahren, die wahre Liebe! Darum beneiden wir Dich alle zutiefst.“ „Liebe Mabel, Du hattest ja so recht, als Du uns vor dem Abflug nach Florenz, diesen möglichen „Betriebsunfall“ vor Augen geführt hast. Und wie überheblich hatte ich das als etwas mich nie Berührendes abgewehrt. Er war für mich damals einfach undenkbar, hatte allenfalls etwas in pubertären Träumen zu suchen. Und nun verhalte ich mich selbst noch „schlimmer“ als die „Heldin“ im kitschigsten Liebesroman. Aber ich schaffe es einfach nicht, oder noch nicht, diesen Traum loszulassen.“ „Aber Alix, das hast Du doch nicht geträumt, mit Dir ist etwas Wunderbares geschehen. Deine eigentliche Natur hat endlich ihr Recht gefordert. Liebe ist nun mal eine Urgewalt, die weder nach dem Morgen fragt, noch an Weiterungen denkt. Du durftest in Tassilo einen besonderen Mann kennen und lieben lernen, der es wahrlich wert ist. Er wird Dich – ob Du das nun willst oder nicht – nie mehr loslassen, und das, meine Liebe, ist ein Geschenk des Glücks!“ Zwei Sätze, die ihr Gwen, die Anwältin, mit nach Hause gab, behielt Alicia in Erinnerung. „Alix, eine Vernunftehe ist kein Abkühlbecken für die Brennstäbe der großen Liebe, das bedenke. Dann bist Du zwar materiell reich geworden, aber seelisch verarmt und ein Leben lang tief unglücklich!“ „Liebe Gwen, jetzt wechseln wir ja die Fronten. Auf einmal bist Du die Nüchterne, aber ich verstehe Dich gut. Hab Dank für Deine Zuneigung.“

Am Flughafen von Manchester warteten weder ihre Mutter, noch Alan auf Alicia. Statt enttäuscht zu sein, fühlte sich Alicia erleichtert. So konnte sie noch etwas Zeit finden, um sich wieder zu sammeln, ihre Lage vor Ort zu überdenken und zu klären. Margarets Eltern nahmen ihre Tochter und deren Freundin in Empfang. Alicia, die ja von Kindertagen an mit Margaret befreundet war, nannte deren Eltern Tante und Onkel Redford. Wie Margarets Mutter berichtete, hatte Mary, das war Frau Whittaker, sie gebeten, sie bitte bei Alicia zu entschuldigen, denn sie würde leider der vielen Arbeit wegen nicht wegkommen. Auf Alicias Frage: Warum sie dann nicht von Alan abgeholt würde, wusste sie keine Antwort. Als Margarets Eltern mitbekamen, dass die sonst so fröhliche Alicia ungewöhnlich still und in sich gekehrt blieb, kamen sie zu einem falschen Schluss. Sie schoben es auf Alans Ausbleiben und spielten dies herunter, um Alicia zu trösten. Aber nicht Alicia antwortete ihnen darauf, sondern ihre Tochter, die nun „petzte“. „Mum and Dad, es ist etwas ganz anderes, was unsere Alix umtreibt und traurig stimmt. Wir haben beim Sprachkurs einen besonderen jungen Mann kennen gelernt und alle für ihn geschwärmt. Das ist ein Mann fürs ganze Leben, einen wie du selten erleben kannst. Er hätte mir als Freund, oder auch mehr, sehr gut gefallen, aber er hat sich zu unser aller Kummer für Alix entschieden.“ Frau Redford fragte so gezielt nach, dass sich dann auch die Eltern von Margaret ein Bild des angeblich so tollen Mannes machen konnten. „Liebe Alix, wenn das wirklich so ein besonderer junger Mann ist, wie Margaret ihn skizziert hat, dann wirst Du ihn schwerlich vergessen können. Sollte dieses schöne Erlebnis bei Dir nach einem zeitlichen und räumlichen Abstand über eine Liebelei hinausgehen, solltest Du Dich dem stellen und Dein Leben neu ordnen.“

Alan schaute wenigstens am Abend bei den Whittakers vorbei, beklagte seine viele Arbeit, wegen der er weder Alicia abholen konnte, noch heute länger bleiben könne. Die Präsentation der Projekte würde anstehen und davon hänge für ihn viel ab. Alle bemerkten, dass Alan nach Alkohol roch. Es sah fast so aus, als habe er sich zu dieser Begegnung aufraffen müssen, und sich wohl vorher Mut angetrunken hatte? Er wirkte derart verunsichert, so als würde er einer ihn bedrängenden Frage ausweichen. Beim Abschied unter vier Augen, drunten vor dem Tor, bat er Alicia um die schon in seiner E-Mail angekündigte Aussprache am nächsten Tag an einem neutralen Ort. Sie vereinbarten einen Termin am Abend in einem Cafe nahe der Churchstreet. Alan „vergaß“ sogar den Abschiedskuss, das sprach allerdings Bände. Es setzte bei Alicia zwar Fragen, aber ihr war es gerade recht so. Alan hatte etwas ihm Unangenehmes auf dem Herzen, er musste ihr vielleicht eine „dumme“ Geschichte eingestehen. Das gab Alicia die unverhoffte Chance, vorläufig einmal abzuwarten und darauf zu reagieren. Sie wollte ihm ihre „Affäre“ mit Tassilo zwar nicht verheimlichen, sie ihm aber auf keinen Fall voreilig aufdecken.

Mary Whittaker wunderte sich einmal mehr. Warum machte sich ihre Alicia nicht viel aus dem eigenartigen Verhalten Alans? Bei ihr setzte dies ein weiteres Fragezeichen. Ihrer großen Tochter schien der Sprachkurs in Italien, offensichtlich nicht gut getan zu haben, Alicia verhielt sich so anders als sonst. Die Fröhlichkeit war ihr ziemlich abhanden gekommen, und derart einsilbige Antworten, das kannte sie von ihr nicht. Was hatte sich mit ihr in Italien ereignet? Hatte das nur mit Alans Verhalten zu tun, oder war doch etwas anderes im Busch? Oder hatte ihre gedämpfte Stimmung am Ende etwas mit einem unangenehmen Erlebnis beim Sprachkurs zu tun? Ihr drängte sich ein, sie schreckender Verdacht auf. War gar etwas mit diesem Deutschen gewesen? Nun, das würde sie schon noch herausfinden. Vorläufig wunderte sie sich über die „trübe“ Stimmung ihrer Tochter und ärgerte sich über Alan.

Was Alicia nicht wissen sollte, Alan hatte sich hier seit ihrer Abreise nicht mehr sehen lassen. Vage Gerüchte über einen Unfall unter Alkoholeinfluss unweit von Preston waren dennoch ans Ohr ihrer Eltern gedrungen. Der Unfall hatte sich allerdings schon einige Zeit vor Alicias Sprachkurs in Italien zugetragen, es war aber erst in deren Abwesenheit bis zu ihnen „durchgesickert“. So anonym wie eine Großstadt war das nur mittelgroße Lancaster nicht, hier kam fast alles „herum“. Das Vernommene gefiel den Whittakers überhaupt nicht, denn Alicias künftiges Dasein lag ihren Eltern schon sehr am Herzen. Sie an einen reichen Mann gebunden zu wissen, an einen, der mit Alkohol Probleme hatte, das beunruhigte ihre Mutter besonders. Sollte sich dieses Gerücht als wahr erweisen, dann hatte Alan ganz schlechte Karten bei ihr. Dann müsste sie, die selbst eine gute Ehe führte, ihrer Tochter empfehlen, diese Verbindung zu lösen. Noch etwas kam ihr jetzt wieder ins Bewusstsein. Hatte nicht Harriet Turner vor kurzem bei ihnen einen üppigen und teuren Blumenstrauß bestellt? Dabei hatte sie sich nichts gedacht, doch dann drang ein unglaubliches und eigentlich völlig undenkbares Gerücht an ihr Ohr. Eine gute Kundin hatte es ihr im Stadtladen an der Chinastreet „anvertraut“. Sollte daran doch etwas Wahres sein und die Familien Turner und Woodbridge hätten sich einander angenähert? Die Kundin habe gerade noch mitbekommen, wie die drei Turners in dem Haus der Woodbridges verschwunden seien. Sollte dies zutreffen, dann könnte Alicias Hoffnungen „Gefahr“ drohen! Waren dabei am Ende gar Harriet Turner und Alan Woodbridge die „Opfer“ eines elterlichen Deals? Mary Whittaker tadelte sich für ihre blühende Phantasie und wandte sich wieder ihrer Arbeit zu.

Alicia weihte vorerst nicht ihre Mutter ein, sondern die vertraute, lebenskluge Großmutter, die sie in ihrer kleinen Wohnung über dem einstigen Bürogebäude des Betriebs aufsuchte. Alicia „beichtete“ ihr alles, beschönigte nichts und gestand ihr ein, dass sie seitdem sehr verunsichert sei. Granny ließ sich den jungen Deutschen genau beschreiben und sparte nicht mit Rückfragen. So wie ihn ihre Enkeltochter beschrieben hatte, entstand vor ihr das Bild eines ungewöhnlichen Mannes, selbst wenn sie dabei die rosarote Brille ihrer verliebten Alicia berücksichtigte. „Alix, wenn sich vor Dir die Türe des wahren Glücks einen kleinen Spalt öffnet, dann solltest Du diese aus eigener Kraft ganz aufdrücken. Mein Enkelkind, nehme Dein Lebensglück in die eigene Hand, überwinde Kleinmut und Vorurteile und folge Deinem Herzen. Es kennt und weist Dir den richtigen Weg. Aber folge ihm nicht blindlings und auch nicht Hals über Kopf!“ Grannys Rat befreite Alicia aus ihrer Unentschlossenheit.

So ermutigt stellte sie sich danach ihren Eltern. Während ihr Vater wenigstens einsichtig und mitfühlend reagierte, verhielt sich ihre Mutter so, als wäre eine große Katastrophe über sie hereingebrochen. Ihre sonst so nüchterne Alicia hatte sich also, wie von ihr befürchtet, höchst unbesonnen in einen Deutschen verliebt und so ihren eigenen Lebensplan gefährdet. Das hätte sie von ihrer Tochter nie erwartet. Wie würde das nun weitergehen? Sollte sie ihr raten, diesen „Seitensprung“ Alan zu verschweigen und so tun, als wäre alles in bester Ordnung? Doch das gefiel der ehrlichen Mary Whittaker überhaupt nicht, das wäre unredlich. Würde es Alan hinnehmen können, als einen einmaligen „Unfall“? Nicht anfreunden konnte sie sich mit dem Gedanken, ihre Alicia würde einen anderen Weg einschlagen, einen, der sie hin zu diesem Deutschen führte. Das ginge nicht an, da wäre ja fast die ganze Familie dagegen. Außerdem müsste ihre Tochter dann in ein fremdes Land ziehen, und sie würden Alicia der großen Entfernung wegen nur noch selten zu Gesicht bekommen. Alicia wollte das so nicht stehen lassen und konterte: „Mummy, es geht hier ausschließlich um mich und mein künftiges Leben. Das kann und will nur ich selbst entscheiden. Deine Besorgnis um mich ist zwar lieb, sie hilft mir aber nicht weiter. Ich will außerdem erst einmal mit Alan reden, auch er hat offensichtlich etwas auf dem Herzen, was ihn bedrückt und er mir mitteilen will.“

***

Auf dem Weg zu dem Treffen mit Alicia ging Alan noch einmal all das durch, was er mit seiner Therapeutin erarbeitet hatte. Er hatte die veränderte „Großwetterlage“ für das väterliche Unternehmen eingebracht und ihr die große Chance aufgezeigt, die sich für seine Familie, wie auch für ihn selbst durch die Fusion ergeben würde. Nach dieser Sitzung, die ihm sein eigenes Wollen vor Augen geführt hatte, wusste er, was ihn bewegte und wie er sich sein weiteres Dasein vorstellte. Darin fand sich für Alicia leider kein Platz. Er hatte es sogar über sich gebracht, seinen Eltern aufzudecken, dass er sich wegen seiner Probleme mit dem Alkohol zu einer Psychotherapeutin begeben hatte. Was er nicht erwartet hatte, sowohl sein Vater als auch seine Mutter fanden dies löblich und wollten ihn hierbei nach Kräften unterstützen. Und dann erhielt er sogar noch eine ihn stolz machende Anerkennung durch seinen Vater! „Respekt, mein Sohn, ob ich selbst diesen Mut aufgebracht hätte? Das beantworte ich für mich eher mit nein!“ Danach war es Alan so, als hätte sich ein dichter Nebelschwaden verzogen und der hellen Sonne Platz gemacht. Darauf hatte er so lange Jahre gewartet und genoss es nun wie ein erlesenes Geschenk. Das wollte er nicht mehr durch sein Verhalten trüben und er schwenkte innerlich völlig auf die Linie seiner Eltern ein, was er dann in der folgenden Sitzung der Therapeutin darlegte. Daraufhin spielten sie sein Vorgehen bei der Aussprache mit Alicia durch, um ihm den bevorstehenden Gang etwas zu erleichtern.

Was seinem Selbstwertgefühl noch weiteren Auftrieb gab, war die Präsentation der Ergebnisse aller acht Projekte vor dem Führungskreis. Diese Projekte hatte Alan initiiert, koordiniert und kontrolliert. Was diese Gruppen hart und dazu oft noch in der Freizeit erarbeitet hatten, das konnte sich wahrlich sehen lassen. Erhebliche Kostensenkungen versprachen die aufgezeigten und detailliert ausgearbeiteten Punkte: Optimieren interner Abläufe, Wertanalyse der Produkte und Gemeinkosten, Senken von Nacharbeit und Prüfkosten durch verbesserte Qualität. Für alles hatten sie konkrete Maßnahmen zur Umsetzung vorgelegt. Ihre Präsentation fand große Zustimmung bei den Verantwortlichen. Auch die anderen Gruppen steuerten gute Ergebnisse und realisierbare Vorschläge bei. Es ging zum einen, um die Auslastung der Fertigungsstufen, die Fertigungstiefe und die Materialbeschaffung. Dabei würde es sich leider nicht vermeiden lassen, mindestens vierzig Mitarbeiter zu entlassen. Die zum Abschluss präsentierten Projekte hatten sich mit einer wahrlich herausfordernden Aufgabe beschäftigt. Sie sollten sowohl Innovationen im gegebenen Produktfeld und ergänzende Produkte finden, als auch neue Einsatzfelder und Märkte identifizieren.

Bei dem letzten Punkt schmunzelte der Inhaber William Woodbridge. Ihm wurde nämlich bedeutet, die kleine Mannschaft des Vertriebs sei mit dem Umsetzen der ausgearbeiteten Empfehlungen heillos überfordert. Der Chef sah es ja selbst auch nicht anders, aber er hatte inzwischen etwas in der Hinterhand. Das wollte er anschließend, wenn auch dosiert und umschreibend einbringen. Doch erst einmal sprach er allen Teams seine Anerkennung aus, dankte ihnen für ihren großen Einsatz. Von den ihn so überzeugenden wie erfreuenden Vorschlägen werde er nicht einen verwerfen. „Ich freue mich, dass wir diesen für unsere Firma derart ungewöhnlichen Weg eingeschlagen haben. Wir fanden den Mut, durch gezielt angesetzte Projekte unser Tun auf den Prüfstand zu stellen und nach Verbesserungen zu suchen. Und das hat sich für uns wahrlich gelohnt, wie wir nun alle erfreut feststellen dürfen! Dabei war ich anfangs doch überaus skeptisch! Mein lieber Sohn, das verdanke ich und wir alle nicht zuletzt Deiner Initiative und Hartnäckigkeit, mit der Du mich überzeugt hast."

Der Chef wurde in seiner Eloge unterbrochen, der nun aufbrausende Beifall galt zu Recht seinem Sohn Alan. Das tat nicht nur dem damit nicht gerade verwöhnten Alan gut, sondern auch seinem kritischen Vater. Mit dieser komplexen Projektsteuerung und -kontrolle hatte Alan sein Können und seine Führungskompetenz unter Beweis gestellt. Was ihm nicht minder wichtig war, Alan hatte so seine Rolle als Juniorchef aufgewertet und sich dadurch jenen Respekt erworben, den er als künftiger Leiter des Unternehmens brauchte.

Alan selbst wälzte, und dies nicht zum ersten Mal, die eine, ihn, den „Kleinen", immer wieder umtreibende Frage. War er, der Nachzügler, damit endlich aus dem übermächtigen Schatten seines toten Bruders herausgetreten? Durfte er jetzt auch einen Vorzugsplatz im Herzen seines Vaters einnehmen? Um dieses hatte er doch sein Leben lang erfolglos gebuhlt. Was ihm jetzt große Hoffnung machte war die Tatsache, dass ihm sein Vater vor allen Mitarbeitern Beifall gezollt hatte. Durfte er denn seiner Beobachtung und seinem Gefühl trauen? War es wirklich so, dass sich sein Vater über den seinem Sohn gezollten Beifall nicht nur freute, sondern sogar noch stolz darauf war. Er durfte es tatsächlich, denn sein Vater umarmte ihn gerührt und flüsterte Alan zu: „Mein Sohn, ich gratuliere Dir zu Deinem Erfolg, und ich freue mich darüber als Vater und auch als Chef!" Was für ein erlösendes, die Brust weitendes Gefühl!

William Whittaker fuhr nun mit seinen Ausführungen fort, allerdings verklausuliert. Es zeichne sich derzeit eine sehr erfreuliche Entwicklung ab, die alle Produktlinien auslasten würde und, was ihm dabei besonders wichtig sei, dann auch keine Entlassungen notwendig mache. Die diesbezüglichen Verhandlungen seien in bestem Einvernehmen bereits weit fortgeschritten. Derzeit stünde nur noch ein einziger wichtiger Punkt an, den es zu klären gäbe. Dabei schaute er seinen neben ihm sitzenden Sohn an, der wissend nickte. Es hatte für seinen Vater den begründeten Anschein, als hätte Alan sich schon in seinem Sinne entschieden. Die noch ausstehende Aussprache mit seiner Freundin Alicia Whittaker war somit eine letzte „Pflicht", die es zu erfüllen galt. Des Chefs zufriedener und zuversichtlicher Mimik nach, konnte es sich wohl nur noch um eine kleinere Geschichte handeln? Er ginge zuversichtlich davon aus, dass sich dieser Punkt noch in dieser Woche erledigen würde. Danach käme es zwischen ihm und seinem Verhandlungspartner zu dem letzten und beschließenden Gespräch. Aber erst dann, wenn beider Unterschriften auf einem Dokument stünden, könne er ihnen Näheres dazu sagen. So bestätigt und gestärkt wollte sich Alan nun dem schwierigen Gespräch mit Alicia stellen.

***

Dennoch fühlte sich Alan im Cafe und vor Alicia, trotz aller Vorbereitung, sichtlich unwohl und druckste herum. Er wusste auf einmal nicht mehr, wie er Alicia seine Botschaft darlegen sollte. Instinktiv griff er zum Whiskyglas, was er doch unterlassen wollte. Alicia beobachtet ihn gelassen, sie hatte nicht erwartet, dass er sich sofort äußern konnte. Alan wich aus, fragte sie nach dem Sprachkurs und danach, was er ihr gebracht habe. Kein Wort verlor Alicia über ihre Begegnung mit Tassilo, sie blieb allgemein und bezeichnete den Aufenthalt dort als ein besonderes schönes Erlebnis. „Alix, es freut mich, dass Du dort eine schöne Zeit hattest, aber nun muss ich Dich zu meinem Bedauern mit einer weniger guten Nachricht konfrontieren. All das, was ich Dir nun eröffnen werde, bitte ich vorerst für Dich zu behalten, denn ich dürfte es Dir eigentlich nicht sagen. Doch ohne diese Vorinformation wäre die damit verbundene „Auflage“ nicht einzuordnen. Es ist bei uns etwas derart Unglaubliches eingetreten, was ich nie für möglich gehalten hätte.“ Er machte eine Pause, um das Folgende wirken zu lassen. „Alix, stell Dir vor, unser gefährlicher Konkurrent Charles Turner und mein Vater haben sich nicht nur angenähert, sie sind sogar noch einen großen Schritt weitergegangen. Die bisherigen Kontrahenten wollen künftig eng zusammenarbeiten. Sie bedauerten beiderseits ihren bisherigen, so aggressiven und keinem nützenden Wettbewerb. Davon wollen sie nun in beider Interesse Abstand nehmen.“

Alicia unterbrach ihn: „Alan, das finde ich zwar interessant, aber was hat denn das mit uns beiden zu tun? Ich sehe da keinerlei Zusammenhang, außer dem, dass Ihr es künftig als Familie und Unternehmer etwas leichter haben werdet.“ Alan bat sie um noch ein wenig Geduld und fuhr dann fort. Solange es sich um Fakten aus der Sphäre des Unternehmens handelte, fühlte Alan sich auf festem Boden. Dennoch ließ sich aus seinem eher hektisch und zu schnell dargelegten „Vortrag“ sein Unbehagen vor dem ihm unangenehmen Teil ableiten. „Die beiden Herren sind in bestem Einvernehmen noch einen großen Schritt weitergegangen! Sie haben laut über eine Fusion der beiden Unternehmen nachgedacht. Damit Du das überhaupt einordnen kannst, aus dieser Fusion würde ein Unternehmen hervorgehen, das sich langfristig auf dem Weltmarkt behaupten und der Globalisierung trotzen kann. Wir wären dadurch in der Lage, wieder von unseren Plänen zur Straffung der Produktion abzurücken und müssten auch keine der fraglichen Fertigungslinien aufgeben. Das vereinigte Unternehmen hätte damit auf einmal für alle Linien so viele Aufträge, um sie voll auszulasten zu können. Sowohl Charles Turner, als auch mein Vater hatten unabhängig voneinander geplant, etwa siebzig Arbeitsplätze abzubauen, was damit unterbleiben würde. Soweit die für beide Seiten sehr erfreuliche Vorgeschichte." Wieder hielt er inne, sein Blick schweifte unstet über Alicia hinweg, so als scheue er sich sie dabei anzusehen.

Stotternd eröffnete er ihr anschließend sein eigentliches Anliegen. Oder folgte er vielleicht schon einen ihm auferlegten Auftrag? Nun konnte er sich nicht mehr geschäftsmäßig hinter der Allianz der beiden Unternehmer verstecken. Sein Unbehagen vor dem, was er nun offenlegen musste, war seiner Körpersprache deutlich anzusehen. Wo blieb sein sonstiger Witz, wo sein cooles Gehabe? War das alles nur aufgesetzt und erwies sich jetzt als schiere Attitüde? „Alix, so gut sich dieser Gedanke auf den ersten Blick darstellt, es gibt dabei einen „dicken" Pferdefuß. Charles Turner will sich bald aus dem Tagesgeschäft zurückziehen und in eine Art „Ruhestand" gehen. Er könnte sich allerdings nicht damit anfreunden, dass dann William Whittaker das fusionierte Unternehmen alleine leiten würde. Anfreunden könnte er sich jedoch mit einem anderen Gedanken und einer anderen Person, nämlich mit mir, Alan Whittaker. Das wäre an und für sich für mich höchst erfreulich, aber damit verbindet sich eine besondere und von seiner Seite nicht diskutable Vorbedingung." Ungeduldig werdend unterbrach Alicia seinen Redefluss: „Alan, Du druckst so herum, als sei die ganze Welt in Gefahr! Rück doch endlich mit Deinem eigentlichen Anliegen heraus."

Nun schaute Alan Alicia in die Augen, er glaubte, dass sie weder etwas ahnte, noch die für sie gegebene Gefahr witterte. Nur jetzt nicht weich werden, da musste er durch, so wie durch eine Wetterfront beim Segeln. „Was ich Dir jetzt eröffnen muss, fällt mir nicht gerade leicht! Alix, nur wenn seine Tochter Harriet und ich die Ehe eingehen werden, wird die Fusion zustande kommen. Ausschließlich in dieser Konstellation würde er zustimmen, dass ich die Leitung des fusionierten Unternehmens übernehmen werde. Dies allerdings auch erst nach einer gewissen Übergangsfrist. Mein Vater empfand dies als einen sehr guten und begrüßenswerten Vorschlag. Er schränkte jedoch ein, eine Zusage würde nicht von ihm allein abhängen, sondern auch von Harriet und mir. Das leuchtete Charles Turner ein. Sie kamen daher überein, zuerst einmal dies auszuloten. Ihr Plan sieht nun so aus: Wenn wir Kinder uns diesem dringlichen Wunsch der Väter nicht verschließen, dann käme es zu einer baldigen, rechtlich und steuerlich einfacheren Fusion der beiden Unternehmen."

Alicia folgte diesem Monolog aufmerksam und scheinbar ungerührt, doch in ihrem Kopf wirbelten die Gedanken. Ihr blieben jetzt nur noch zwei Wege offen. Aber konnte und wollte sie Alan überhaupt noch drängen, nicht über sich und seine Liebe verfügen zu lassen? Sie kannte doch den latenten Ehrgeiz von Alan, der damit sein schwach ausgeprägtes Selbstwertgefühl kompensierte. Er könnte durch diese Heirat und die damit einhergehende Fusion zu einem der mächtigsten Unternehmer der Grafschaft werden, das musste ihn doch reizen! Würde sie ihn, falls das überhaupt noch möglich wäre, davon abbringen können, was wäre dann? Sie, Alicia, wäre dann diejenige, die ihm seinen Lebenstraum verbaut hatte. Und wenn sie das Ganze noch einen Schritt weiterdachte, wurde ihr eines bewusst. Alans Eltern würden ihr das von Anfang an verübeln, und sie hätte eine schwere, ja unhaltbare Stellung im Hause Woodbridge! Und ihr zweiter Weg? Sie wäre frei für Tassilo, doch das schob sie sofort wieder weg, denn das entschied sich jetzt nicht! Alicia wollte erst einmal Alans Position erfahren und ihm weiter zuhören, aber ihm auf gar keinen Fall voreilig entgegenkommen.

Alans Unbehagen drückte sich nun auch in seiner abgehackten Sprechweise aus. „Harriet Turner, die mich vom Segelclub her kennt und bewundert, zumindest laut Aussage ihres Vaters, hat dazu spontan ja gesagt. Das hat mich zwar überrascht, aber auch erfreut, das verhehle ich nicht. Ich selbst habe mir Bedenkzeit ausgebeten, um zuvor mit Dir darüber reden zu können! Ich gebe ja zu, ich war hier nicht eindeutig und habe meinem Vater kein klares Nein entgegen gehalten." Alicia unterbrach ihn: „Alan, Du kannst mir bei dieser Entscheidung nicht den schwarzen Peter rüber schieben, Du musst schon selbst wissen, was Du willst. Und erst dann kann und werde ich dazu Stellung nehmen. Außerdem drängt sich mir der Eindruck auf, als hättest Du Dich bereits entschieden.“ Wie sie das so sagte, eher unbeteiligt und kühl, das erschreckte ihn denn doch. Er hatte erwartet Alicia würde seine Botschaft schwer nehmen. Stattdessen gab sie sich, als würde sie das nichts angehen, was er ihr soeben nahe zu bringen versuchte.

Nun denn, Alicias „coole“ Haltung ermutigte ihn jetzt eher: „Alix so leid es mir tut, ich muss dabei zwei, mir wahrlich wichtige Aspekte einbeziehen. Erstens: Ich will mein neuerdings so gutes Einvernehmen mit meinen Eltern keineswegs wieder gefährden. Es könnte sogar sein, dass wenn ich dem Turnerschen Ansinnen nicht zustimme, ich nicht einmal mehr zum Nachfolger meines Vaters würde, und so vor dem Nichts stünde. In dieser Situation eine Familie zu gründen, wäre mir dann unmöglich, ja ein Unding. Zweitens: Ich müsste mir, und das völlig zu Recht, von unseren Mitarbeitern vorhalten lassen, aus Eigensucht eine einmalige Chance vereitelt zu haben bei der noch dazu vielen unserer Mitarbeiter ihr fester Arbeitsplatz erhalten geblieben wäre. Außerdem, und dieser Gesichtspunkt ist nicht zu unterschätzen, würde sich dadurch auf längere Sicht unsere Position im Markt erheblich verdüstern. Alix, Du ahnst es schon, dieses Opfer kann und will ich nicht erbringen! Daher gebe ich Dich schweren Herzens frei.“ Er vermied es jetzt Alicia anzublicken, hielt sich krampfhaft am Whiskyglas fest, seinem Mutmacher. Sein Unbehagen und sein schlechtes Gewissen verunsicherten ihn sichtlich, oder war es doch eher Feigheit?

Obwohl sich Alicia in den letzten Wochen innerlich weit von Alan entfernt hatte, musste sie jetzt heftig schlucken. Mit einer so eindeutigen Aussage hatte sie überhaupt nicht gerechnet. Hätte Alan ihr diese „Kunde“ vor ihrem Sprachkurs eröffnet, dann wäre für sie eine Welt zusammengebrochen. Alle ihre Träume vom sozialen Aufstieg, einem abgesicherten Dasein in Wohlstand und gesellschaftlichem Ansehen, hätten sich in Schall und Rauch aufgelöst. Aber wie war es jetzt? Wenn sie es so richtig überdachte und sich ehrlich eingestand, fühlte sie sich eher erleichtert. Nun musste sie nicht mehr zwischen Alan und Tassilo, oder treffender gesagt, zwischen „Versorgung“ und Liebe entscheiden. Es lag nicht mehr an ihr, dass die Beziehung mit Alan in die Brüche ging, sondern alleine an ihm. Oder eigentlich zutreffender, an einem nicht zu erwartenden Angebot von Charles Turner. Zwar könnte sie zum Schein noch einmal heftig in Alan dringen und ihn an ihr bisheriges Einvernehmen erinnern! Aber das erschien ihr jetzt so scheinheilig wie unfair zu sein. Was sollte sie ihm denn sonst noch entgegnen? Wozu ihm nun eingestehen, dass sie sich mit einem anderen Mann eingelassen hatte? Das war nun wahrlich nicht mehr von Bedeutung. In diese Gedanken hinein drangen Alans fast flehenden Worte: „Alix versteh mich doch, ich habe keine andere Wahl. Es tut mir ja wirklich leid um Dich, aber ich habe es mir doch wahrlich nicht leicht gemacht!“ Was sie nun überraschte und besänftigte, Alan hatte feuchte Augen, es ging ihm also wirklich nahe.

Wie wenn sie nicht zu ihr gehören würden, so flossen nun ihre Worte. „Alan, Du musstest einem übergeordnetem Interesse folgend eine schwere, eigentlich alternativlose Entscheidung treffen. Es ging dabei ja nicht nur um Dich, sondern auch um Deinen Vater und die Zukunft seines Unternehmens. Ich merke sehr wohl, dass sie Dir nicht leicht gefallen ist, und das spricht für Dich. Aber eine Tatsache ist damit nicht aus der Welt geschafft, sie fiel leider gegen mich aus, und daher auch gegen unsere Beziehung. Ich muss künftig damit leben, von Dir - wie Du es formuliert hast - freigegeben zu sein. Aber eigentlich hast Du mir den Stuhl vor die Tür gestellt. Doch das Ganze ist nun mal bereits Geschichte und somit mein Problem, wie es heutzutage so lapidar heißt. Ich nehme es als nicht mehr zu ändern hin, und als eine Entscheidung, die weniger mit mir als Person zu tun hat, als mit einer zuvor nicht für möglich gehaltenen Chance!“

„Alix, können wir denn trotzdem gute Freund bleiben, mir läge viel daran?“ Alicia nickte: „Alan, ich denke schon, ich kann Dich ja verstehen und trage weder Dir noch Deinen Eltern etwas nach. Ich verbinde unsere gewandelte Freundschaft allerdings mit einer Bitte. Können wir uns wegen der unausbleiblichen Rückfragen auf folgende Sprachregelung verständigen? Wir hätten uns auseinandergelebt, seien zwar kein Paar mehr, aber nach wie vor gute Freunde geblieben. So kann jeder von uns sein Gesicht wahren und dem anderen danach wieder offen in die Augen schauen. Außerdem befreit es so die mir sympathische Harriet vor eventuellen Schuldgefühlen!“ Diese Regelung spielte auch Alan in die Karten, der es ihr gerne versprach. Sichtlich erleichtert streckte ihr Alan die Hand hin, dankte ihr für ihre Haltung und ihr Verständnis.

„Alix, Du bist wirklich eine besondere Frau. Ich danke Dir für Dein Verständnis und Deine Freundschaft.“

Die eingetretene Stille durchbrach Alicia, die sich nun ebenfalls einen Whisky bestellte. Das nahm Alan als Zeichen dafür, dass auch ihr das Gespräch und dessen Botschaft zugesetzt hatten. Alicia durchbrach das Schweigen: „Alan, ich kenne Harriet nur flüchtig, obwohl sie häufig bei uns Blumen kauft. Sie ist, zumindest so wie es vordergründig den Anschein hat, ein liebes Mädchen, und sie darf sich nicht als „Objekt“ in einem Kuhhandel fühlen. Harriet Turner hatte sicher auch ihre Träume und Illusionen, daran würde ich anknüpfen. Kaufe ihr nachher einen schönen Blumenstrauß, es muss ja nicht gerade bei uns sein. Du machst Harriet damit sicher eine Freude und vielleicht glimmt bei ihr dann ein Fünkchen Hoffnung auf. Das wäre meines Erachtens trotz allem ein guter Anfang, der Weiteres nicht verstellt.“

Als Alicia danach in ihren Mini stieg, sah sie aus den Augenwinkeln, wie Alan auf das Blumengeschäft der Marleys zusteuerte. Er wollte also ihren Rat sofort in die Tat umsetzen. Das ist wenigstens ein gutes Ergebnis aus diesem Gespräch, schoss es ihr durch den Kopf. Doch dann musste sie sich eines eingestehen, sie selbst war zuvor weder ehrlich noch offen gewesen. Sie hatte sich wieder einmal als die Überlegene geben müssen. Das war weder fair, noch entsprach es ihrem eigentlichen Wesen. Sie hatte sich außerdem geschickt dem Eingeständnis entzogen, sich innerlich von ihm entfernt zu haben. Ja, sie war sogar heilfroh froh darüber gewesen, diese Aussage nun nicht mehr machen zu müssen. Auf der kurzen Fahrt nach Hause redete sie sich ins Gewissen: „Alix, derart feige und „taktierend“ darfst Du Dich nicht mehr verhalten. Das musst Du gegenüber Alan bei einer späteren Gelegenheit unbedingt wieder korrigieren!“

***

Damit war Alicia jetzt zwar frei von Alan, aber noch lange nicht soweit, um auf der Stelle und mit fliegenden Fahnen zu Tassilo „überzulaufen“. Dabei lag es gewiss nicht an Tassilo, es war sein Heimatland, das sie ängstigte. Zuviel Negatives hatte sie über dieses Deutschland gehört und gelesen. Sie telefonierte jetzt häufiger als sonst mit ihren Freundinnen, und Margaret sah sie an jedem zweiten Tag. Alle drei begrüßten einhellig die Trennung von Alan, rieten ihr auch auf Tassilo zuzugehen. Aber Alicia war sich nach wie vor unschlüssig, sie stand vor einem Berg voller Bedenken und sah noch immer keinen richtigen Ausweg. Konnte es denn nicht auch sein, obwohl sie das für unwahrscheinlich hielt, dass Tassilos Liebe zu ihr dem Alltag nicht standhalten würde? War es denn völlig auszuschließen, dass diese Liebe nur von der Ferienstimmung beflügelt wurde, und nicht auf Dauer angelegt war? Wenn er sich allerdings nachhaltig und „hartnäckig", so wie er ihr angekündigt hatte, um sie bemühen und werben würde? Ja, nur dann wäre sie bereit, sich voll und ganz auf eine Beziehung mit Tassilo einzulassen.

Jeden Tag erhielt Alicia von Tassilo lange und liebevolle E-Mails. Und jeden zweiten Tag rief er sie an, dies waren Lichtblicke in ihrer schwermütigen Stimmung und Meilensteine auf dem Weg hin zu ihm. Als dann noch ein langer Liebesbrief eintraf, da hatte sie etwas aus seiner Hand, was sie immer wieder lesen konnte und wollte. Doch damit begnügte Tassilo sich nicht, denn zwei Tage später erhielt Alicia ein kleines Wertpaket zugestellt. Als sie es öffnete, da strahlte ihr ein erlesenes Schmuckstück entgegen und machte Alicia so sprachlos wie glücklich. Den herzförmigen Anhänger zierte ein echter Rubin, sie legte ihn sofort um den Hals und wollte ihn nicht mehr ablegen. Welch ein großer Liebesbeweis! Und das konnte er, der „arme" Architekt sich leisten? Vielleicht hatte Tassilo gespart und „opferte" seiner Liebe, und damit ihr, diese Summe?

Per Fleurop sandte er ihr wenig später – und das auch noch gezielt über Alicias elterliche Firma Whittaker&Henderson - einen großen Strauss dunkelroter Rosen. Tassilo war es also wirklich ernst mit seiner Liebe! Er bemühte sich so überzeugend um sie, dass Alicias Bedenken immer mehr verblassten. Ausgerechnet Alicias Mutter, die sich gerade unten im Betrieb aufgehalten hatte, nahm diese telegrafische Blumenbestellung selbst entgegen, und dies mit überaus zwiespältigem Empfinden. Innerlich heftig mit sich ringend, nahm sie danach den frisch gebundenen herrlichen Strauss entgegen und brachte ihn hinauf in das Büro ihrer

Tochter. An deren großer Freude konnte sie jetzt unmittelbar erkennen, wie sehr ihre Alicia an diesem fremden deutschen Mann hing.

Das löste bei Frau Whittaker den letzten inneren Sperrriegel, sie warf alle ihre Vorbehalte über Bord. Das Glück ihrer Tochter musste über allem stehen! Auch über ihren kleinlichen Bedenken und den eigenen Vorbehalten gegenüber den Deutschen, das war sie ihrer Alicia schuldig. Sie schloss ihre Tochter in die Arme und überraschte Alicia mit einem ungewöhnlichen Vorschlag: „Darling, was würdest Du denn davon halten, wenn wir, Du, Daddy und ich, bald für ein verlängertes Wochenende nach München fliegen würden? Dann können auch wir uns ein Bild von diesem Tassilo machen und eventuell sogar seine Eltern kennen lernen. Vielleicht ist dieses uns so unbekannte Deutschland doch ganz anders und positiver, als es unsere Medien darstellen."

***

Zwei Wochen später war es dann fast soweit, das Flugzeug durfte in München nicht sofort landen und musste erst noch eine große Schleife ziehen. So konnten die Whittakers einen staunenden Blick auf die Kette der Alpen werfen und die großen Seen vor den Toren Münchens von oben sehen. Strahlendes Sommerwetter empfing sie in dieser Stadt, das versprach schon von daher ein besonderes Erlebnis in diesem ihnen fremden Land. Alles dauerte Alicia nun zu lange, das Aussteigen und Warten auf den Rollfeldbus, wie das auf die Koffer, aber endlich hatten sie es geschafft. Die aufgeregte Alicia drückte ihrem Vater kurz vor dem Ausgang ihren Koffer in die Hand und stürzte sich in die Arme eines hochgewachsenen jungen Mannes. Unbekümmert um all die Wartenden und Ankommenden begrüßte sie ihren Tassilo so stürmisch wie liebevoll. Daraus durfte nicht nur er, sondern auch ihre Eltern ihre ganze Erleichterung und Liebe ableiten. Mutter Whittaker berührte die überschäumende Freude ihrer Tochter und auch ihr Mann freute sich für seinen Liebling. Nun vermochten sie sich selbst ein Bild von diesem geheimnisvollen Tassilo Floriani machen, und was sie jetzt zu sehen bekamen, das gefiel ihnen auf Anhieb. Gut aussehend und bestens gekleidet war er, und was ihnen noch besser gefiel, er freute sich riesig über Alicias Erscheinen. Dieser Deutsche beeindruckte sie schon mal positiv, er schien wirklich ein netter junger Mann zu sein. Aber seine Eltern, für die sie vorsichtshalber den großen Blumenstrauß mitgenommen hatten, wie waren denn die? Würden sie diese überhaupt kennenlernen, und wenn, was waren das für Leute?

Tassilo löste sich von seiner Alicia und wandte sich deren Eltern zu. Vor ihm stand eine dunkelblonde, mittelgroße und nicht mehr so ganz schlanke Frau mit einer leicht rötlichen gesunden Gesichtsfarbe, so wie sie jenen Menschen zu eigen ist, die viel im Freien arbeiten. Bernsteinfarbene Augen blickten ihn neugierig aber auch wohlwollend an. Als sie dann lächelte und sich für das freundliche Willkommen bedankte, da blitzte ihre unkomplizierte herzliche Art auf. Einst musste sie eine gut aussehende Frau gewesen sein. Tassilo dankte Frau Whittaker für ihre gute Idee mit dem ihm so hochwillkommenen Besuch. Bei Alicias Vater bedankte er sich dafür, dass er sich dieser Idee sofort angeschlossen hatte. Das ließ sich ja schon mal bestens an, dachte Alicias Vater. Der junge Mann sieht nicht nur beeindruckend gut aus, er hat auch Stil und spricht zudem ein vorzügliches Englisch. Damit hatten sich gleich zwei seiner Bedenken in Luft aufgelöst. Als der Freund seiner Alicia gar noch eine Einladung seiner Eltern zum Abendessen aussprach, da begann sich für ihn ein weiterer Punkt zu klären. John Whittaker war ein hochgewachsener, athletisch gebauter Mann mit schwarzen Haaren und den hellen Augen, die seine Tochter von ihm geerbt hatte. Seine buschigen schwarzen Augenbrauen vermittelten einen eher ernsten Eindruck, doch dies täuschte. Dahinter steckte ein fröhlicher Geselle, der anscheinend für jeden Spaß zu haben war.

Zu seiner Freude musste John Whittaker, der bekennende „Autonarr“, nicht in dem von Alicia angekündigten alten VW-Käfer Platz nehmen. So erfreut wie erstaunt durfte er sich sogar einem großen BMW anvertrauen, der noch dazu mit allem erdenklichen Luxus ausgestattet war. Als er Tassilo scherzend fragte, ob er sich denn diesen teuren Wagen ausgeliehen habe, um auf sie einen guten Eindruck zu machen, lachte Tassilo lauthals mit. „Da müssen Sie schon meinen Vater fragen, der hat mich gebeten, heute für Sie sein etwas geräumigeres Auto zu nehmen.“ Das war wirklich ein tolles Auto, fand John Whittaker, dem die ungewohnt flotte Fahrt auf der Autobahn sichtlich zusagte. Tassilo bedauerte hingegen, dass auf diesem Streckenabschnitt das Tempo leider begrenzt sei, auf einer freien Strecke würden sie ihr Ziel etwas schneller erreichen können. Mary Whittaker wendete jedoch ein, es würde ihr auch jetzt schon sehr schnell vorkommen, sie sei noch nie zuvor mit ähnlicher Geschwindigkeit auf einer Strasse vorangekommen.

Alicia hatte sich direkt hinter Tassilo gesetzt und strich ihm immer wieder verstohlen über das Haar oder die Wangen. Ihrer neben ihr sitzenden Mutter entging das nicht, obwohl sie sich einen Eindruck von der Landschaft an der Autobahn machen wollte. Ihre Tochter lebte plötzlich wieder auf, die gewohnte Fröhlichkeit hatte den Schleier der Trauer endlich abgestreift. Sie hatte ihre Alicia selten so glücklich erlebt. Ob ihre Tochter überhaupt etwas von dem mitbekam, was um sie herum geschah? Wohl eher nicht, denn im Mittelpunkt ihres Interesses stand eindeutig Tassilo. Der machte sie nach einigen Minuten flotter Fahrt auf ein eigenartiges großes Gebilde aufmerksam. Hinter dieser mächtigen Kunststoffhülle würde sich das Stadion des FC Bayern München verbergen. Einige Augenblicke später fuhren sie entlang einer die Sicht raubende, nach innen gewölbte Lärmschutzwand. Als kurz darauf der Blick wieder frei schweifen konnte, lag auf der hoch aufragenden Autobahnbrücke die Silhouette der Stadt vor ihnen. Erst einmal bestätigte sich die Erwartung der Whittakers, auch diese Stadt wurde von Hochhäusern geprägt, so wie eben alle Großstädte. Doch als sie bald darauf wieder von der Autobahn abfuhren und in eine breite Stadtstrasse einbogen, verwischte sich dieser Eindruck.

Der Fahrer machte, dem Wunsch seiner Gäste gerne folgend, einen kleinen Umweg durch Münchens Innenstadt. Nach einem großen Triumphtor, das sie umfahren hatten, veränderte sich der Anblick. Selbst die so auf Tassilo fixierte Alicia staunte über diese großzügigen Strassen, Plätze und Bauten. Tassilo fuhr jetzt bewusst langsam, um seinen Gästen einen besseren Ausblick möglich zu machen. Und der lohnte sich allemal, wie die davon sichtlich beeindruckten Whittakers fanden. Was für eine schöne Stadt bot sich ihren Blicken dar. Natürlich führte ihnen Tassilo deren Schauseite vor, aber selbst die, seines Erachtens weniger vorzeigbaren Seiten Münchens, konnten sich in den Augen der drei Engländer durchaus sehen lassen. Alles in allem empfanden sie diese drittgrößte

Stadt Deutschlands als eine schöne und sie beeindruckende Stadt. Dieser Eindruck verlor sich auch nicht, als sie die Innenstadt wieder verließen, um in Richtung Westen zu fahren. Es dauerte nicht lange, nach einer guten Viertelstunde erreichten sie das Villenviertel, in dem Tassilo lebte. Auch das kleine gemütliche Hotel fiel hierbei nicht aus diesem Raster. Es lag in einer stillen Strasse und, wie sie bald darauf feststellen konnten, nahe am Schlosspark Nymphenburg. Dem Anschein nach hatten sie es gut getroffen und durften mit einer ruhigen Unterkunft rechnen.

Nachdem sie sich eingerichtet hatten, nahmen Tassilo und Alicia die Eltern Whittaker wieder in Empfang, um mit ihnen einen Spaziergang zum Schloss zu unternehmen. Das war für sie nur ein kurzer Weg die Gasse hinab und dann nahm sie die linker Hand zum Schloss führende Allee auf. An ihr entdeckten sie drei Restaurants und ein Cafe und rätselten in welchem dieser Gaststätten sie wohl heute Abend mit Tassilos Eltern speisen würden? Beim Italiener, dem Franzosen oder in dem Deutschen? Nun, das würden sie ja noch erfahren, erst einmal waren sie höchst neugierig auf das angekündigte Schloss. Das hatte sie schon in dem Stadtführer über München beeindruckt, und nun durften sie es sogar noch vor allen anderen Sehenswürdigkeiten mit eigenen Augen sehen.

Das große Schloss trat bald darauf in ihr Blickfeld. Vor ihm erstreckte sich ein weitausgreifender Halbkreis, den schmucke Kavaliershäuser säumten und die einen, von Wiesen, Wegen und Wasserläufen belebten, freien Raum umschlossen. Was für ein nie erwarteter Anblick. Als sie nach wenigen Schritten direkt vor dem riesigen aber dennoch nicht wuchtig wirkenden Schloss standen, konnten sie dessen prächtige Fassade studieren, und es selbst und seine Flügelbauten auf sich wirken lassen. Nach einer Weile wendeten sie sich um, ihre Blicke folgten den vom Schlosskanal geteilten, sich in der Ferne verlierenden Auffahrtsalleen. Eine hoch aufsteigende Fontäne, setzte in ihrem großen Bassin vor dieser langen Wasserstrasse einen besonderen Akzent. Schwäne, Gänse und die hier so weit innen im Festland nie erwartete Möwen belebten das Wasserbecken wie den von ihm abgehenden und etwas tiefer liegenden Schlosskanal. Tassilo schilderte ihnen, dass der Kanal an Wintertagen nach anhaltendem Frost eine Eisdecke ausbilden würde, die dann Schlittschuhläufer und Eisstockschützen bevölkerten. Er machte sie noch auf den Giebel eines Gebäudes am rechten Ausgang des Rondells aufmerksam. Er war hinter dem letzten der Kavaliershäuser der rechten Seite gerade noch zu erkennen. Dort habe er die Grundschule besucht und wäre an jedem Schultag, hier entlang von und nach seinem Elternhaus gegangen. Als Kind sei dieser Anblick für ihn so gewohnt wie selbstverständlich gewesen. Heute würde er allerdings oft hierher kommen und diesen Anblick bewusst auf sich wirken lassen. Es sei für ihn ein großes Glück, all dieses Schöne so nahe bei seiner Wohnung zu wissen.

Die Whittakers konnten es nicht fassen, dieses riesige und schöne Schloss, mit all seinen großzügigen Anlagen lag unweit der Haustüre Tassilos. Mary Whittaker spann den Gedankenfaden weiter: Könnte es denn nicht sein, dass ihre Tochter, so sie Tassilo heiraten würde, hier leben dürfte? Ihre Enkel würden dort drüben zur Schule gehen, so wie einst ihr Vater. Was für ein schöner und sie belebender Gedanke. Sie hatten dann dieses Ambiente täglich vor Augen, lebten hier, trotz der nahen Stadt, fast wie auf dem Lande. Der Rückweg vertiefte diesen Eindruck noch, denn er führte sie in den Parkbereich hinein. Wie Tassilo ihnen erklärte, sei der weitläufige Schlosspark mit seinen Wiesen, Wäldern und Seen als Englischer Garten angelegt worden. Er warte zudem an vielen Stellen mit besonderen Anziehungspunkten auf, dazu zählten drei kleine Schlösser, ein Rundtempel und eine als solche erbaute Ruine. Die Gartenseite des einstigen Sommerschlosses der Bayerischen Könige hatten die drei Gäste zuvor noch eingehend bewundert. Das galt auch für den direkt vor diesem liegenden Französischen Garten mit Blumenrabatten, Fontäne und steinernen Statuen. Den ausgedehnten Park streiften sie allerdings nur, kamen dabei auch noch an dem Rokokoschlösschen Amalienburg vorbei. Dessen Inneres entzückte die Whittakers, ein solches Kleinod hatten sie hier nicht erwartet. Nach der Besichtigung befanden sie sich nur wenige Schritte weiter bereits am Parkausgang und damit auf einmal wieder unweit des Hotels.

Tassilo hatte nach Absprache mit Alicia dort zwar ein Zimmer für ihre Eltern gebucht, aber keines für sie. Sie wollte und sollte unbedingt bei ihm wohnen, was ihre Eltern keineswegs verwunderte, denn Alicia hatte ihnen inzwischen alles „gebeichtet“. Sie stellten Tassilo jedoch die Frage, ob seine Eltern damit einverstanden seien. Er lachte, aber keineswegs verlegen: „Ich weiß es wirklich nicht, die fragen Sie heute Abend am besten selbst danach." Er wollte ihnen ja nicht aufdecken, dass Alicia nicht die erste junge Dame war, die bei ihm nächtigte. Tassilo erklärte den Eltern Whittaker dann auf ihren Wunsch hin noch einmal den Weg zum Eingang in den Nymphenburger Schlosspark und weiter bis zum Schloss. Es könnte ja sein, dass sie, die Frühaufsteher, am Morgen diesen Weg noch einmal gehen wollten. Tassilo und Alicia würde sie heute um 18.30 Uhr im Hotel abholen. „Fast hätte ich vergessen es auszurichten, wir sind heute Abend nicht in einem Restaurant sondern bei meinen Eltern zu Gast! Deren Haus liegt gerade mal zwei Straßen weiter."

Tassilo erahnte den Wunsch seiner Alicia und wusste um ihre Fragen, daher fuhr er zuerst einmal bei seinem Elternhaus vorbei, um sie seinen Eltern vorzustellen. Alicia fragte sich bang: Wie würde sie, die fremde Engländerin, hier aufgenommen werden? Tassilo fuhr den Wagen seines Vaters auf die Rückseite des Anwesens, um ihn in der Garage neben einem BMW-Cabriolet zu parken. Dank Tassilos Hausschlüssel schlüpften sie unbemerkt ins Haus hinein. Tassilos Mutter trafen sie in der Küche an, die feine schlanke Frau mit den silbernen Haaren hatte sich eine Schürze umgebunden und war gerade dabei den Zustand des Bratens zu überprüfen. Ein wenig überrascht war sie schon über die so plötzlich in ihrer Küche auftauchende junge Frau. Tassilos Mutter machte es Alicia ganz leicht als sie Alicia in ihre Arme schloss und sagte: „Liebe Alicia, willkommen bei uns, wir freuen uns doch schon so auf Sie und ihre Eltern. Mein Tassilo ist, seitdem er weiß, dass Sie kommen werden, wie verwandelt. Er lacht endlich wieder und verbreitet die gewohnte Heiterkeit um sich." Als Alicia Frau Floriani fragte, ob sie nachher nicht etwas früher kommen solle, um ihr noch zu helfen, da hatte sie bei Tassilos Mutter schon gewonnen. „Alicia, das ist sehr lieb von Ihnen, aber meine beiden Töchter kommen doch deswegen extra etwas früher. Die Neugierde treibt sie zusätzlich her, die beiden wollen doch mit eigenen Augen sehen, welches Mädchen ihren sonst so gelassenen Bruder „derart aus dem Gleichgewicht" gebracht hat." In ihr Lachen konnte Alicia erleichtert mit einstimmen, denn diese Antwort sagte ihr zu. Tassilo hatte also seinen Eltern und Schwestern von ihr erzählt, und er musste sie ihnen wohl im besten Licht dargestellt haben. Frau Floriani war nicht nur eine feine und herzliche Frau, sie musste in ihren jungen Jahren auch sehr attraktiv gewesen sein. Die blauen Augen hatte Tassilo von ihr geerbt und auch die schlanken Hände. „Tassilo, der Papa kommt etwas später, obwohl auch er es nicht erwarten kann, Deine Alicia kennen zu lernen. Er war allerdings darauf eingestellt, dass Alicia erst nachher mit ihren Eltern kommen würde.“

Anschließend lernte Alicia die unweit seines Elternhauses liegende Wohnung ihres Tassilo kennen. Sie befand sich im Erdgeschoß eines schönen alten Doppelhauses. Dieser Teil des großen Hauses erstreckte sich zudem noch in einem Winkel zur Gartenseite hin. Darum wissend, dass München die teuerste und dennoch die am meisten nachgefragte Stadt Deutschlands war, nahm sie an, dass er nur eine kleine Single-Wohnung gemietet haben konnte. Doch darin hatte sie sich gleich doppelt getäuscht. Die großzügige, helle Altbauwohnung verfügte über mehr Zimmer als ein Junggeselle eigentlich bewohnen sollte, und sie gefiel ihr ausnehmend gut. Sie blickte hinaus in den lichten Garten, der zur Wohnung gehörte, ihn prägte ein mächtiger Baum mit einer rundum laufenden teuren englischen Bank. Gut im Blickfeld zeigte sich ein Spielplatz, was sie verwunderte. „Alix, wir Florianis sind eine große Familie und dazu gehören auch kleine Kinder. Meine kleine Nichte und mein noch kleinerer Neffe spielen gerne darin und wir Geschwister haben dann wenigstens für kurze Zeit Ruhe vor ihnen.“ Zwei unmittelbar nebeneinander liegende und recht geräumige Garagen waren in das Untergeschoß einbezogen. Darin parkte nicht nur der Alicia schon bekannte Oldtimer VW-Käfer-Cabrio sondern auch noch ein neuer Fünfer BMW. Mehrere und sicher nicht billige Fahrräder lehnten an den Wänden. Wem denn diese gehören würden, und vor allem das tolle Auto, wollte sie wissen. „Carissima, auch mir“ bekam sie zur Antwort, was bei ihr schon wieder eine Frage aufwarf und ihm ein wissendes Lächeln ins Gesicht zauberte.

Das, was sie jetzt zu sehen bekam, setzte bei Alicia noch ein weiteres Fragezeichen. War ihr Tassilo vielleicht wider Erwarten doch ein vermögender Mann? Hatte sie etwas zu voreilig von seinem alten VW-Cabrio darauf geschlossen, er könne sich kein neues Auto leisten? Was sich jetzt offenkundig als Trugschluss herausstellte. Sie wollte daher von ihm wissen, wie viel Miete er denn für diese traumhafte Wohnung bezahlen müsse? Tassilo lächelte wieder etwas „gönnerhaft“, er kannte ja inzwischen Alicias materielles „Absicherungsbedürfnis“. „Cara, überhaupt nichts, denn sie gehört mir. Meine Großmutter hat mir das ganze Haus geschenkt. Ich bekomme daher auch noch Miete von den anderen beiden Wohnungen im Haus.“ Da musste Alicia erst einmal „schlucken“, schon wieder durfte sie einen ihr wichtigen Punkt „beerdigen“. Alicia, die eine Schwester und einen Bruder hatte, fasste nach: „Und Deine Schwestern, sind die denn leer ausgegangen?“ Tassilo lachte fast belustigt auf: „Aber Cara, wo denkst Du denn hin, so etwas ist bei uns völlig unvorstellbar. Die beiden haben in unserem Viertel gleichwertige Häuser erhalten. Du brauchst Dich darüber nicht zu wundern, es ist leicht zu erklären. Meine Eltern stammen beide aus alteingesessenen vermögenden Familien. Sie kannten und mochten sich schon in der Grundschule. Unsere Omi, der die ans uns Enkel verschenkten Häuser gehörten, lebt überwiegend im von der Sonne verwöhnten Schweizerischen Tessin. Sie hat für sich nur noch eine kleinere Wohnung in unserer Nähe behalten, die sie jedoch nur im Winter bewohnt.“

In Tassilos geräumiger Wohnung ließ es sich wahrlich gut leben, das schoss Alicia durch den Kopf. Damit hatte sich für sie eine weitere bedrängende Frage erledigt. Zu den Armen zählte ihr Tassilo zu ihrer Erleichterung also wahrlich nicht! Zwar blieben noch immer einige Fragen offen, doch diese würden sich, davon ging sie zuversichtlich aus, am heutigen Abend weiter eingrenzen. Aber seitdem sie ihren Tassilo wieder hatte, erübrigten sich diese Fragen eigentlich fast; und ihre größten Bedenken verflüchtigten sich schon in der Küche seiner Mutter. Alicia wollte Tassilo jetzt ohne wenn und aber, ob arm oder reich. Seine herzliche Mutter machte es ihr zudem noch um einiges leichter. Den besonderen „Lernplatz“, den wollte sie dann aber jetzt schon sehen und gleich einmal ausprobieren. Als die beiden Liebenden sich dann schwer atmend wieder von einander lösten, ging es mit dem Kennenlernen der Wohnung weiter. Es gab in der Wohnung zwar auch ein Gästezimmer, doch das war für sie weder heute Nacht noch irgendwann sonst vorgesehen. Alicia spann ihre Gedanken weiter, hier könnten ja später einmal ihre Eltern, oder die Geschwister und Freundinnen übernachten, was ihr gut gefiel.

Pünktlich kamen die sich lebhaft unterhaltenden Gäste die Strasse herab, geführt von Tassilo, der ihren vorsorglich aus Lancaster mitgebrachten großen Blumenstrauß trug. Den alten Whisky, den John Whittaker dem Hausherrn verehren wollte, trug Alicias Vater selbst. Die drei Frauen der Florianis kämpften erst gar nicht gegen ihre Neugierde an und linsten leicht verstohlen aus dem Fenster in den Garten hinaus. Das Interesse der Mutter galt dabei den Whittakers und ihrem Aussehen, das ihrer Töchter primär der Auserkorenen ihres Bruders, und alle drei gewannen, zumindest auf den ersten Blick, einen guten Eindruck. Da traten keine aufgeputzten „Herrschaften" durch das Gartentor herein, sondern ganz „normale" und gediegen gekleidete Gäste. Ihre drei Männer bekamen davon noch nichts mit, sie kümmerten sich derweilen im Esszimmer noch um die Getränke und der Hausherr schnitt gerade das Baguette.

Als es klingelte, da stand Frau Floriani an der Eingangstüre und begrüßte die etwas befangen wirkenden Gäste in bestem Englisch so liebenswürdig, dass ihnen Steine vom Herzen fielen. Als sich danach auch die anderen fünf Familienmitglieder als freundliche, ja herzliche Menschen zeigten und der Dame des Hauses darin nur wenig nachstanden, da war das Eis gebrochen. Johannes Floriani hielt die Hand von Alicia länger als üblich und blickte ihr prüfend ins Gesicht. „Liebe Alicia, mein Tassilo hat nicht übertrieben, als er von Ihnen als einem bildschönen Mädchen sprach. Aber mein Sohn hätte ruhig auch noch herausstreichen können, welch warmherzige Ausstrahlung sie haben. Ich bin jetzt beruhigt, denn ich trug bisher große Bedenken. Nun kann ich ja meine Vermutung eingestehen. Ich befürchtete schon, dass es sich nur um eine überstürzte und aus einer Ferienlaune heraus entstandene Liebelei handeln würde."

Professor Floriani, wegen seiner direkten Art manchmal gefürchtet, hatte dieses Mal alles richtig gemacht, Alicia fühlte sich sichtlich erleichtert. Sie hatte, als Tassilo preisgab, seine frühere feste Freundin Kathrin sei seinen Eltern nicht willkommen gewesen, fälschlich darauf geschlossen, jede Freundin Tassilos würde auf Ablehnung stoßen. Und nun dieses so andere Gefühl. Auch sein, ihr von Tassilo als eher streng geschilderter Vater hegte keine Vorurteile gegen sie. Er war ein langer, etwas hagerer Mann mit graumeliertem kurzgeschnittenem sich bereits lichtendem blondem Haar. Auffallend an ihm war der kräftige Schnurrbart unter der schmalen Nase, eine randlose Brille „ritt“ in halber Höhe auf ihr und ließ die wachen graublauen Augen frei. Die hohe Stirn unterstrich den intellektuellen Eindruck. Erst auf dem Weg zu seinem Elternhaus hatte Tassilo den Whittakers – und das eher beiläufig - mitgeteilt, dass sein Vater ein großes Architekturbüro unterhielt und zudem noch eine Professur an der TU innehatte. Seine Aussage verstärkte erst einmal deren Befangenheit, zumal auch Tassilo auf ihre Nachfrage hin einräumen musste, dass er selbst promoviert hatte.

Doch von akademischer Steifheit war in dem vornehmen, aber behaglich eingerichteten großen alten Haus schon überhaupt nichts zu spüren. Dadurch, dass die Florianis die beiden ihnen gehörenden Doppelhäuser innen miteinander verbunden hatten, verfügten sie über eine riesige Wohnfläche. Die Whittakers, die selbst relativ beengt wohnten und aus ihrer Heimat in der Regel nur Häuser mit wenig Wohnfläche kannten, beeindruckte dieses Haus und verunsicherte sie anfangs auch ein wenig. Während des Spaziergangs durch das Villenviertel auf dem Weg zum Park war ihnen eines aufgegangen, hier lebten offensichtlich überwiegend wohlhabende Leute. Der Schluss, dass die Floriani dazu gehören mussten, drängte sich ihnen zwangsläufig auf. Damit hätte sich zwar eine ihrer Fragen beantwortet, doch es warf gleich eine neue auf. Verhielten sich Tassilos Eltern denn dabei auch so ähnlich wie die Oberschicht in England? Vordergründig zwar freundlich, aber ansonsten jedoch eher auf Distanz bedacht? Sie hatten aufgrund ihrer Tätigkeit häufig mit diesen Herrschaften zu tun. Eine große Ausnahme gab es jedoch auch hier, Margaret Redfords herzliche Eltern. Als Gärtner betreuen sie zwar auch deren parkähnlichen Garten, aber als Menschen waren sie sich darüber hinaus auch freundschaftlich verbunden. Ihre Alicia ging dort ein und aus, wie auch Margaret bei den Whittakers.

Von Lancaster her kannten sie zwar auch freistehende Häuser mit großen Gärten, zumeist jedoch dominierten monoton wirkende Ketten von Reihenhäusern das Stadtbild. Und hier dieser so andere, vornehme und gepflegte Anblick. Dieser Eindruck vertiefte sich beim Rundgang in der Wohnung der Florianis, um den sie verschämt gebeten hatten. Überall hingen Bilder, schmückten Blumen die Räume, von denen einer die reich bestückte Bibliothek war. Alles wirkte gewachsen und stilvoll, war keineswegs darauf angelegt, andere beeindrucken zu wollen. Dies gediegene Haus, verbreitete behagliche Wohnlichkeit. Zu ihm gehörte auch ein schöner Vorgarten und ein parkähnlicher Garten hinter dem Haus, den selbst die beiden Garagen nicht beeinträchtigten.

Alle gingen mit den Whittakers so um, als würden sie diese schon lange und gut kennen. Die Schwestern Tassilos und seine Schwäger hielten sich anfangs etwas zurück, denn es ging ja in erster Linie darum, dass sich die Eltern kennen lernen konnten. Mit Alicia wurden sie alle schnell warm, diese junge Engländerin war wirklich ein „Goldstück“. Kein Wunder, dass es ihren Tassilo so sehr „erwischt“ hatte. Die Whittakers fühlten sich in diesem Kreis zunehmend wohler und akzeptiert, sie brachten sich ihrerseits immer mehr ein. Die Väter, beide humorvolle Männer, vertrieben bald die letzten Schwaden der Befangenheit. Völlig selbstverständlich halfen nicht nur die beiden Töchter der Hausfrau. Beim Auftragen des Essens wie beim Abtragen des benützten Geschirrs des mehrgängigen Mahles, machte sich auch Alicia nützlich. Frau Whittaker wurde es hingegen verwehrt, sie sei schließlich ein besonderer Gast.

Wie es nicht anders sein konnte, loteten die beiden Familien danach den ihnen noch unbekannten Hintergrund der anderen aus. Die Whittakers erfuhren, dass sie es hier sogar mit fünf Architekten zu tun hatten, denn auch Frau Floriani, Tochter Beatrix und ihr Mann Christian Lang hatten diesen Beruf ergriffen. Mutter und Tochter Floriani-Lang arbeiteten allerdings nur noch bei großem Bedarf mit, und wenn, dann fast ausschließlich am Vormittag. Beide zudem in den Büros ihrer Männer. Cornelia, die etwas kapriziöse Jüngste und ihr Freund Peter studierten beide noch das Lehrfach, sie in Deutsch und Englisch, er in Mathematik und Physik.

Dann war es an den Whittakers etwas über sich zu erzählen. Sie schilderten wie mühsam ihr beruflicher Anfang gewesen war, und wie sie sich allmählich hochgearbeitet hatten. Aus einer kleinen Gärtnerei wurde eine große, und mit der Zeit kam dann noch der Versand ihrer besonderen Rosen hinzu. Seit einigen Monaten würde das Sortiment noch mit exquisiten aber erschwinglichen Gartenmöbeln und Accessoires komplettiert. „Nachdem Alicia ihr Studium beendet hatte, haben wir zu unserer Gartengestaltung auch noch mit Erfolg die Landschaftsplanung hinzugenommen. Unser Sohn Andrew wird uns bald die Geschäftsführung abnehmen und Maud, unsere Jüngste, will später ebenfalls in unseren Betrieb einsteigen. Derzeit macht sie es ihrer großen Schwester nach und studiert Gartenbau und Landschaftsplanung. Unser Geschäft läuft inzwischen zwar bestens, fordert aber uns alle. Von einem Achtstundentag können wir derzeit nur träumen. Allerdings ist unsere Schwiegertochter Carolin immens tüchtig und wächst immer besser in unser Geschäft hinein. Sie war bis vor kurzem noch als Lehrerin tätig, will aber jetzt ausschließlich ihren Mann unterstützen."

Die Eltern Floriani blickten sich vielsagend an, Alicia, die künftige Partnerin ihres Tassilos, war ja vom Fach. Wenngleich sie in einem Feld tätig war, das sie bisher bei ihren Aufträgen an andere Partner übergeben hatten. Diese Alicia, erwies sich also nicht nur als eine sehr liebenswerte junge Frau, sie würde sogar auch beruflich gut zu ihnen passen. Dass sie dazu hin noch bildhübsch war und heftig in ihren Sohn verliebt, das hatten sie ja schon längst festgestellt. Auch die Eltern Whittaker gefielen ihnen, sie machten keinen großen Wind und schienen das Herz auf dem rechten Fleck zu haben. Die Florianis konnten jetzt verstehen, dass Tassilo die Eltern seiner Freundin in sein Elternhaus einzuladen wollte. Ursprünglich hatten sie diesen Wunsch als eine ziemliche Zumutung empfunden, und ihm eher „zähneknirschend" zugestimmt. Aber ihrem „Sunnyboy" Tassilo konnten sie ohnehin nur schwer etwas abschlagen. Statt eines quälenden Besuchs durften sie nun zu ihrer Erleichterung einen in jeder Hinsicht gelungenen Abend verbuchen.

Ihre Empfehlung, sich doch morgen die beiden Schlösser Linderhof und Neuschwanstein anzusehen, stieß auf wenig Gegenliebe. Frau Whittaker gab es ohne Umschweife zu: „Wir sind vorerst nur gekommen, um uns einen Eindruck von Tassilo zu verschaffen und zu erleben wie er ist und lebt. Insgeheim hatten wir ein wenig damit geliebäugelt, auch Sie, seine Eltern, kennen zu lernen. Beide Punkte haben sich zu unserer großen Zufriedenheit bereits erfüllt. Außerdem interessierte uns in welchem Umfeld unsere Tochter vielleicht einmal leben würde. Wir kannten

Deutschland bisher nur von der einseitigen Darstellung unserer Medien her und wollten uns nun ein eigenes Bild machen. Wie wir nun überrascht und erfreut feststellen durften, ist dieses schöne Land doch ganz anders als es bei uns dargestellt wird. Es ist gepflegt, und im Gegensatz zu unserer Heimat ist hier von sozialen Problemen wenig zu sehen. Die Menschen, die wir in der kurzen Zeit erlebten, sind unerwartet freundlich und zuvorkommend. Natürlich kann das nur ein vordergründiger und flüchtiger Eindruck sein, doch er zeigt welch verzerrtes Bild uns gegenüber aufgebaut wurde. Einen Wunsch haben wir aber noch, allerdings nur wenn es keine großen Umstände macht. Wir hätten gerne die Wohnung von Tassilo und so das überhaupt möglich ist, auch seinen Arbeitsplatz gesehen." Herr Whittaker setzte hinzu, er wolle darüber hinaus gerne noch typisch Münchnerisches kennen lernen. Daraus entwickelte sie miteinander das Programm für Freitag, und danach würde man wegen des Samstags weitersehen. Herr Whittaker meinte abschließend zu diesem Punkt: „Sollte unsere Tochter irgendwann hier Fuß fassen, was wir jetzt nicht mehr ausschließen wollen, dann können wir immer noch mehr von Bayern kennen lernen. Das Flugzeug bringt uns dann ja im Nu von Manchester aus direkt hierher."

Die beiden Damen Whittaker, begleitet von Barbara Floriani, zog es am nächsten Morgen in Münchens Innenstadt. Sie, die in einer beschaulichen Stadt mit gerade einmal 46.000 Einwohnern lebten, fühlten sich beinahe überfordert von dem verwirrenden Treiben in der Fußgängerzone. Höchst selten suchten die Whittakers bisher eine der benachbarten Großstädte Preston oder Blackpool auf, und noch viel seltener zog es sie nach Liverpool oder Manchester. Zweimal in ihrem Leben war Mary Whittaker in London und ein jedes Mal froh, wenn sie der Hektik der Britischen Hauptstadt wieder entfliehen durfte. Damit verglichen ging es in München etwas gemächlicher zu, und es gab auch hier all das zu kaufen, was das Herz, besser gesagt, das Auge begehrte. Insbesondere die vornehme Maximilianstrasse hatte es ihnen angetan, die hohen Preise in den Geschäften dieser Luxusmeile schreckten sie allerdings vom Einkaufen ab. Das besorgten sie dann lieber in einer der anderen Strassen der Innenstadt. Zu Mittag aßen sie nicht, so wie sie es vermutet hatten, in dem einzigen, ihnen aus dem Fernsehen bekannten Gasthaus, dem weltbekannten „Hofbräuhaus", sondern in einem anderen und guten Bayerischen Restaurant. Sie nahmen im ersten Stock des „Spatenhauses“ an ihrem reservierten Tisch die Plätze ein und genossen von dort aus den Blick auf Oper und Residenz.

Währendessen fuhren John Whittaker und Tassilo Floriani zu der futuristischen BMW-Welt, sie statteten auch dem nahen Museum des Automobilherstellers einen Besuch ab. Es reichte danach sogar noch zu einem schnellen Gang durch den Kernbereich des Olympiageländes. Anschließend gönnten sie sich in einem kleinen Biergarten eine typische Bayerische Brotzeit, wobei Alicias Vater die erste Brezel seines Lebens aß, und sie mundete ihm so gut wie auch das süffige Bier vom Fass. Auf einem Umweg zurück nach Nymphenburg führte Tassilo seinen Gast noch zu einem Gartenzentrum am westlichen Stadtrand von München. Von diesem riesigen Betrieb konnte sich John Whittaker nur schwer lösen, hier gewann er etliche daheim verwertbare Ideen. So als hätten sie sich verabredet, trafen die Herrschaften zugleich vor dem Hotel ein.

Nach dem Mittagschlaf standen dann Tassilos Wohnung und sein Büro auf dem Programm. Beides fand großen Gefallen bei Alicias Eltern. Sie erfuhren dabei, dass Tassilo ein eigenes Büro mit zwölf Mitarbeitern unterhielt. Das eigentliche Büro, in dem über 100 Mitarbeiter tätig waren, lag etwas näher zur Innenstadt. Dieses sollten sie irgendwann noch kennenlernen, wurde ihnen bedeutet. Aber das, was sie erkunden wollten, hatten sie schon zu sehen bekommen, und sie waren überaus zufrieden. Tassilo, war also kein Mitarbeiter in einem kleinen Architekturbüro, wovon Alicia ausgegangen war, sondern dessen Chef. Die getrennten Büros verwunderten die Whittakers denn schon, doch Frau Floriani klärte sie gerne darüber auf.

„Eines vorweg zum Verständnis der ungewöhnlichen Situation, meine beiden Männer mögen sich sehr und hatten von je her ein unglaublich gutes Einvernehmen. Sie schätzen sich außerdem als Fachleute, dennoch wollte mein Tassilo ursprünglich kein Architekt werden. Zu unserem Leidwesen studierte er, der doch so begabt war im Zeichnen und in den naturwissenschaftlichen Fächern, nach dem Abitur ausgerechnet an der Musikhochschule. Konzertpianist wollte er werden, und dazu hätte es nach Aussage seiner Professoren auch gut gereicht. Doch Tassilos manchmal leider übergroßer Anspruch an sich selbst stand dem zu unserem Glück im Wege. Er gewann dort auf der Hochschule bald eine ihn ernüchternde Einsicht. Er, der wirklich sehr gut Klavier spielen konnte, wies doch nicht jene überragende Begabung auf, die es brauchte, um zu einem solch großartigen Pianisten zu werden, wie sein großes Vorbild Alfred Brendel. Und mit dem Status eines guten, aber nicht überragenden Pianisten wollte sich unser selbstkritischer Tassilo nicht anfreunden. Dies bewog ihn dann dazu, an der Hochschule für Musik aufzuhören und ein Architekturstudium an der Technischen Universität aufzunehmen.

Mein Mann war überglücklich als ihm Tassilo dies eingestand und danach in das Studium der Architektur einstieg. Während des Studiums arbeitete Tassilo in seiner freien Zeit unter der Obhut seines Vaters engagiert in unserem Büro mit, was sich positiv auf sein Studium auswirkte. Nachdem Tassilo es abgeschlossen hatte, hospitierte er erst einmal bei einem unserer Konkurrenten in Stuttgart. Danach zog es ihn ins Ausland und er arbeitete bei einem befreundeten Architekturbüro in London. Beide Kurzzeitarbeitgeber überzeugte er dermaßen, dass sie ihn unbedingt als Partner an sich binden wollten. Unschlüssig und hin- und hergerissen beriet er sich darüber mit seinem Vater. Der wollte ihn jedoch selbst in seinem Büro haben, er sieht in Tassilo ohnehin seinen Nachfolger. Dagegen äußerte Tassilo Bedenken, denn er fand, Vater und Sohn würden sich auf solch einem engen Raum in die Quere kommen. Das sah mein Mann jedoch nicht so. „Wenn es weiter nichts ist, Tassilo, dann sehe ich eine einfache Lösung. Du machst unter unserem Firmenmantel Floriani, Lang & Partner Dein eigenes Büro auf und wählst Dir jene Mitarbeiter aus, die Dich dabei unterstützen können. Wir machen dafür Omas Geschäftshaus frei und bauen hinten im Garten noch an, dann können dort bis zu zwanzig Leute arbeiten.“ Damit durchschlug mein Mann den Gordischen Knoten, und meine Männer gingen so von vorneherein den meisten Konflikten aus dem Wege. Dort wo mein Mann oder unser Schwiegersohn Christian Lang ein Angebot abgeben, da halten sich die jeweils anderen heraus. Inzwischen ist es so, dass mein Tassilo, und darauf bin ich als Mutter mächtig stolz, diverse Ausschreibungen bei Großprojekten gewonnen hat und damit von der Kapazität seines Büros her heillos überfordert wäre. Die Abwicklung der meisten dieser Projekte übernehmen dann eben die beiden anderen Büros. Das verschafft allen Vorteile und unserem Tassilo jene Freiräume, die er für seine Kreativität braucht. Unser Sohn ist seitdem, so wie unser Schwiegersohn Christian und ich, Teilhaber an unserem Architekturbüro und im Moment derjenige, der viel zu unserem guten Ergebnis beiträgt."

Dies erfuhren die Whittakers auf dem kurzen Spaziergang zum „Hirschgarten", als Alicia und Tassilo ihnen etwas voraus gingen. Wieder hatte sich für die Gäste eine sie bedrängende Frage erledigt. Wie es für sie den Anschein hatte, neigte sich Alicias zuvor so mit Bedenken beladene Waage immer mehr zu Gunsten Tassilos und damit zu einem Leben in München. Beide kannten ihre Tochter zu gut, um ihre Signale zu übersehen. Es war nicht nur ihrer Alix Verliebtheit und ihr gutes Ankommen bei seiner Familie. Sie spürten auch wie sehr sie von dieser Stadt angetan war und dieses so andere, aber sie ansprechende Leben in vollen Zügen einsaugte. Die bange Frage ihrer Eltern lautete zuvor: Übt Tassilo einen Beruf aus, mit dem er eine Familie gut ernähren kann? Das hatte sich jetzt zu ihrer vollen Zufriedenheit beantwortet. Aus ihrer Sicht hatten sich damit alle ihre Besorgnisse aufgelöst, so wie daheim der morgendliche Nebel an der Irischen See. Sie konnten ihrer Tochter nun guten Gewissens zuraten, ausschließlich ihrem Herzen zu folgen. „Nein, da ist mehr", meinte Mary Whittaker zu ihrem Mann: „Johnny, ich bin nicht nur beruhigt, ich bin richtig froh. Wenn die beiden zusammenkommen, dann hat unsere Alix das große Los gezogen." „Darling, er aber auch", sagte der von seiner Tochter so überzeugte Vater Whittaker.

Alicia wollte – so wie es zuvor geplant war – zwar wieder mit ihren Eltern zurückreisen, aber bald darauf noch einmal für drei Wochen nach München kommen. Tassilo und sie wollten vor einer endgültigen Entscheidung noch eine „Beziehung auf Probe" führen. Es sollte in dieser Zeit alles genau so ablaufen, wie im Alltag eines schon länger zusammenlebenden Paares. Ihrer Ansicht nach hätte es dieser Probe zwar nicht mehr bedurft, denn sie fühlte sich in dieser kurzen Zeit nicht nur von Tassilo voll angenommen, sondern auch von seiner Familie. Alicia konnte sich inzwischen auch gut vorstellen, in diesem großzügigen Teil dieser schönen Stadt zu leben. Doch diese „Beziehungsprobe" konnte sie beide nur näher zusammenbringen. Dank ihrer Liebe zu Tassilo und letztlich das Erleben seiner Nähe in dessen Umfeld vermochte sie jetzt ihren bisherigen Lebensplan in Frage zu stellen und neu anzusetzen. Sie bedauerte insgeheim bereits, sich überhaupt mit Alan eingelassen zu haben. Dabei hätte es in ihrem Studiengang durchaus attraktive und nette Männer gegeben. Tempi passati, das hatte sie in Italien gelernt, dort wo sie zum Glück ihren Tassilo kennen und lieben gelernt hatte. Alan hatte sie lange zwei Jahre gekannt und wusste weder bei ihm, noch bei sich selbst, wie sie miteinander dran waren. Tassilo hatte sie dagegen nur zwei Wochen lang intensiv erleben können, sie kannte ihn jetzt alles in allem gerechnet gerade mal drei Monate und doch war alles so viel klarer. Und über sich selbst hatte sie dabei auch viel gelernt. Aber wie verhielt es sich mit ihrem Tassilo? Hatte er denn damals bei einer ihrer Aussprachen nicht gesagt, er wolle seine noch unbeantwortet gebliebenen Fragen erst dann klären, wenn sie selbst wissen würde, was sie wolle? Aber davor war ihr jetzt überhaupt nicht mehr bange. Sie erlebte seine Liebe zu ihr und empfand ihn mehr und mehr als einen herzensguten und offenen Menschen. Dieses Mal flog sie frohgemut mit ihren Eltern zurück, darum wissend, bald wieder in München zu landen.

***

Dennoch waren es bis dahin sechs, sich für die beiden Liebesleute endlos lang hinziehende Wochen bis zum Wiedersehen. Selbst die Briefe, E-Mails und Telefonate konnten diese Zeit nicht so richtig verkürzen. Dann endlich war es soweit und sie durfte ihren Tassilo wieder in die Arme schließen. Ab jetzt begann für sie der gemeinsame „Alltag", wobei den beiden Verliebten wohl bewusst war, dass dieser noch weit davon entfernt war, das spätere Zusammenleben „echt" abzubilden. Aber immerhin mischten sich bald Üblichkeiten hinein, die später zum normalen Ablauf gehören würden. Alicia fand ihren guten Eindruck von Tassilo mehr und mehr bestätigt; er war auch abseits aller Verliebtheit ein liebenswürdiger und auf sie bedachter Mensch, und er war sehr großzügig. Als ihm Alicia eröffnet hatte, sie wolle sich in dieser „Probezeit" wie seine feste Partnerin verhalten und daher auch gelegentlich kochen, da freute er sich. Er legte ihr seine Geldbörse hin, nahm sich selbst einen kleineren Schein heraus und bemerkte: „Cara, nimm Dir, was Du brauchst. Da drüben hängen der Haus- und die Autoschlüssel, damit kommst Du raus und rein und dahin wo Du willst. Aber denke bitte immer an eines, wir haben hier den Dir nicht vertrauten Rechtsverkehr!" Alicia war „geplättet", so viel selbstverständliches Vertrauen machte sie sprachlos. Alan hatte ihr eigentlich nie etwas spendiert, auch keine Geschenke gemacht, und Tassilo verhielt sich so ganz anders zu ihr. Was war der nur für ein lieber Mann!

Alicia erkundete Nymphenburg, dies allerdings zumeist zu Fuß und kaufte in den dortigen Geschäften ein. Sie fand eines bald heraus: Hier gab es, mal abgesehen von besonderen Modehäusern, fast alles zu kaufen. Wobei ihr freundliche Menschen immer dann weiterhalfen, wenn ihr Englisch nicht verstanden wurde oder sie mit deutschen Schildern und Aufdrucken nichts anzufangen wusste. Fast alle sprachen mehr oder minder gut Englisch, was sie erstaunte, denn in ihrer Heimat war das Beherrschen einer Fremdsprache eher die Ausnahme. Sie bereitete täglich das Frühstück und erhielt für ihren Porridge großes Lob. Dadurch ermutigt, wagte sie sich an das Zubereiten eines Essens. Schon während des Kochens wälzte sie bang die Frage: Würde Tassilo das Abendessen auch munden? Sie, Alicia, kochte bestimmt nicht das typische Englische Essen, sondern eher internationale Gerichte. Aber war Tassilo vielleicht vorwiegend auf die Bayerische Küche geeicht? Das erste Dinner bei seinen Eltern drängte ihr diesen Verdacht auf, wenngleich, wie sie erfahren hatte, es nur Anklänge an die sonst so deftige Bayerische Küche gegeben hatte. Knödel kannte sie von Zuhause nicht, aber gemundet hatten sie den Whittakers dennoch.

Es gilt an dieser Stelle noch einen Rückgriff zu machen. Selbst die „Schmankerln" - wie es in dem so schwer verstehbaren Dialekt hieß - die sie im riesigen „Hirschgarten" gekostet hatten, sagten den Whittakers zu. Alicias Vater war von der Atmosphäre dieses Biergartens geradezu begeistert. Er überlegte seitdem ernsthaft, ob er denn nicht neben seinem Gartenzentrum, einen „Deutschen Biergarten" eröffnen sollte, um neue Kunden anzulocken. Er wurde damals gleich korrigiert, der Vater Tassilos erklärte ihm, dieser Brauch sei ausschließlich ein typisch Bayrischer, und keineswegs ein Deutscher. Das verwunderte die Whittakers nun doch, diese strenge Unterscheidung zwischen Deutsch und Bayrisch. Das ging ja hier so zu, wie bei ihnen zwischen den Engländern und den Schotten.

Tausende Menschen saßen unter den Rosskastanienbäumen in diesem Biergarten friedlich beieinander. Mit wem man es an seinem Tisch jeweils zu tun hatte, das stellte sich allenfalls im Laufe der Zeit heraus. Dieser selbstverständliche Umgang aller gesellschaftlichen Gruppen miteinander, war für die Whittakers höchst ungewohnt. Das war ja gelebte Demokratie und Toleranz und warf ein gutes Licht auf die Bayern. Und alles verlief hier in diesem größten Biergarten der Stadt, ja ganz Bayerns doch eher gelassen. 8200 Menschen würden hier an heißen Wochenenden auch noch den letzten freien Platz einnehmen. Was war das doch für ein Kontrast zu der ihnen aus dem Fernsehen übertragenen lärmenden „Fröhlichkeit“ deutscher Volksfeste oder gar der so überbordenden „Ausgelassenheit“ des Oktoberfestes. Das wäre längst zum Spektakel entartet und würde sich immer mehr zum Tollhaus entwickeln. So Vater Floriani, der seine Sicht wie immer ungeschminkt darlegte. Dieses Fest sei inzwischen leider eher auf den Tourismus ausgerichtet, als auf das ursprüngliche große Fest der Bayern. Selbst die Biergärten seien vom Zeitgeist nicht ganz verschont geblieben, doch entartet sei dieses traditionelle Beisammensein zum Glück noch nicht.

Zwar lag auch im „Hirschgarten“ über dem Ganzen eine Geräuschkulisse von den Stimmen der vielen Gäste, doch es wurde nirgendwo laut an diesen vielen Holztischen. Als dann eine Kapelle, noch dazu in der typischen Tracht der Bayern, mit Blasmusik aufwartete, machte sich im ganzen Biergarten eine wohlige Stimmung breit. So musste es für diese barocken und bodenständigen Bayern sein, es unterstrich das Heimatgefühl dieses gemütlichen Volksstammes. Dadurch vertiefte sich ihre Zusammengehörigkeit wie ihre bewusst gepflegte Andersartigkeit. Dennoch wurden die Fremden nicht ausgegrenzt, wozu nicht nur die Whittakers zählten, sondern auch all jene, über deren Lippen keine Süddeutschen Laute kamen. „Leben und leben lassen“ sei die Devise der toleranten Bayern, deren Selbstbewusstsein sich auf eine Mischung liberaler und konservativer Einstellung gründe. Lederhosen und Laptop seien für sie kein Gegensatz, sondern eine miteinander harmonierende Notwendigkeit. Darin läge der eigentliche Unterschied zu den Norddeutschen, die hier pauschal und leicht abwertend als „Preußen“ bezeichnet würden.

Das erfuhren die Gäste an diesem Abend von Tassilos Vater, und es gefiel ihnen.

In jenem Bereich, wo sie gerade noch Platz gefunden hatten, durfte jeder Gast sein eigenes Essen und das Essgeschirr mitbringen, um es auf ihren zumeist weiß-blau gemusterten Decken zu platzieren. Lediglich die Getränke musste man an den frequentierten Ständen selbst holen und konnte darüber hinaus auch die für einen Biergarten üblichen Speisen kaufen. Dieser Brauch würde einen Gastgarten vom richtigen Biergarten unterscheiden, wurde ihnen bedeutet. Nur in dem vorderen Bereich direkt am Wirtshaus würden die Gäste bewirtet und mussten sich nicht selbst bedienen, dafür aber auch etwas mehr bezahlen. Tassilo nahm von allen die Essenswünsche entgegen, allerdings erst, nachdem sein Vater den Gästen die typischen Bayerischen „Schmankerln“ vorgestellt hatte. Mit Hilfe seiner Alicia schleppte Tassilo erst einmal die Bierkrüge an. Danach besorgten die beiden die georderten Speisen. Leberkäse mit Kartoffelsalat, Bratwürste mit Sauerkraut und Steckerlfisch mit Schalenkartoffel wollten die Whittakers probieren. Die Florianis aßen hingegen Schweinshaxe, Obazten und Käseplatte, sowie miteinander einen großen Rettich, hier Radi genannt. Für jedes der drei Paare gab es dazu noch eine Brezel in riesigem Format. Und was die drei Gäste nicht erwartet hatten, dieses ihnen völlig unbekannte Essen wie deren Beilagen mundeten ihnen sogar. Alicia durfte außerdem sowohl bei Frau Floriani vom reichlichen Käse kosten, als auch von Tassilos Obazten. Ganz besonders angetan hatte den Gästen die große Wiesenbrezel, deren kleine Ausgabe die beiden Damen auch noch kennen lernen würden.

Doch wieder zurück zu Alicias Kochkünsten. Zu ihrer Freude mochte Tassilo das rosarot gebratene Thymian-Lamm mit Bohnen und Kartoffeln, wie ihren mühsam „gezauberten“ Nachtisch. Damit hatte sie bei Tassilo noch weitere Pluspunkte gesammelt, und bereitete von da an das Abendessen für sie beide. Auch mittags kam Tassilo nun heim zu seiner Alicia, statt zu seiner Mutter, um mit ihr zu „vespern“. Sie hatte schnell gelernt und all das beschafft, was ihr „Mann“ auf dem drehbaren Tablett erwartete. Das kannte Alicia so nicht, aber es gefiel ihr, so konnte ein jeder seinem heutigen Gusto nachgebend, das auswählen, was gerade gewünscht wurde. Eines wurde dazu jedoch immer benötigt, ein dunkles

Pfisterbrot und eine frische Brezel. Das abendliche Essen zu Hause fiel nur dann aus, wenn sie vorhatten, irgendwo einzukehren, was Tassilo und sie jedoch rechtzeitig miteinander abstimmten.

Tassilo hielt „leider“ die vereinbarten „Spielregeln“ nicht so streng ein, wie sie zuvor abgesprochen worden waren. Immer wieder huschte er schnell mal herüber vom Nachbarhaus, in dem er sein Büro hatte. Als Alicia ihm vorhielt: Ein schon länger in fester Beziehung lebender Mann würde doch nicht so oft nach seiner Partnerin schauen, da sagte er, sie damit entwaffnend: „Ich aber schon!“ Jeden zweiten Abend machte er eigens noch einen kleinen Umweg; per Fahrrad holte er für sie eine rote Rose. Wenn Alicia keine Einkäufe tätigte oder ihre Erkundigungen unternahm, lernte sie konsequent Deutsch. Dieses Lernprogramm hatte sie bereits daheim in Lancaster angefangen und intensivierte es nun. Neugierig geworden auf die vielen klassischen CDs, die in dem Regal hinter seinem Konzertflügel zu sehen waren, testete sie einige davon und legte jene auf, die ihr zugesagt hatten. Darunter befanden sich etliche, die ihr zu ihrer anfänglichen Verwunderung sogar sehr gut gefielen.

Tassilos Haushalt passte irgendwie so gar nicht zu einem Junggesellen. Mal abgesehen von der fast peniblen Ordnung, wunderte sie sich über die vielen Bücher und seinen kleinen, aber bestens sortierten Weinkeller. Ihrem Wissen nach, neigten doch viele kreative Menschen zu einer gewissen Nachlässigkeit, wenn nicht gar zu Schlamperei. Nicht jedoch ihr Tassilo; das ließ sich ja schon mal gut an. Tassilo hatte sie schon am Anfang dazu aufgefordert, sich in seiner Wohnung umzusehen, um wie er sagte, sich ihr künftiges Reich zu „erobern“, und sie tat dies ausgiebig. Sechs Zimmer, zwei Bäder und eine große Küche mit Speisekammer umfasste sie. Alle dieser angenehm hohen Räume waren gut und geschmackvoll ausgebaut und auf dem Stand moderner Technik. Tassilo hatte sie erst vor einem Jahr nach seinen Vorstellungen umbauen lassen. Das galt auch für die lichten Kellerräume, die zusätzlich noch viel Platz boten. Als sie im Regal hinter seinem Schreibtisch einen Ordner mit der Aufschrift Aktien entdeckte, da wurde sie neugierig. Sie erinnerte sich zwar an seine Aufforderung alles zu erkunden, unterließ es jedoch, trotz ihrer Neugierde, einen Blick hineinzuwerfen.

Ihre Gedanken schweiften weiter: Ihr Tassilo besaß also eine große Wohnung und übte einen gut dotierten Beruf aus. Dies wäre für sie schon mehr als ausreichend gewesen, aber damit hatte es sich immer noch nicht, zumindest hatte es für sie den Anschein. Tassilo war der Mitinhaber eines großen Architekturbüros, ihm gehörten auch noch weitere zwei Wohnungen und darüber hinaus verfügte er über Wertpapiere. Nichts hatte er davon darüber in Italien verlauten lassen. Er ließ Alicia bisher im Ungewissen über seinen beruflichen Status, wie auch über seine Vermögensverhältnisse. Wie sie festgestellt hatte resultierte dieses Understatement aus einer Bescheidenheit, die allen Florianis zu Eigen war. Verglichen mit der manchmal eher angeberischen Art Alans, fand sie Tassilos Understatement viel angenehmer. Durch die Besuche bei Tassilos Verwandten und Freunden hatte Alicia inzwischen aber eines mitbekommen. Die Florianis gehörten zu einer gehobenen und vermögenden gesellschaftlichen Schicht. Sie bezeichnete man hier als das Bildungsbürgertum. Alicia gestand sich ein, dass ihr diese neue Erkenntnis sehr zusagte und so einiges in ihrem künftigen Dasein leichter machen würde. Sollte sie mit Tassilo zusammenziehen, was sie jetzt auch unbedingt wollte, musste sie sich wenigstens darüber keine Sorgen machen, ob sie sich gelegentliche Heimflüge leisten durfte.

Am dritten Tag ihrer „Probezeit“ drehte sich wieder einmal der Hausschlüssel. Schon wollte Alica ihrem Tassilo einen „Verweis“ erteilen, aber das war diesmal unnötig, denn nicht er kam herein, sondern seine Mutter. Frau Floriani wollte Alicia etwas Gesellschaft leisten, um wie sie sagte, ihre Langeweile zu durchbrechen. Alicia wies die Aussage Langeweile fröhlich lachend zurück, sie fühle sich noch immer wie in einem schnell ablaufenden, ihr aber überaus gut gefallenden Film. „Natürlich ist es noch viel schöner, wenn Tassilo heimkommt, aber ich bleibe bis dahin doch nicht untätig.“ Frau Floriani erblickte das aufgeschlagene Lernbuch und sah die Deutschen Vokabeln auf dem Block daneben. „Alicia, Du lernst sogar Deutsch, das ist aber eine freudige Überraschung!“ Sie setzte sich mit an den Tisch und half Alicia bei der korrekten Aussprache der Worte und Begriffe. Das ging nicht ohne Gelächter ab. Beider Damen fröhliches Lachen bekam Tassilo mit, der „verbotenerweise“ schon wieder eine Stippvisite machen wollte. „Manna, gibt es jetzt nicht, mein Schatz, Du sollst doch fest arbeiten, sonst verhungern wir später noch einmal wenn Du so nachlässig bist.“ Tassilos Mutter amüsierte sich köstlich über die energische Freundin ihres Tassilo, als die sie Alicia längst ansah. Diese hatte das zwar im Spaß gesagt, aber Frau Floriani bemerkte sehr wohl, dass hinter ihr eine zielstrebige und eigenständige junge Dame steckte.

Je näher Barbara Floriani diese junge Engländerin nun kennen lernte, desto mehr gewann sie ein gutes Gefühl. Und wie hatte sie sich vor einigen Wochen noch erschrocken, als Tassilo ihr am Telefon sagte, dass er die Frau fürs Leben gefunden habe. Ausgerechnet bei dem aus ihrer Sicht so unnötigen Sprachkurs hatte er eine junge Dame kennen gelernt und sich sofort heftig in die Fremde verliebt. Aus ihrem Bekanntenkreis wusste sie doch, wie schwierig sich solche Verbindungen in der Alltagspraxis anließen. Außerdem war sie mit den seit dem Bruch mit seiner langjährigen Freundin Kathrin immer wieder auftauchenden „Damen“ ihres Sohnes zumeist nicht einverstanden. Selbst bei Kathrin, die sie, im Nachhinein betrachtet völlig zu recht, als kalt und berechnend eingestuft hatte, überwogen ihre Bedenken. Und wie war es nun? Die so warmherzige und fröhliche Alicia war tatsächlich eine Frau fürs Leben, eine, die ihren Sohn ganz sicher nach Kräften unterstützen und auf Kurs halten würde. Und das fand sie leider auch nötig. Tassilo, war ihnen stets ein lieber Sohn gewesen, einer den alle mochten und dem niemand lange böse sein konnte. Mit seinem jungenhaften Charme konnte er alle Welt einwickeln, aber leider nicht immer die manchmal störrischen und gelegentlich mit neuem Reichtum auftrumpfenden Bauherrn. Ihr doch sonst so liebenswürdiger Sohn konnte, wenn es gegen seine Überzeugung ging, eine Sturheit und Unverbindlichkeit entwickeln, die ihn nicht gut ankommen ließ. Ein wenig mehr an Geschmeidigkeit würde ihm schon gut anstehen!

Ein weiteres großes Manko gab es noch, er, der begabte und kreative Architekt von nunmehr dreißig Jahren, wurde leider so manches Mal eher von der Lust getrieben als vom Fleiß. Alles was außerhalb des kreativen Bereichs lag, das schob er nur zu gerne von sich weg. Das fiel zwar derzeit nicht ins Gewicht, denn die Angestellten erledigten die Detailarbeit. Und die Projektleitungen oder gar die Bauaufsicht, überließ Tassilo fast immer seinen Mitarbeitern oder delegierte es an eines der beiden anderen Büros. Außerdem freuten sich doch alle, wenn der junge Chef wieder einmal eine Ausschreibung gewonnen und darüber Aufträge hereingebracht hatte. Noch machte ein älterer erfahrener Mitarbeiter die Tassilo so anwidernde Kalkulation, manchmal half ihm Frau Floriani dabei, doch eine Dauerlösung musste dies ja nicht bleiben.

Ob Alicia diese penible und schwierige Aufgabe erlernen konnte? Vorstellen konnte sich Frau Floriani das gut, denn ihre Klugheit blitzte immer wieder auf. Außerdem war sie ja irgendwie vom Fach und hatte, wie sie von ihrer Mutter wusste, von früh bis spät im elterlichen Betrieb mitgearbeitet. Sie hatte es noch gut im Ohr, was ihr Frau Whittaker, stolz auf ihre Tochter, mitgeteilt hatte: „Wenn Not am Mann war, da hat unsere Alicia unaufgefordert, und immer fröhlich gestimmt, auch tagelang in der Gärtnerei oder beim Versand der Rosen mitgeholfen." Zufrieden sinnierte Barbara Floriani weiter: Diese Alicia war kein Luxusmädchen, wie der erste flüchtige Eindruck glauben machte, und auch keine hoffnungslos und blind verliebte junge Frau. Die schöne Alicia hatte Qualitäten, die sie als Mutter Tassilos und auch als Mitinhaberin des Architekturbüros Floriani, Lang & Partner mehr und mehr erkannte und zu schätzen wusste. Ihrem Tassilo würde in Alicia ein Widerpart erwachsen, der ihm helfen konnte, noch mehr an Stetigkeit und Genauigkeit zu entwickeln. Vielleicht verhalf sie ihm auch noch zu mehr Verbindlichkeit, so er diese überhaupt erlernen wollte? Was es mit dem „Manna" auf sich hatte, das verriet ihr Alicia danach auch. Jedes Mal, wenn Tassilo seinen Arbeitsplatz verließ, und seine Alicia aufsuchte, holte er sich mehrere „Mannas" ab, die sie ihm, weil sie ihn liebte, einfach nicht verwehren konnte.

Tassilos Mutter hatte sich vorgenommen, mit Alicia an einem der nächsten Tage vorsichtig über ihres Sohnes Probleme zu reden, aber dies nahm ihr am nächsten Abend ihr Mann ab. Aber der rannte offene Türen ein, als er es Alicia vorsichtig anzudeuten versuchte. „Herr Professor, das habe ich schon herausgefunden, Tassilo ist nicht immer so stetig, wie er es sein sollte. Und frühes Aufstehen, das gefällt ihm schon mal überhaupt nicht. Wenn er einen ihm nicht genehmen Anruf entgegennehmen muss, dann kann er derart kurz angebunden sein, ja sogar richtig unfreundlich werden. Das passt so gar nicht zu seiner sonstigen Liebenswürdigkeit. Ich liebe ihn zwar sehr, aber blind bin ich deswegen noch lange nicht. Wenn Tassilo in allem perfekt wäre, dann würde es in unserer Beziehung ja höchst langweilig werden. Ich habe ja auch so meine Fehler, mit denen Tassilo „leben“ muss. Wir beide werden uns sicherlich gut ergänzen und gegenseitig unterstützen können. Außerdem möchte ich nicht auf der faulen Haut liegen und ihm nur die liebe Partnerin sein, ich will auch etwas Nützliches tun. Das gilt für mich auch dann, wenn wir vielleicht einmal heiraten werden, zumindest solange wir keine Kinder haben. Deren Betreuung wäre mir allerdings das Wichtigste überhaupt, aber ich werde selbst in diesem Fall hoffentlich noch Zeit finden, um Tassilo unterstützen zu können.“

„Liebe Alicia, jetzt bin ich aber platt. Du bist zwar noch so jung, aber Du hast einen klaren Blick. Was bin ich froh, dass mein sonniger Tassilo ausgerechnet auf Dich gestoßen ist. Und noch etwas, das mit dem Professor stellst Du bitte ab. Ich bitte Dich mich ab jetzt auch zu duzen, so wie Du und meine Frau es tun, und mich mit Johannes anzusprechen.“ Die so erfreute wie verdutzte Alicia nahm das nur zu gerne an. Tassilos Eltern hatten Alicia wirklich ins Herz geschlossen, sahen offenkundig in ihr schon ihre künftige Schwiegertochter. Alicia entnahm es daraus, dass sie zu ihrer Erleichterung und Freude inzwischen ganz selbstverständlich von Tassilos Eltern geduzt wurde. Verstärkt wurde dieser Eindruck noch dadurch, dass die Florianis vor Verwandten und Freunden ganz selbstverständlich von ihrer Alicia sprachen.

Dieses Mal würde sie beim Heimflug keinen Trost mehr brauchen. Sie wusste nun, auf was sie sich eingelassen hatte, und vor allem, was sie wollte; nämlich ihren Tassilo. Alicia erlebte ihn inzwischen in seiner gewohnten Welt, hatte sich mit ihr vertraut gemacht und daran großen Gefallen gefunden. Sie hatte Tassilo gewonnen, ohne wenn und aber. Entgegen ihren Befürchtungen erwies er sich auch im Alltag als ein Juwel, trotz seiner kleinen Fehler und Eigenheiten. Welch einen liebenswerten und gebildeten Mensch entdeckte sie in ihm. Bei all seiner jungenhaften Fröhlichkeit zeigte er sich auch als ein ernsthafter und ehrgeiziger Mann. Jeden Abend konnte sie es kaum erwarten bis er endlich da war und mit ihm die schon vertraute Zweisamkeit. Wenn es das Wetter zuließ, dann schwangen sie sich auf ihre Fahrräder, erkundeten die nähere Umgebung Nymphenburgs, oder gingen miteinander in den nahen Schlosspark. Jedes mal wenn sie um den weitläufigen Schlosspark herumfuhren, wähnte sich Alicia in dessen westlichen und südlichen Außenbereich irgendwo in einer Parklandschaft Englands, aber doch nicht mitten in einer großen Stadt. So viel Grün wie sie hier erlebte, das hatte sie sich für eine Großstadt nicht vorgestellt und erlebte begeistert Münchens außergewöhnliche Lebensqualität und Vielfalt. Besonders angetan hatte es ihr Schloss Blutenburg und hier vor allem die kleine gotische Kirche. Immer wieder gab es was zu entdecken, was Alicia erstaunte und erfreute. Sie fühlte sich wohl in diesem Lebensraum und empfand schon fast ein leises Gefühl des Hierher-Gehörens. Sicher nur weil sie alles, was sie sah und erlebte mit ihrem Tassilo teilen konnte.

In dieser Zeit musste Alicia allerdings auch einen kleinen Schock verdauen und einen kurz aufflackernden Gedanken überwinden. Hatte Tassilo sie denn bei ihrer Aussprache in der Toskana angelogen? Und was war denn überhaupt vorgefallen, um bei ihr solche Gefühle aufkommen zu lassen? Der Postbote hatte Alicia ein Einschreiben mit Rückschein ausgehändigt, und sich mit ihrer Unterschrift begnügt. Da sie, wie abgesprochen, die Post öffnete und offen auf Tassilos Schreibtisch legte, machte sie auch das Einschreiben auf. Als Alicia das Schreiben eines Rechtsanwalts mit Hilfe ihres Wörterbuchs mühsam entziffert hatte, musste sie sich erst einmal fassen. Frau Katrin Fischer geb. Neumann beschuldigte Tassilo der Vater ihrer Tochter zu sein, die am Tage ihrer Aussprache gezeugt worden wäre. Hatte Tassilo ihr denn nicht gesagt, dass er den Versuch seiner Ex-Freundin, ihn wieder zurückzugewinnen, schroff abgewehrt habe? Und nun soll dies nicht stimmen und Tassilo dadurch zum Vater geworden sein? Sollte dies zutreffen, was wäre dann mit ihr und Tassilo? Könnte sie, Alicia, sich trotz dieser Täuschung dann noch ein Leben mit ihm vorstellen? Ihre Gedanken wirbelten in ihrem Kopf, sie war einen Moment lang nahe am Weinen. Aber all das, was sie bisher mit Tassilo erlebt hatte, sprach dagegen und ließ für Zweifel keinen Raum. Ihre unerschütterliche Liebe zu Tassilo wehrte die Skepsis ab und Zuversicht gewann die Oberhand. Alicia beschloss über den Brief erst einmal mit Tassilo zu reden. Die angedrohte Klage konnte ja auch ein Irrtum, aber wohl eher eine infame Verleumdung sein! Und selbst dann, wenn ihr Tassilo damals „schwach“ geworden wäre, würde sie zu ihm stehen. Dennoch war sie auf Tassilos Reaktion gespannt.

Tassilo kam spät, aber guter Dinge von seinem Gespräch mit dem schwierigen „Auftraggeber“ aus Berlin zurück. Dieses Mal war der Bauherr mit den vorgelegten Plänen voll einverstanden und hatte ihm danach den Auftrag ohne Abstriche erteilt. Der Angebotspreis wurde akzeptiert, was dem Ertrag des Büros gut tat. Dank dieses Auftrags waren fünf Architekten seines Büros für einige Zeit ausgelastet. Alicia hatte Tassilo nicht vorgewarnt, sah neugierig und gespannt zu, als er das Einschreiben ergriff und las. Tassilo griff sich an den Kopf, er erbleichte jedoch nicht, sondern wurde wütend. Er nahm das Telefon und rief einen Freund an, von dem er wusste, dass dieser noch Kontakt zu Katrin hatte. Merklich erbost legte er ihm den Inhalt des Einschreibens dar, bezeichnete die angedrohte Klage Katrins als Infamie. Er hätte sich seit der damaligen Trennung nur einmal auf Katrins Bitte hin mit ihr in einem Cafe getroffen. Den dortigen Versuch Katrins, ihn wieder für sich zu interessieren und gar die Nacht mit ihr zu verbringen, habe er brüsk zurückgewiesen. Dieses zweifelhafte „Angebot“ habe er nicht erwartet und sei ernüchtert und „sauer“ aufgestanden und ließ Katrin allein zurück. Schnurstracks sei er dann zurück in sein Büro gefahren. Seitdem sei Katrin für ihn Luft und nicht mehr existent. Aufgebracht, fast ohne Punkt und Komma sprechend, hatte er es dem Freund dargelegt, der erst jetzt „zum Zug“ kam.

Wie der Freund dann Tassilo berichtete, befände sich Tassilos einstige Freundin Katrin in einer verzweifelten Lage. Sie, die immer schon auf großem Fuße gelebt habe und mit Geld nicht umgehen könne, sei bereits vor ihrer Schwangerschaft arbeitslos geworden. Zu allem Übel habe sie den ihr nach der Scheidung zustehenden Anteil am Zugewinn in einem Immobilienfond XYZ investiert. Wie er, Tassilo, ja aus der Zeitung wisse, sei dieser Fond durch den Betrug des Geschäftsführers insolvent geworden und leiste keine Zahlungen mehr. Aber aller schlechten Dinge seien bei Katrin drei, sie hätte sich zudem noch mit einem verheirateten Italiener, einem Gastwirt, eingelassen, der sich jedoch ihretwegen nicht scheiden lassen wolle. Tassilos Gesprächspartner fand abwiegelnd, Katrin suche in ihrer bedrückenden Lage wohl nach einem Ausweg aus der Misere. Nur so könne er sich erklären, dass sie auf die verrückte Idee gekommen sei, Tassilo zum Vater ihrer Tochter zu machen. Er warb um Verständnis für die Verzweifelte, wovon Tassilo jedoch nichts wissen wollte. Er werde seinerseits Katrin mit einer Klage wegen Verleumdung und Betrugversuchs überziehen.

Alicia, obwohl sie mangels guter Deutschkenntnisse, Tassilos Ausführungen nicht folgen konnte, entnahm allein aus seinem Tonfall, wie aufgebracht er war. So wütend hatte sie ihren Schatz noch nie erlebt. Tassilo erklärte nach dem Telefongespräch seiner Alicia sowohl den Inhalt des Schreibens, als auch dessen Haltlosigkeit. Der Versuch Katrins, ihm ein Kind anhängen zu wollen, habe ihm erneut bestätigt, wie blind er damals gewesen sei, sich auf die zwar attraktive, aber auch kühl berechnende Katrin einzulassen. Er werde gleich morgen eine Anwältin einschalten, die er auf einem seiner Flüge zurück von Berlin kennen gelernt habe. Wie er vorgehen wollte, das legte er Alicia dar, die fand, er tue gut daran, so deutlich zu reagieren. Von Weiterungen wollte Tassilo allerdings absehen, er fand, Katrin sei vom Schicksal bereits genügend bestraft worden, wenngleich ihr eigenes Verhalten viel Wasser auf dessen Mühlrad gegossen habe. Alicia fühlte sich danach bestätigt, freute sich darüber, ihre Zweifel an Tassilos Redlichkeit sofort „beerdigt“ zu haben.

Wie ging es weiter? Als Katrin Fischers Rechtsanwalt den Brief der gegnerischen Anwältin durchging, erkannte er, dass er seiner Mandantin „auf den Leim gegangen“ war. Die Anwältin Tassilos hatte mit Hilfe eines Detektivs eines recherchiert: Das Kind der Frau F. stamme nachweislich von dem italienischen Gastwirt N.N., der dies auch zugegeben habe. Außerdem wartete die Anwältin mit einem unwiderlegbaren und von Zeugen bestätigten Alibi Tassilos auf. Ihr Fazit: Sollte Frau Fischer die Klageandrohung und die verleumderische Behauptung nicht augenblicklich zurücknehmen, würde Tassilo, vertreten durch sie, die Klägerin gerichtlich wegen Verleumdung und Falschaussage belangen lassen. Ein von ihr, der Anwältin, dann angestrebter Gentest würde außerdem unschwer eines nachweisen, das Kind könne nicht von Herrn Floriani stammen. Katrin, der ihr Anwalt ins Gewissen geredet und die ihr drohenden Folgen dargelegt hatte, gab daraufhin klein bei.

Mit Tassilo und seinen Eltern war Alicia erstmals in ihrem Leben in der Oper, es wurde Mozarts „Entführung aus dem Serail“ in italienischer Sprache gegeben, was es ihr viel leichter machte Handlung und Musik zu folgen. Und nicht nur das durfte sie erleben, sondern auch noch ein Klassisches Konzert, sie empfand beides jeweils als ein großes Erlebnis. Alicia hatte sich dazu ein schlichtes Abendkleid gekauft und trug neue hohe Schuhe, was sie zuvor an der Seite Alans tunlichst zu unterlassen hatte. Beides genoss sie und zog bewundernde Blicke auf sich. Doch auch ihr Tassilo, der einen dunklen Anzug mit Fliege trug, wurde von der Damenwelt beachtet. Die Florianis wurden von einigen Bekannten begrüßt und auch nach der schönen Frau an Tassilos Seite gefragt.

Wie jeden Abend spielte Tassilo eine Stunde lang auf seinem Steinwayflügel. Alicia setzte sich dazu und fand so immer tiefer hinein in diese ihr zunehmend besser gefallende Wunderwelt. Einmal mehr wurde sie mit ihren Defiziten auf diesem Gebiet konfrontiert. Sie hatte zwar studiert, war sicher auch klug, doch für sonderlich gebildet hielt sie sich nicht. Von dieser Form der Klassischen Kultur hatte sie bis dahin wenig Ahnung, und das Leben einer vermögenden und kultivierten Familie kannte sie bisher auch noch nicht in dieser Tiefe. Das wollte und würde sie erlernen können, um mit Tassilo und seinen Eltern wenigstens in etwa mithalten zu können. Doch das war es nicht allein, sie wollte auch ihr daran erwachtes Interesse stillen. Eines tat Tassilo jedoch in ihrer Gegenwart nicht, er verzichtete auf das gewohnte Lesen, um sich ganz ihr widmen zu können. Den Fernseher, der bei Alicias Eltern und in ihrer kleinen Wohnung zuhause ständig lief, ihn nützte Tassilo gerade mal zum Hören der Nachrichten.

Tassilo war zu ihrer freudigen Überraschung auch ein strukturierter Mensch, was sich selbst beim Ausgehen zeigte. Einmal in der Woche ging er zum Essen, meist zum Franzosen in „La Brasserie“ oder zu Franco, dem Italiener, der die „Osteria il Golfo“ führte. Seltener kehrte er in dem vornehmeren und weiter entfernten „Canal Grande“ ein. In den beiden Restaurants, die sich „um die Ecke“ befanden, gab es schmackhaftes und gesundes Essen. Darauf legte Tassilo, der „Müslifreak“, besonderen Wert. Daran musste sich Alicia erst noch gewöhnen. Stets trank er ein Glas Wein dazu, aber nicht mehr. Das fiel Alicia angenehm auf, die es von den jungen Leuten in Lancaster anders gewohnt war. Deren Trinkgewohnheiten waren nicht selten ziemlich „exzessiv“. An einem anderen Abend zog es ihn zu seinen Eltern, mit denen ihn ein herzliches Verhältnis verband. Am Wochenende stand bei ihm, je nach Jahreszeit und Wetter, entweder Segeln, Bergwandern oder Skifahren auf dem Programm. Dennoch gab sich Tassilo nicht als sportlicher Mann. Wie er ihr lachend eingestand, sei er in der Schule in dem Fach „Leibesübungen“ nicht gerade ein „Star“ gewesen.

Da Alicia auch einmal das Treiben der hiesigen jungen Erwachsenen in einer Disco erleben wollten, suchten sie einen angesagten Club auf. Dies war eine halbdunkle, laute, schrille und überhitzte Welt. Alicia, die diese Szenerie gewohnt war, stürzte sich sofort und mit Vergnügen in das Treiben. Tassilo fühlte sich hier sichtlich unwohl und auch fehl am Platz. Ihm erschien dies alles zu künstlich, von falscher Fröhlichkeit überladen und zu oberflächlich. Er tanzte zwar auch mit seiner Alix, die sich wunderte, dass er selbst einfachere Tänze kaum beherrschte, doch ansonsten blieb er am Rande. Einige Male wurde er dabei von anderen Besuchern „dumm“ angesprochen und als Schnösel oder Opa abgetan. Nach einiger Zeit hatte auch Alicia genug von den sie ungeniert anmachenden jungen „Herren“. Diese Sorte kannte sie zur Genüge, auch Alan gehörte zu diesen aufdringlichen, von sich so überzeugten „Herrn der Schöpfung“. Offenkundig unterschieden sie sich weder hier, noch in den Clubs ihrer Heimat viel voneinander. Vielleicht mal abgesehen vom Alkoholkonsum, der ihr in dieser Disco etwas mäßiger vorkam. Inzwischen hatte sie durch Tassilo jene Welt näher kennen gelernt, die ihr stets erstrebenswert erschienen war, und der sie so gerne angehören wollte. Ursprünglich allerdings eher wegen des gesicherten Lebens, das diese Kreise führen konnten. Alicia hatte inzwischen eingesehen, dass sie dabei von einem vordergründigen und falschen Eindruck ausgegangen war. Signifikant für diese gehobene Gesellschaftsschicht war weniger ihr Vermögen, als ihr kultivierter Lebensstil und die positiv-konservative Werthaltung.

Erstmals durfte Alicia auf dem Gipfel eines hohen Berges stehen und genoss einen atemberaubenden Ausblick. Sie hatten an diesem Samstag das gute Wetter ausgenützt, waren nach Garmisch gefahren und hatten dort die Zugspitzbahn genommen. Dieses Bayern gefiel ihr ausnehmend gut und trug mit dazu bei, sich wohlzufühlen. Sich bei ihrem Tassilo einhängen zu können und ihn neben sich zu fühlen, das gehörte noch viel stärker zu ihrem Wohlgefühl. An ihn konnte sie sich anlehnen, was nicht damit zusammenhing, dass sie sich in Deutschland erst noch einfinden musste. Bei ihm musste sie nicht die Überlegene sein, sondern seine Partnerin auf gleicher Augenhöhe. Diese Rolle gefiel ihr schon sehr, an seiner Seite durfte sie, auch über ihre Verliebtheit hinaus, ihre weibliche und weiche Seite ausleben. Es lag vor allem an dem liebevollen und auf sie eingehenden Tassilo und an seinem selbstbewussten Auftreten. Er ruhte in sich, wusste was er wollte und konnte, stand zu dem, was ihm schwer fiel oder wozu er nicht imstande war. Ihn musste sie nicht stützen, so wie sie das manchmal bei Alan erlebt hatte. Dabei übersah sie Tassilos kleine Fehler nicht, mit denen sie nicht nur leben, sondern sich auf diese einstellen konnte. Sie wollte ihm eine gute Partnerin sein.

Öfters fuhr Tassilo am Abend oder am Wochenende zu seiner um vier Jahre älteren Schwester Beatrix nach Landshut. Die „Trixi“ freute sich über den „Tassi“, ihren einst in Kleinkindertagen so sehnlich erwarteten Bruder. Ihn, den „Kleinen“ behütete und umsorgte sie danach überaus fürsorglich. Dieses besondere Verhältnis hatte sich erhalten und seinen Schwager Christian mit einbezogen. Tassilo war dort auch der geliebte Onkel, den Nichte und Neffe nur „Ota“ riefen. Dieses Kürzel stand für Onkel Tassilo. Alicia freute sich über sein liebevolles Eingehen auf die Kleinen, er würde bestimmt ein guter Vater sein. Alicia dachte noch weiter, sie beide würden, dessen war sie sich sicher, bald auch zu Eltern werden. Von Tassilo Kinder zu empfangen und mit ihm groß zu ziehen, das war nun zu ihrem unbewussten Lebensziel geworden.

Von seiner Schwägerin Beatrix erfuhr Georg Lang, der Arzt, dass sein Busenfreund in Landshut sei und sich bestimmt freuen würde, wenn auch er noch zu ihnen kommen könnte. Außerdem habe Tassilo seine künftige Ehefrau mitgebracht! Das ließ sich Georg nicht zweimal sagen, es reizte ihn seinen Freund zu sehen, und sogar noch dessen Zukünftige. Das war ihm die Fahrt von Regensburg her mehr als wert. Von Alicia wusste er aus seinen Telefonaten mit Tassilo, aber auch von seiner Schwägerin, die sich über Alicia sehr positiv geäußert hatte. Georg Lang war kein solch auf Anhieb wirkender Mann wie ihr Tassilo, aber im Gespräch kam bald heraus, warum er und Tassilo so eng befreundet waren. Der anfangs etwas zurückhaltende „Schorschl“ war ein kluger und gebildeter Mann, der Alicia immer mehr gefiel. Wieder einmal wurde sie an ihr übernommenes Vorurteil über die Deutschen erinnert, und daran, wie falsch sie damit gelegen hatte. Dieser Georg Lang und all die Freunde Tassilos, die sie bisher kennen gelernt hatte, waren keine „Dutzendware“, sondern Männer von Format. Alicia wurde von allen so herzlich aufgenommen, dass bei ihr nie das Gefühl aufkam, nur eine geduldete Ausländerin zu sein.

Landshut, diese überschaubare Stadt, hatte es Alicia sofort angetan, sie hatte einen so ganz anderen Charakter als das große München. Sie verströmte irgendwie den Atem der Geschichte, den aus jener Zeit, in der diese gotisch geprägte Stadt bedeutender gewesen war als München. Der Lebensrhythmus der beobachteten Menschen wirkte auf sie ruhiger und gemessener als der des quirligen Münchens. Am Abend speisten sie miteinander in der „Goldenen Sonne“, einer traditionellen und wirklich guten Gaststätte. Beatrix und Christian genossen die seltene Freiheit, ohne ihre Kinder zu sein, sie hatten eine Babysitterin engagiert. Miteinander erlebten die Fünf einen launigen Abend, an dem vor allem Georg immer mehr auftaute. Er hatte soeben seinen Facharzt als Internist bekommen und überlegte, ob er sich räumlich verändern solle. Georg befragte Alicia zu England, und auch zu seinen Chancen, dort in einer Klinik oder Privatpraxis arbeiten zu können. Da Alix hierzu keine kompetente Auskunft geben konnte, rief sie sogleich Margaret an. Margie, die Ärztin wusste es: In Lancaster wären derzeit mindestens zwei, zudem nicht schlecht dotierte Arztstellen unbesetzt.

Alicia reichte das Telefon an Tassilo weiter, der doch auch noch mit seiner „Schwester“ reden wollte. Seinem Lachen nach wurde für die anderen deutlich, welch herzliches Verhältnis Tassilo zu der Freundin seiner Alicia hatte. Wie diese Margaret denn aussehen würde, wollte die Trixi wissen. Alicia hatte einige jener Bilder parat, die sie und ihre Freundinnen in der Toskana geknipst hatten. Über eines schmunzelten sie dann alle, es zeigte Margaret eng an Tassilo geschmiegt. „Brüderlein, das passt ja wieder mal bestens zu Dir. Ich kann unserer Alix nur raten, gut auf Dich aufzupassen!“ Das ließ die auflachende Alicia nicht unkommentiert, und machte allen klar, dass sie ihn schon an sich zu binden wisse. Das hatte sie zwar fröhlich von sich gegeben, doch nicht nur der Trixi war klar, Alix hatte ihren Tassilo fest im „Griff“. Trixi gab preis, dass sie in Kinder- und Jugendjahren um ihren kleinen Bruder beneidet wurde. „Alle meine Freundinnen waren in den blonden, allerliebsten Lockenkopf verliebt.“ Da Georg, der bisher in einer Regensburger Klinik gearbeitet hatte, sich noch eine Auszeit gönnen wollte, käme er später gerne auf die Möglichkeiten zurück, eventuell in England als Arzt zu praktizieren. Alicia gab ihm daher die Telefonnummer ihrer Freundin Margaret. Deren Konterfei auf den Fotos hatte ihm anscheinend gut gefallen, denn er hatte es ungewöhnlich lange betrachtet. Ob es der jungen Ärztin denn nicht lästig wäre, wenn er sie in dieser Angelegenheit behelligen würde? „Lieber Georg, meine Freundin Margaret ist ein wahres Goldstück und überaus hilfsbereit, sie wird Dir sicher und gerne weiterhelfen.“ Was sich daraus entwickeln würde, konnte außer Alicia niemand am Tisch auch nur entfernt ahnen.

Gelegentlich raffte Tassilo sich auf und reiste ins Tessin, um dort seine Großmutter zu besuchen, deren erklärter Liebling er war. Das wusste Alicia allerdings nur von Barbara Floriani, die nicht minder in ihren Sohn vernarrt war. Wenn Alicia das nächste mal länger bei ihm weilen würde, wollten sie zu zweit auch zur Omi fahren. Alicias anfängliche Zerrissenheit legte sich in München viel schneller, als sie sich das je zuvor vorstellen konnte. Sie hatte sich schon nach der ersten Woche definitiv für Tassilo und auch für ein Leben in Deutschland entschieden, aber damit noch lange nicht gegen England. An ihrer Heimat hing sie sehr, Alicia konnte sich eine Trennung von ihr noch immer nicht so richtig vorstellen. Dies blieb Tassilo keineswegs verborgen. Ausgerechnet ihr Tassilo hatte – wieder einmal – mit einem Hieb den Knoten ihrer Ängste und Bedenken durchhauen. „Alixcara, wir kaufen uns dann eben als unser Feriendomizil ein kleines Häuschen in der Nähe Deiner Eltern. Damit sind wir in Lancaster unabhängig und finden dort auch unser eigenes Reich vor, das wir sogar ganz spontan aufsuchen können. Deinen Mini brauchst Du also nicht zu verkaufen. Den können wir beim Häuschen stehen lassen. Du kannst mir so jedes Mal wenn wir uns in Lancaster aufhalten werden, eine andere Ecke Deiner Heimat zeigen.“ Für diese gute Idee bekam Tassilo gleich mehrere „Mannas“. Als sie ihrem Vater dieses Vorhaben am Telefon darlegte, freute der sich riesig; dadurch würde er seine Tochter später doch häufiger sehen, als zuvor von ihm befürchtet. „Alixdarling, das Haus kaufe ich für Dich, denn Dir steht ja auch ein Erbe zu. Dein Tassilo soll es ruhig annehmen!“ Der hatte damit kein Problem und ermutigte Alicia dazu, den Hauskauf bald in Angriff zu nehmen. Auf dem Heimflug war Tassilo „dabei“. Alicia fühlte seinen Rubinring, den er ihr zum Abschied geschenkt hatte, und mit dem er seine Liebe ausdrückte.

***

Knappe zwei Wochen später rief Alicia bereits am Morgen bei Tassilo im Büro an. Ihre freudige Aufregung vermochte sie dabei nicht zu verbergen. „Tassilo, stelle Dir vor, nicht weit entfernt von unserem Gartenzentrum gibt es ein freistehendes altes Häuschen mit einem kleinen Garten zu kaufen. Der gegenüber wohnende Landwirt, ein Schulfreund und Verehrer meiner Mutter, hatte uns den Tipp gegeben. Ich interessiere mich sehr dafür, aber das Haus hat leider einen Haken, wie nicht anders zu erwarten war. Das einst ansehnliche Haus ist zwar relativ günstig zu haben, befindet sich aber leider in keinem guten Zustand. Der Garten ist ziemlich verwildert, aber das lässt sich von uns schnell ändern. Beim Haus bin ich mir allerdings nicht so sicher, da kann ich es nicht richtig einschätzen, auch mein Daddy vermag es nicht. Jetzt wäre es halt schön, wenn Du, der Architekt, in der Nähe wohnen würdest, und einfach schnell mal vorbeischauen könntest. Dein Rat würde mir dabei bestimmt sehr weiterhelfen. Aber viel, viel mehr als Dich, den Architekten, vermisse ich Dich, meinen Geliebten, von dem ich jede Nacht träume und der leider nicht mehr neben mir liegt.“ Tassilo, dem es damit ja auch nicht anders erging, schloss sich ihrem Bedauern an. Dann unterbreitete er ihr einen Vorschlag: „Alix, wenn Du mir die Expertise des Angebots und die Pläne zufaxt, kann ich Dir auch von München aus helfen. Ich mache mich sofort darüber her und formuliere dazu jene Fragen, die Du dem Verkäufer unbedingt stellen solltest. Rechtzeitig vor dem Besichtigungstermin liegen Dir meine Vorschläge vor. Das „Honorar“ hole ich mir später in Form von „Mannas“ ab.“ „Caro, Du bist zwar unverbesserlich, aber auch ein ganz lieber Schatz.“ Im Verlauf des Telefongesprächs stellte sich jedoch heraus, dass dieser Termin bereits für den nächsten Tag um 13.00 Uhr anberaumt war, und Tassilos Tipps damit zu spät kämen. Noch dazu hätten ihre Eltern, ausgerechnet an diesem Nachmittag, einen nicht zu verschiebenden Termin im hohen Nordwestengland. Alicia wollte jedoch die Verkäuferin, eine etwas schwierige alte Dame, mit einer Absage nicht verprellen und eben alleine hingehen, um mit ihr selbst sprechen zu können. Alicia hatte bisher nur mit dem Neffen der alten Dame zu tun gehabt, der als Vermittler fungierte.

Kaum hatte Alicia den Hörer aufgelegt, da buchte Tassilo einen Flug nach Manchester und dazu einen Mietwagen. Sie avisierten ihm einen Mini, was ihm passte. Dazu musste er zu seinem Leidwesen früh aufstehen, denn der Flieger startete „schon" um 9.05 Uhr und landete um 10.25 Uhr. Am selben Abend könnte er zwar laut Flugplan, um 17.15 Uhr wieder zurückfliegen und damit ein drohendes Problem umgehen, aber danach stand ihm keineswegs der Sinn. Übermorgen, am Samstag, wäre er eigentlich im Büro nicht abkömmlich, denn es stand eine große Projektsitzung aller drei Teilbüros an. Aber Tassilo kam die dafür seines Erachtens „rettende" Eingebung, als er im Kleiderschrank nach einem für England geeigneten Anzug suchte. Da hatten sich die Architekten tagelang die Köpfe zerbrochen, wie sie eine neu zu planende große Halle für einen wichtigen Auslandskunden spektakulär gestalten konnten. Tassilo ergriff zehn seiner altmodischen hölzernen Kleiderbügel, stellte sie in eine flache Schale und hielt sie oben zusammen. Diese so entstehende Kuppel ließe sich in der Praxis ganz filigran aus mit Stahlgittern geschweißten Streben gestalten. Durch jeweils einen innen und außen umlaufenden, wie eine Wendel angelegten Gang konnten noch zusätzliche Akzente gesetzt werden. Dadurch würde auch die notwendige Versteifung erreicht werden. In den Segmenten zwischen den tragenden Streben würde das vom Kunden gewünschte gedämpfte Licht, durch semitransparente gewölbte Kunststoffscheiben einfallen. Das war es! Er skizzierte und erläuterte kurz seine Idee, zuletzt zeichnete er noch ein mögliches Basisgebäude mit drei Stockwerken dazu. Diese Zeichnungen legte er seinem Vater auf den Schreibtisch und entschuldigte sich in einigen Zeilen, mit einem unaufschiebbaren Termin bei ihm. Dank seiner Idee, das wusste er, würde es statt eines väterlichen Donnerwetters sogar noch eine Anerkennung geben. So konnte Tassilo das Wochenende bei Alicia bleiben, deren Welt ein wenig kennen lernen und musste dann so erst am Spätnachmittag des Sonntags wieder heim fliegen.

***

Alicia hatte sich gerade dazu aufgerafft anstehende Überweisungen zu schreiben, um endlich den Stapel Rechnungen abzutragen, da wurde sie auch schon vom Telefon unterbrochen. Leicht unwillig griff sie zum Hörer: „Miss Alicia, unten bei uns ist ein junger Mann angekommen, er gibt an, er wäre ein befreundeter Architekt und würde Sie gerne sprechen." Alix war etwas verwirrt, denn damit wusste sie nichts anzufangen. Hatte am Ende ihr Vater diesen Mann bestellt, um ihr bei der schwierigen Besichtigung und Entscheidung beizustehen? So musste es sein. Alicia bat daher die Gärtnerin, den Architekten doch direkt zu ihr herauf zu führen. Was diese Architekten heutzutage für ungewöhnliche Anzüge tragen, dachte die ältere Frau, die sich über des fremden Mannes Bayerische Joppe wunderte. Aber verdammt gut aussehen tut der junge Herr schon. Dann waren sie vor Alicias Büroraum angelangt. Beim Weggehen konnte die Gärtnerin den überschäumenden Jubel Alicias schwerlich überhören. „Du bist es, Du mein geliebter Tassilo, ausgerechnet Du, mein Geliebter, Du bist also dieser rätselhafte Architekt", brachte sie zwischen zwei „Mannas" heraus.

Alicias Freudenausbruch blieb nicht ohne Widerhall. Die Gärtnerin trug es hinunter in das Gartenzentrum und dort lief es wie ein Buschfeuer durch die Reihen der Beschäftigten. „Stellt Euch vor, Alicias deutscher Freund, von dem uns Frau Whittaker so begeistert berichtet hat, ist überraschend eingetroffen. Unsere Alicia hat sich fast nicht mehr eingekriegt vor Freude. Dieser Deutsche sieht vielleicht gut aus und er scheint auch sehr nett zu sein. Außerdem spricht er sogar ein hervorragendes, akzentfreies Englisch." So berichtete es Dorothy Miller, die Tassilo, als der das Gartenzentrum betreten hatte und sich suchend umsah, nach seinem Begehren gefragt hatte. Die Mitarbeiter wussten längst von dem „Neuen" Alicias, denn Frau Whittaker sprudelte nach ihrem Besuch in München förmlich über, so begeistert war sie von dem neuen Freund ihrer Tochter. Sie, die zuvor weder von den Deutschen noch von Deutschland viel gehalten hatte, war auf einmal von diesem Land und den Deutschen sichtlich angetan. Selbst John Whittaker, ihr zwar geschätzter aber zumeist eher schweigsamer Chef, hielt mit seinem guten Eindruck nicht hinter dem Berg. Von Carolin, seiner Schwiegertochter, die leichter auszufragen war, erfuhren die Interessierten nicht nur von dem spontanen Flug der Whittakers nach München, sondern auch zum Aufenthalt Alicias in dieser Stadt. Ein bekannter Architekt sei Alicias Freund und sein Vater sogar ein Professor an der dortigen Technischen Universität, gab sie preis. Diese Botschaft gefiel den Beschäftigten, die erleichtert fanden, dass ihnen somit ein weiterer Chef erspart bliebe.

Nicht lange nachdem Dorothy Millers Nachricht die Beschäftigten „elektrisiert“ hatte, führte Alicia ihren deutschen Freund durch das Gartenzentrum. Dort wurde er nicht nur von den Beschäftigten neugierig gemustert, sondern auch von etlichen Kunden. An Alicias vor Glück strahlendem Gesicht ließ sich ihre Freude über den unerwarteten Besuch ihres Freundes ablesen. Die schöne und freundliche Alicia Whittaker kannten ja die meisten Kunden, und sie staunten nun über den so ungewöhnlich gekleideten, aber dennoch beeindruckenden jungen Mann an ihrer Seite. Da dieser allseits freundlich grüßte, fiel der spontane Eindruck von ihm bestens aus und bestätigte damit Dorothy Millers erste Einschätzung. Die beiden suchten anschließend Alicias Großmutter auf, die im ersten Stock eines Seitentraktes wohnte. „Das ist er also, Dein Tassilo! Herzlich willkommen, lieber Tassilo in meinen bescheidenen Räumen. Ich freu mich, dass ich Dich nun mit eigenen Augen sehen darf und nicht nur auf den Fotos.“ Die Granny hatte ihn ganz selbstverständlich geduzt, denn der Liebste ihrer Enkelin gehörte für sie zur Familie. Lange konnten Alix und Tassilo jedoch nicht bei Oma Henderson verweilen, denn der Termin zur Besichtigung stand an. Sie vertrösteten die Granny auf den Abend, an dem sie Tassilo im Kreise der ganzen Familie erleben würde.

„Miss Whittaker, wer ist denn dieser so eigenartig gekleidete Mann, den Sie da zur Besichtigung mitgebracht haben?“ Freundlich klang das nicht gerade, zu streng hatte es die alte Lady Baker gesagt. Doch als Tassilo ihr bei der Begrüßung formvollendet die Hand küsste, begann das Eis bereits zu schmelzen. Alicia ließ sich von der alten Dame nicht verunsichern und entgegnete ihr freundlich: „Madam Baker, Doktor

Tassilo Floriani ist ein in seiner Heimat bekannter Architekt, aber vor allem der Mann, den ich liebe. Er ist, um mir beizustehen, zu meiner großen Freude, extra heute in der Frühe hierher geflogen." „So so, ich vermute von Rom oder von Mailand aus, das schließe ich aus seinem Namen." Tassilo lachte hierüber und meinte, er hätte es etwas kürzer gehabt und das Flugzeug in München bestiegen." Kurz zog ein Schatten über das runzelige Gesicht der alten Dame: „Sind sie gar ein Deutscher?" In ihrer Frage schwang eine unausgesprochene Skepsis mit. Aber die schien bei diesem bestens Englisch sprechenden jungen Mann eigentlich nicht angebracht zu sein. Und ein Doktor war er ja auch, das kompensierte ihre Vorbehalte. „Aber ja, doch auch ein Bayer, wie sie an meiner Jacke sehen können." Etwas knurrig entgegnete sie ihm: „Dann hätten sie dazu aber keine Cordhose tragen dürfen, sondern eine Lederhose." So spottete die alte Dame, aber es klang jedoch längst nicht mehr so grimmig wie anfangs. Tassilo blieb ihr nichts schuldig: „Gnädige Frau wäre es denn besser gewesen, wenn ich hier als kostümierter „Engländer", also in Knickerbockers, karierter Weste und mit Farmermütze aufgetaucht wäre? Ich gebe es ja gerne zu, ich habe heute Morgen in der Eile keinen für England geeigneten Anzug ergriffen, sondern denjenigen, den ich schon gestern Abend getragen hatte. Als Brite verkleidet, da hätten sie sich sicher gefragt, was die Alicia Whittaker da für einen „Clown" anschleifen würde." Und ihren Spott aufnehmend, setzte er noch eines drauf: „Übrigens Lederhosen habe ich letztmals als Jugendlicher getragen, und Blasmusik spiele ich auch nicht, sondern nur Klavier." Letzteres interessierte die alte Dame besonders, denn sie war einst Musiklehrerin an der renommierten Girls Grammar School gewesen. Statt jetzt, so wie eigentlich geplant, das Haus ansehen zu können, galt es nun erst einmal der alten Dame zu beweisen, dass Tassilo tatsächlich Klavier spielen konnte.

Danach war Frau Baker wie umgewandelt, beantwortete freundlich Tassilos Fragen und zeigte den beiden jungen Leuten bereitwillig jeden Winkel ihres Hauses und Gartens. Tassilo hantierte mit einem Messband, kroch in jeden Winkel, so als suche er nach versteckten Mängeln des Anwesens, aber dies war keineswegs sein eigentliches Motiv. In sein Skizzenbuch übertrug er die gemessenen Daten anhand eines schnell gezeichneten Grundrisses und der ermittelten Höhen der Räume. Tassilo war nämlich eine Idee zur Aufwertung des Hauses gekommen. Akribisch überprüfte er nun, ob sie sich bei den Gegebenheiten der Räume, der Statik und der vorgefundenen baulichen Substanz auch verwirklichen ließe.

Währenddessen unterhielt sich die Hausbesitzerin mit Alicia und fragte sie, wieder sehr direkt über ihre Beziehung zu diesem „Deutschen“ aus. Tassilo schien ihr immer besser zu gefallen, denn der junge Architekt machte weder ihr Häuschen schlecht, noch verhielt er sich geschäftsmäßig. Außerdem, diesen scharfen Blick hatte sie das Leben gelehrt, erkannte sie in dem deutschen Architekten immer mehr den Sohn aus gutem Hause. Als sich Tassilo noch einmal im Garten umsah, meinte Frau Baker: „Miss Whittaker, diesen kultivierten jungen Mann müssen Sie unbedingt festhalten. Ich habe einst in jungen Jahren zu lange gezögert, dem Mann, den ich liebte, dies eindeutig zu sagen. Dies war der Fehler meines Lebens, denn eine andere kam mir dann zuvor.“

Etwa vier Meter vom Wohnhaus entfernt stand das ehemalige, eigentlich viel zu geräumige Waschhaus, das laut Frau Baker zudem längst abgerissen werden sollte. Dieses Gebäude befand sich nach wie vor in einem guten Zustand und brachte Tassilo auf eine Idee. Würde er das Waschhaus an der linken Seite öffnen und es mit einem Wintergarten an das Haus anbinden, dann könnte er so das ganze Anwesen nicht nur optisch aufwerten, sondern auch funktional verbessern. Dadurch würde sich vor allem eine Alternative zu dem sehr kleinen Wohnzimmer ergeben. Außerdem ließe sich, so wie er es einschätzte, im „Dachgeschoß“ des Waschhauses mit geringem Aufwand noch ein kleines Appartement für Gäste einbauen. Dazu müsste allerdings an das Waschhaus rechter Hand noch eine etwas breitere Garage angebaut werden. So ließe sich die Fläche des von ihm darüber gedachten Appartements erweitern. Den Garagenanbau gab der Platz auf der Straßenseite des Grundstücks gerade noch her. In der Garage, so schwebte ihm vor, ließen sich die Gartengeräte besser unterbringen, die bisher im Waschhaus standen, und sogar noch zwei Fahrräder. Mit einer Innentreppe zwischen Garage und Waschhaus würde das Appartement ohne den störenden Durchgang durch das Haus erreichbar sein. Außerdem stellte Tassilo zufrieden fest, die bauliche Substanz, sowohl des Haupthauses als auch des Nebengebäudes, war weit besser, als es das abgewohnte Gebäude vordergründig betrachtet vermuten ließ. Mit einer modernen Gasheiztherme anstelle der alten mit Kohle beheizten Öfen konnte sich zudem preisgünstig ein weiteres Problem beheben lassen. Der Gasanschluss war vorhanden und neben dem Kamin würden vom Keller aus die notwendigen Leitungen verlaufen. Selbst die Heizkörper hatte er bedacht und in seinem Plan berücksichtigen können.

Um sich zu vergewissern, dass seine Idee auch optisch zu dem Haus passte, begab er sich auf die andere Seite der kleinen Strasse. Tassilo lehnte sich an den Gartenzaun der gegenüber liegenden kleinen Farm, zückte sein Skizzenbuch und begann zu zeichnen. Als er gerade dabei war das Waschhaus abzuzeichnen, bekam er „Besuch". Ein großer schwarzer Hund zwängte sich aus dem nicht ganz geschlossenen Tor und beäugte neugierig den ihm fremden Mann. Solch einen schönen Labrador gab es zu Tassilos Kindertagen auch bei den Florianis, das „Mohrle" war der geduldige und liebe Spielkamerad der Kinder. Er lockte den Hund zu sich her und sprach ihn ruhig an. Der „Schwarze" wedelte freundlich mit dem Schwanz und ließ sich ohne weiteres von ihm streicheln.

Kurz darauf kam der stämmige rotgesichtige Bauer heraus und wollte, dabei leicht unfreundlich wirkend, von ihm wissen, ob er denn an dem Haus gegenüber interessiert sei? In seinem Ton schwang für Tassilo ein leiser Unwille mit. Er bedeutete dem Farmer, dass er hieran nur indirekt beteiligt sei, denn die eigentliche Interessentin sei Alicia Whittaker. So als wäre ein Schalter umgelegt worden, wechselten auf einmal des Bauern Tonfall und Mimik. Er streckte Tassilo seine von der Arbeit gegerbte Rechte hin und stellte sich als Charles Richards vor, er sei ein guter Schulfreund von Alicias Mutter. „Und wer bist Du? Am Ende gar der deutsche Freund von Alix, von dem Mary so angetan war?" „Mr. Richards, Sie haben es erraten, der bin ich!" „Junger Mann, ich bin es nicht gewohnt, dass mich Leute, die mir auf Anhieb sympathisch sind, mit Mr. Richards ansprechen." „Charles, das gilt, ich bin der Tassilo. Ist das für Dich in Ordnung?" „Aber ja, das finde ich prima. Darf ich mal sehen, was Du mit dem Haus von Frau Baker vorhast?"

Vor seinen Augen zeichnete Tassilo nun seine beiden Ideen ein. Eine etwas zurückgesetzte, nicht sehr hohe Ziegelmauer im Charakter der beiden Gebäude als ihre optische Verbindung, war seine erste. Nur der gläserne First des Wintergartens ragte dabei über die Mauer, in der vier lukenartige Fensterhöhlen eingezeichnet waren. Da das Waschhaus mit dem Wohnhaus nicht in einer Flucht lag, verlängerte er es zur Straßenseite hin. Damit würde hier ein Vorbau entstehen, der als zweiter Eingang dienen könnte. Rechts davon zeichnete er noch eine Garage hinzu. „Tassilo, das sieht wirklich gut aus, Du verstehst Dein Handwerk. Das Ganze hat für mich allerdings doch noch einen Haken." „Ja, welchen denn?" „Wenn die Garage direkt auf der Grenze steht, dann kannst Du ja nur noch durch das Haus in den Garten gelangen!" Tassilo schüttelte den Kopf und meinte: Es würde sich eine Alternative anbieten, nämlich die Garage zu beiden Seiten mit einem breiten Tor zu versehen! Das überzeugte den Landwirt zwar, aber er brachte trotzdem noch eine andere Variante ins Spiel.

Der schmale Streifen auf der Nordseite sei einst für eine Strasse freigehalten worden, doch die Planer hätten es sich dann anders überlegt. Er sei daher wieder zu kaufen, sowie ein nur über diesen Streifen zu erreichendes kleines Grundstück an der Westseite des Bakerschen Gartens. Ob er denn wisse, wem dieses Gelände gehöre, setzte Tassilo nach. „Mir" sagte Charles Richards fröhlich lachend. „Ich kann damit leider nur wenig anfangen, und das wollte der Nachbar von Frau Baker ausnützen. Der Kerl hat mir gerade mal 8000 Pfund geboten." „Und was willst Du selbst dafür haben?" Charles Richards kratzte sich nachdenklich am Kopf und äußerte: „Das Doppelte müsste es schon sein, es sei denn ich könnte auch zukünftig das Gras für meine Kühe haben. Das wäre mir ein Nachlass von zehn Prozent wert." „Charles, das lässt sich hören. Ich gehe davon aus, dass wir zusammen kommen. Aber über die Köpfe von Alicia und John Whittaker hinweg möchte ich das nicht entscheiden. Die beiden sind die eigentlichen Käufer, aber ich könnte dann immer noch einsteigen, denn ein solches Angebot lässt man sich doch nicht entgehen."

Danach zeigte Tassilo auf seine Skizze, um seine zweite Idee einzuzeichnen. Er erbreiterte die Garage und den Zugang, der damit zu einem eleganten Vorraum werden könnte, wie auch das darüber liegende Appartement. „Charles, hättest Du etwas dagegen, wenn dann der Aufbau über dem Waschhaus und der vergrößerten Garage noch breiter würde?“ Der Bauer schüttelte den Kopf: „Tassilo, was sollte ich denn dagegen haben, es macht einen guten Eindruck auf mich.“ Danach lud er Tassilo ein, sich doch kurz seinen Garten anzusehen, auf den er stolz sei. Und das war wahrlich ein berechtigter Stolz. Herrliche Rosen und blühende Blumen beherrschten den Garten, an dessen Rande standen Rhododendren und andere Gehölze, alle zusammen bildeten ein kleines Paradies. Wie er nun erfuhr, verkaufte Charles seine Blumen nur an die Whittakers, die immer sehr fair gewesen seien, so müsse er sich nicht um den Verkauf kümmern. Aber eigentlich sei der Garten eher das Hobby von ihm und seiner Jenny. Sie würden ansonsten von der Viehzucht und vom Ackerbau leben. Tassilo blieb vor einem Beet mit dunkelroten Rosen stehen und wollte Charles Richards einige besonders schöne Exemplare abkaufen, um sie nachher seiner Alicia zu überreichen. „Ist ne gute Idee, aber die Alix schaut nachher sicher kurz bei mir vorbei; so hat sie es immer gehalten, wenn sie in der Nähe war. Ich schneide Dir bis dahin die Rosen!“

Tassilo wollte Frau Baker und Alicia nicht länger warten lassen und ging wieder hinüber, um jetzt mit den beiden den offerierten Tee zu trinken. Anschließend legte er seiner Alicia unter vier Augen die gewonnenen Erkenntnisse, sowie seine Überlegungen und Beurteilung der baulichen Substanz dar. Um Alicia nicht zu verwirren, hielt er mit dem Angebot von Charles Richards noch zurück. Daraufhin begann Alicia, entgegen ihrer ursprünglichen Absicht, wegen des Kaufpreises nachzufragen. Hier konnte ihr Tassilo allerdings nicht helfen, denn mit den Immobilienpreisen von Lancaster kannte er sich nicht aus. Da der Verkaufserlös den Lebensunterhalt der alten Dame im Altersheim abzudecken hatte, gab es beim Verhandeln nur einen geringen Spielraum. Aber einen wohl zuvor eingeplanten Nachlass von zehn Prozent vermochte Alicia dennoch herauszuholen. Sie wurde wegen des Kaufpreises und der weiteren Abwicklung des Kaufs mit der alten Dame alsbald einig. In bestem Einvernehmen trennten sich beide Parteien, sehr zufrieden mit dem Erreichten.

In sie gerade ansetzten sich zu verabschieden, erhielt Alicia einen Anruf von Margaret und trat deswegen vor das Haus. Sie versprach Margaret, nachher noch kurz bei ihr vorbei zu kommen. Schwer fiel es Alicia die beiden Neuigkeiten, den Besuch Tassilos und den Kauf des Häuschens zu verschweigen, doch damit wollte sie ihre beste Freundin überraschen. Die alte Dame nützte diese Gelegenheit und fragte Tassilo, warum er denn die schöne und so tüchtige Alicia nicht vom Fleck weg heiraten würde. Tassilo lachte zwar, aber er kniff nicht: „An mir liegt es wahrlich nicht, ich ginge noch heute mit ihr aufs Standesamt.“ „Na dann, Sie gut aussehender und netter Deutscher, kaufen Sie sich nachher bei den Whittakers einen großen Blumenstrauß und halten bei ihnen in aller Form um Alicias Hand an. Wissen Sie, wir hier in England sind nach wie vor überaus konservativ, nicht nur ich alte Frau. Da ist ein Zusammenleben vor der Ehe für die jungen Frauen noch immer abträglich und deren Ruf belastend, auch den ihrer Eltern.“

Unwissentlich hatte die sehr direkte alte Dame damit einen wunden Punkt der Whittakers aufgedeckt. Ihnen passte es seit der Rückkehr Alicias aus München nicht mehr, von allen möglichen Leuten gefragt zu werden, wann denn ihre Tochter Alicia ihren geheimnisvollen deutschen Freund heiraten würde. Dazu hin hatten die Whittakers einen so guten Eindruck von Tassilo gewonnen, dass sie sich ihn zum Schwiegersohn wünschten. Für Mary Whittaker gab es dabei noch einen sehr erfreulichen Nebeneffekt, ihr zwischenzeitlich „beerdigter“ Wunsch nach einer Verbindung mit einem „höheren Stand“ erfüllte sich so doch noch. Und wie war es mit dem zweiten „wunden“ Punkt der Whittakers, ihre Alicia künftig fern von hier in München zu wissen? Durch die Absicht von Alicia und Tassilo in Lancaster ein Ferienhaus zu kaufen, hatte der sich für sie erfreulich gemildert. Wider ursprüngliches Erwarten würden sie dann die „Münchener“ doch immer wieder bei sich begrüßen können.

Die beiden Käufer entfernten sich einige Schritte vom Haus der strengen alten Dame, um sich das Häuschen noch einmal von der anderen Straßenseite aus anzusehen. Danach wollten Alicia noch hinüber zum Haus von Charles gehen und ihm Tassilo vorzustellen, obwohl ihr davor ein wenig unbehaglich zu Mute war. Anhand seiner Skizzen erklärte Tassilo seiner Alicia die von ihm gesehene Umgestaltung des Anwesens.

Was er sich so ausgedacht hatte, das gefiel ihr, nur die Verbindungsmauer wollte sie später mit einer Kletterpflanze verschönen. Geschickt lenkte Tassilo ihren Blick zuletzt auf den Geländestreifen, und eröffnete ihr, dass der günstig zu erwerben sei. „Caro, woher weißt Du das?“ Wie ein Lausbub grienend sagte er: „Von meinem neuen Freund Charles!“ Alix musste erst einmal schlucken, denn damit hatte sie nicht gerechnet. Ausgerechnet der manchmal so abweisende Charles und ihr Tassilo kannten sich schon, das konnte sie nicht fassen, aber es freute sie. Alicia gefiel die Möglichkeit diesen Streifen erwerben zu können auf Anhieb, sie wollte darüber zwar mit Charles reden, aber ihrem Vater nicht vorgreifen.

Charles und Alicia wurden schnell handelseinig und gingen davon aus, dass Johnny, wie ihn Charles nannte, dem bestimmt zustimmen würde. Alicia erblickte die bereitgelegten Rosen und fand, diese seien garantiert die allerschönsten des Gartens, was Charles verschmitzt schmunzelnd bejahte: „Die hat Dein Liebster mit Kennerblick ausgesucht!“ Tassilo nahm beim Abschied den Strauss an sich. Draußen vor dem Tor überreichte Tassilo ihn seiner Alicia, und dann stellte er ihr, die so sehr erhoffte Frage: „Alix, cara mia, willst Du meine Frau werden?“ Und wie gerne sie es wollte! Ihr langes, glühendes „Manna“ sprach Bände.

Alicias Eltern und ihr Bruder Andrew waren miteinander zu einem Gartenmöbelhersteller in der Gegend von Carlisle gefahren. Sie konnten vor Abend nicht zurück sein, daher hatte Alicia mit Margaret ausgemacht, sie kurz zu besuchen. Sie komme allerdings nicht allein, hatte sie zu der Freundin gesagt, und diese rätseln lassen. Es ging nicht sonderlich weit, eine kleine Villensiedlung nahm sie auf. Kurz vor ihnen war Margarets Mutter in die kleine Stichstrasse eingebogen, die zu ihrem prächtigen Haus führte. Margaret stand schon vor dem Haus, um die Ankommenden zu begrüßen. Tassilo „krabbelte“ bewusst als Letzter aus dem Mini. Margaret, die mit vielem gerechnet hatte, aber damit bestimmt nicht, brach in einen Freudenschrei aus. Herzlich umarmte sie Tassilo, sie begrüßten einander mit „mein lieber großer Bruder“ und „mein liebes kleines Schwesterchen“. „Mein Gott, das ist allerdings eine tolle Überraschung. Tassilo, Du bist also die Begleitperson von Alix, was für eine

Freude!“ Dann stellte sie Tassilo ihrer Mutter vor. Er bewies einmal mehr seine gute Erziehung und begrüßte Frau Redford mit Handkuss, was dieser sehr gefiel. Der deutsche Freund von Alicia sah also nicht nur blendend aus, er kam offenkundig auch aus einem guten Haus, so ihr erster Eindruck.

Sie bat die beiden unerwarteten, aber ihr sehr willkommenen Gäste herzlich ins Haus hinein und orderte bei der Hausdame Tee und Gebäck. Allerdings galt Alicia hier nicht als Gast, sondern als die immer gerne gesehene engste Freundin von Margaret, und die „Ziehtochter“ der Redfords. Nun war das Staunen an Tassilo, den schon der schöne Zugang und die Säulen des Eingangs beeindruckt hatten, doch das Innere des Gebäudes verschlug ihm fast den Atem. Dieses Haus war nicht nur stilvoll möbliert, es war weit mehr. Wohin er auch blickte, überall zeigten sich erlesene Möbel, Antiquitäten und andere Kostbarkeiten. Obwohl sich hier etliche Stile mischten wirkte alles sehr harmonisch. Die vielen Blumen gaben dem Ganzen ein zusätzliches Flair. Margaret kam, so schloss er, aus einem reichen Haus und aus einer Familie, die vermutlich seit Generationen zur gehobenen Gesellschaftsschicht zählte. Der großzügig angelegte und sehr gepflegte Park hinter dem Haus sprach seine eigene Sprache. Tassilo war offensichtlich in ein Haus geraten, das von einem großen Vermögen wie von einem erlesenen Geschmack zeugte. Frau Redfords Zuneigung für Alicia konnte er deutlich spüren, wie auch ihre ungezwungene herzliche Art. Sie verhehlte nicht, dass sie auf den so gepriesenen Freund von Alix höchst neugierig gewesen sei, denn ihrer Tochter Herzensfreundin gehöre ja irgendwie zur Familie. Das gefiel nicht nur Alicia sondern auch Tassilo, der von Margarets Mutter immer mehr angetan war. Erst jetzt rückte Alicia mit den beiden großen Neuigkeiten heraus.

Tassilo habe ihr, es sei noch nicht einmal eine Stunde her, einen Heiratsantrag gemacht, den sie mit riesiger Freude angenommen hätte. Margaret freute sich über diese Botschaft fast so, als wäre sie selbst die Hauptperson. „Liebe Alix, ich freue mich ja so für Dich, Du hast damit garantiert Dein Lebensglück gefunden. Ich gratuliere Dir von ganzem Herzen zu diesem Schritt und, das nicht ganz ungeneidet, zu unserem Tassilo.“ Alicia brachte auch die geplante Verlobung ins Spiel. An der sollte natürlich Margaret teilnehmen, die ja später bei der Hochzeit als eine der beiden Brautjungfern fungieren würde. Spontan lud sich Frau Redford dazu ein, was Alicia sehr erfreute, die sich nicht getraut hatte, eine Einladung auszusprechen. Damit bekam sie erneut bestätigt, welchen Stellenwert sie im Hause Redford hatte. Margarets Mutter sprach auch im Namen ihres Mannes, bei dem, wie sie sagte, Alix doch von jeher einen großen Stein im Brett habe. Jeder dieser drei möglichen Termine würde bei ihnen gehen.

„Liebe Tante Redford, Du wirst mich selbst dann öfters sehen, wenn ich in München leben werde. Wir haben uns soeben das Haus von Frau Baker angesehen, einst unsere strenge und gefürchtete Musiklehrerin. Das Häuschen steht zum Verkauf und wir können es tatsächlich bekommen." Frau Redford konnte es fast nicht glauben. „Wie hast Du denn das geschafft, Alix? Die alte Dame ist ja manchmal so störrisch wie ein bockiges Pferd. Da musst Du, wie allerdings nicht anders zu erwarten war, einen guten Eindruck gemacht haben!" Fröhlich entgegnete Alicia: „Das kann schon sein, aber ich hege einen anderen Verdacht. Nach anfänglichem und höchst direktem Abtasten von Tassilo, war sie immer mehr von ihm angetan. Er blieb ihr nichts schuldig, aber er machte es so nett, dass sie ihn nicht nur akzeptierte, nein, er imponierte ihr sogar. Als Tassilo dann ihren letzten Test, das Klavierspiel, mit Bravour meisterte, da hatte er die alte Dame „gezähmt". Ab da war sie so zugänglich und nett, dass ich sie nicht wieder erkannte. Stellt Euch vor, als mein Tassilo draußen mit dem Maßband hantierte, hat sie mir eines eindringlich ans Herz gelegt. Ich solle diesen besonderen jungen Mann unbedingt festhalten. So einer würde mir nie mehr in meinem Leben „über den Weg laufen"! Ihrer Empfehlung wäre ich nur zu gerne und ohne Zögern gefolgt, aber dazu gehörten ja nun mal zwei." Tassilo bestätigte sie und gab preis: „Alix, zu mir war sie nicht minder direkt. Aber sie musste mir nicht zureden, denn ich hatte mich doch längst entschieden!" Aus dem anschließenden Gelächter heraus entwickelte sich ein lockeres aber keineswegs oberflächliches Gespräch. So wie Frau Redford Tassilo ausfragte und auf ihn einging, das kennzeichnete Interesse und Stil. Er gelangte darüber bald zu der Vermutung, dass er auf Frau Redford einen positiven Eindruck gemacht hatte.

Das bestätigte Alicia ihm auf dem Rückweg. Die Dame des Hauses hatte ihr zu ihm gratuliert, als Tassilo und Margaret zum Auto vorausgegangen waren. Mit seiner Vermutung, über das von Generation zu Generation weiter vererbte Vermögen, lag er richtig. Die Redfords besaßen von alters her aus ihren Familien große Ländereien. Dazu kamen einige Mietshäuser in London und anderen Städten Englands. Aktien und Beteiligungen an Unternehmen und sonstiges Vermögen dürfe er auch unterstellen. Wie er soeben bei Frau Redford erlebt habe, seien sie jedoch ausgesprochen umgängliche, und alles andere, als hochgestochene Leute. „Sie haben mich stets geschätzt, überallhin mitgenommen und mir nie das Gefühl gegeben, ich sei nicht von ihrem Stand. Margaret hatte noch einen jüngeren Bruder, der an einer unheilbaren Erkrankung litt, und so allmählich verlosch. Und er war doch so ein lieber und netter Junge. Alle ärztliche Kunst und alle Fürsorge der Familie konnten daran nichts ändern. Das haben die Redfords bis heute nicht so richtig verwunden. Aus diesem Grund wurde Margaret auch Ärztin. Sie wollte sich jener jungen Menschen annehmen, denen ein ungnädiges Schicksal frühes Sterben auferlegt hat.“

„Mummy, wie findest Du denn unseren Tassilo?“ „Schätzchen, wieso sagst Du denn unser? Wenn ich mich nicht verhört habe, ist er bald der Ehemann von Alix.“ „Damit hast Du nur teilweise recht. Wir vier Freundinnen haben mit ihm Bruderschaft getrunken und uns, wie Du weißt, alle in ihn verschaut. Nachdem er sich nun mal für Alix entschieden hatte, blieb er nach wie vor zu uns so nett wie ein guter Bruder. Wir mögen ihn alle, selbst Gwen, die manchmal eher Abweisende. Ich gebe es ja zu, ich hätte ihn nur zu gerne für mich interessiert!“ „Schätzchen, das kann ich gut nachvollziehen, Tassilo ist wohl tatsächlich eine seltene Ausnahme bei der schwierigen Gattung Mann. Solch einen findest Du derzeit in Großbritannien vermutlich höchst selten. Ich konnte mir unsere Alix eigentlich nie so richtig als Verliebte vorstellen. Sie verhielt sich zu Dir immer wie eine liebevolle Schwester, aber auch so, als hätte sie alle ihre Gefühle im Griff. Und nun kenne ich sie fast nicht wieder. Eine solch weiche und weibliche Seite wie jetzt bei ihr zum Vorschein kommt, hätte ich bei ihr nicht gesucht, trotz ihrer sonst so warmherzigen und gewinnenden Art. Alix ist ja dermaßen in Tassilo vernarrt und so was von glücklich, dass ich mich von Herzen freue. Euer Tassilo hat mir auf Anhieb gefallen, er ist ein angenehmer und kultivierter Mann. Ich gehe fest davon aus, unsere Alix hat mit ihm einen Hauptgewinn in der Lotterie des Lebens gemacht. Aber er passt auch zu ihr, wie wenn er für sie „gebacken“ worden wäre. Ein toller Junge, er kommt garantiert aus einem gutem „Stall“. Er wird ganz bestimmt ein guter Ehemann und Vater, aber sicher auch ein erfolgreicher Architekt. Schätzchen, vielleicht hat er ja ähnlich gestrickte Freunde oder Cousins. Wer weiß, ich könnte mich, dank des Kennenlernens von Tassilo, durchaus mit dem Gedanken anfreunden, einen deutschen Schwiegersohn zu bekommen.“

Was Margaret noch nicht wusste, ihre Mutter und Alicia hatten sich bald nach Alicias Rückkehr von der Münchner „Probezeit“ eingehend über Tassilos Freundeskreis unterhalten. Frau Redford ging es primär darum, Alicias künftiges Umfeld einordnen zu können, und dazu gehörten für sie eben auch Tassilos Familie, Verwandte und Freunde. Was sie über diese von Alicia erfuhr, das gefiel ihr gut. Alix hatte sich fast schwärmerisch über die jungen Menschen ausgelassen, die sie durch Tassilo kennen gelernt hatte. Im Verlauf des Gesprächs mit ihrer „Ziehtochter“ stieg bei ihr ein Gedanke auf: Könnte denn nicht einer von diesen netten und kultivierten jungen Herren zu ihrer Margaret passen? Bei ihrer Nachfrage verdichtete sich ihre Vermutung immer mehr zu einer interessanten Spur. Frau Redford machte sich seit einiger Zeit so ihre Sorgen, wenn es um Margaret ging. Sie wusste, ihre Margie hätte nur zu gerne wieder einen Freund. Ihre stille Tochter war jedoch viel zu scheu und schüchtern, um von sich aus aktiv zu werden. Sie streckte zwar ab und an mal ihre Fühler aus, zog diese jedoch sofort wieder ein, wenn sie auch nur einen Anflug davon verspürte, ihr männliches Gegenüber hatte es vorwiegend auf ihren reichen Hintergrund abgesehen. Bei Margaret bildete sich in dieser Hinsicht in letzter Zeit fast so etwas wie eine Zwangsvorstellung heraus. Ein junger Brite hatte es daher bei ihr schwer, denn diese wurden von vorneherein verdächtigt, nicht sie zu meinen, sondern ihr „Vermögen“. Bei einem netten Ausländer, der nicht sofort mit Margarets Herkommen in Berührung kam, müsste sich ihre Tochter doch öffnen können, frei von diesem Hintergedanken? Das hatte Margaret ja zuvor bei Tassilo getan, aber der hatte nun mal Alicia auserkoren. Margaret war zwar keine solche Schönheit wie ihre Freundin, aber so wie diese eine warmherzige und kultivierte junge Frau, was sich leider erst auf den zweiten Blick feststellen ließ. Was Bildung anging, da konnte Margaret besonders punkten, und das schien, wie sie von Alicia erfahren hatte, bei diesen jungen deutschen Herren noch immer ein Pluspunkt zu sein.

Als die Whittakers ihren Rover hinter dem Bürogebäude einparkten, da sahen sie einen fremden Mini auf Alicias Parkplatz stehen. Wer mochte das wohl sein? Sie erfuhren es sogleich von Dorothy Miller. Alicias deutscher Freund sei heute gegen Mittag überraschend eingetroffen. Darüber freuten sich zwar John und Mary Whittaker nicht jedoch Andrew ihr Sohn. Der wollte diesen so gepriesenen Deutschen erst einmal richtig kennen lernen und ihm gehörig auf den Zahn fühlen. Noch waren Alicia und Tassilo nicht zu Hause, sie wollten aber in Kürze zurück sein. Bald drauf kamen die beiden Liebesleute an, aber sie machten noch einen „Umweg“ über den Blumenverkauf. Was wollten sie denn da? Mit einem großen, von Alicia schön gestalteten Blumenstrauß kamen sie einige Zeit später heraus. Sie überquerten den Hof, Tassilo holte noch eine Stofftasche aus seinem Mitwagen. Erst dann betraten die beiden das Wohnzimmer. Herzlich war das Willkommen seitens der Eltern von Alicia, während sich Andrew und seine Frau Carolin erst einmal heraus und im Hintergrund hielten. Tassilo hielt bei Alicias Eltern ganz formell um Alicias Hand an und überreichte Frau Whittaker den Blumenstrauß. Wie nicht anders zu erwarten, löste er damit große Freude und begeisterte Zustimmung aus.

Die Whittakers hatten Tassilo längst ins Herz geschlossen. Ihre sonst so abwägende, manchmal fast nüchterne Alicia hatte sich, als sie in München bei Tassilo weilte, am Telefon geradezu schwärmerisch über ihn ausgelassen. Nach ihrer Rückkehr aus München verstärkte die begeisterte Schilderung des Erlebten und vor allem der Persönlichkeit ihres Tassilo diesen Eindruck noch mehr. Und nun gelangte das Ganze, noch eher als erwartet, auch noch auf die von ihnen formell so erwünschte Bahn. Danach erst begrüßte Tassilo nun Carolin und Andrew Whittaker. Der Heiratsantrag Tassilos und die große Freude der Eltern hatten die beiden jedoch fast schachmatt gesetzt. Das hinderte Andrew nicht daran, seinen kommenden Schwager skeptisch zu mustern, so als suche er das berühmte Haar in der Suppe. Carolin wechselte bald die Seiten, denn der charmante Freund von Alix gefiel auch ihr. Tassilo überreichte Vater Whittaker eine Stofftasche, er hatte sie noch am Morgen im Laden der Hofpfisterei auf dem Flughafen München gekauft. In ihr befand sich ein großer Laib jenes Brotes, das Alicias Eltern in München so gut gemundet hatte. Drei Wiesenbrezeln fasste die Tasche auch noch. Eine der Brezeln wurde gleich einmal von allen verkostet und gewürdigt.

Andrew blieb diesem „Sunnyboy“ gegenüber erst einmal – und bei ihm ungewohnt - reserviert, was bei seiner Carolin Fragen auslöste. Was wollte denn ihr Andrew ergründen, und warum hatte er etwas gegen Tassilo? War es nur die Eifersucht des älteren Bruders oder suchte er nach Punkten, die eventuell sowohl Alicia als auch den Eltern entgangen waren? So sehr er sich danach auch anstrengte, und so intensiv er Tassilo auszuhorchen versuchte, er wurde vorläufig nicht fündig. War dieser Deutsche wirklich ein so netter Kerl oder doch nur ein geschickter Blender? Andrew wurde im Verlauf des frühen Abends zwar freundlicher, seine Skepsis verlor sich jedoch noch nicht.

Anschließend folgten alle der Bitte von Oma Henderson, die sie zum Abendessen gebeten hatte. Als die Großmutter erfuhr, dass Alicia ihren Tassilo bald heiraten würde, nahm sie Tassilo hocherfreut in die Arme. „Mein neuer Enkelsohn, Du passt nicht nur gut zu unserer Alix, Du passt auch bestens zu uns. Sei herzlich willkommen in unserer Familie.“ Erstaunt registrierte Andrew die Szene, er konnte sich nicht erinnern, dass seine Granny sich je so spontan und herzlich gegenüber einem ihr doch Fremden verhalten hatte. Oma Henderson war zwar keine kühle Frau, aber sehr wohl eine, die alles gründlich bedachte und eine gesunde Nüchternheit aufwies. Auf ihre Menschenkenntnis und ihren Instinkt durfte man sich verlassen.

Die Whittakers fühlten sich jetzt in ihrer positiven Bewertung Tassilos noch zusätzlich bestätigt. Tassilo war spontan hergereist, um ihre Alicia bei der schwierigen Bewertung des angebotenen Hauses zu unterstützen. Dies war ein weiteres Indiz dafür, wie wichtig ihm das Wohlergehen ihrer Tochter war. Natürlich wollten sie jetzt von ihm wissen, wie er das Haus und den Kauf als solchen bewerten würde. Sein fachmännisches Urteil überzeugte selbst Andrew. Was der deutsche Architekt in seinem

Skizzenbuch festgehalten hatte, das beeindruckte alle. Tassilo würde mit seinen Ideen aus einem unscheinbaren Haus ein vorzeigbares Objekt machen. Dabei hatte Alicia die von ihrem Vater avisierte Preisobergrenze noch nicht einmal überschritten. John Whittaker nickte zustimmend, das würde er gerne bezahlen. Tassilos auf der Basis deutscher Preise errechneten Kosten des Umbaus fanden alle als zu hoch angesetzt, das ließe sich in Lancaster deutlich billiger realisieren. Tassilo lächelte zufrieden: „Das ist ja umso besser, dann bleibt sogar noch etwas übrig, um das Grundstück noch zu erweitern!“

Tassilo setzte an, um über sein Zusammentreffen mit Charles Richards zu berichten, da wurde er jedoch gleich von Mary Whittaker unterbrochen. „Wie ist denn der Charly mit Dir umgesprungen, Tassilo?“ Aus dem Gelächter der Runde ließ sich eines entnehmen, alle gingen davon aus, der manchmal recht grobe Farmer könne ihn nur wenig freundlich behandelt haben. Doch nicht Tassilo antwortete ihnen darauf sondern Alicia: „Ich muss Euch enttäuschen. Charles und Tassilo haben sich sofort bestens verstanden, was mich nicht wenig verwunderte. Selbst Charlys Hund der launische „Blacky“, lies sich von Tassilo streicheln. Das hat dem Charles offenkundig gefallen. Stellt Euch vor, die beiden duzen sich sogar, und Charles hat ihm – ganz gegen seine sonstige Gewohnheit - sogar einen herrlichen Rosenstrauß hergerichtet. Diesen hatte Tassilo für mich erworben und mich, zu meiner riesengroßen Freunde, dann gefragt, ob ich seine Frau werden wolle. Und wie gerne ich das wollte, meinen Tassilo lasse ich nie mehr los!“ Ihr besiegelnder Kuss ließ daran keinen Zweifel offen.

Übersprudelnd fuhr Alicia fort: „Ihr Lieben, doch damit hatte es sich mit den Überraschungen noch immer nicht. Charles hat meinem Tassilo sogar generös angeboten, ihm den schmalen Landstreifen rechts des Hauses zu verkaufen, und dazu auch noch ein kleines Grundstück, das im Westen an den Bakerschen Garten angrenzt. Und das zu einem fast lächerlich geringen Preis.“ Als sie den Betrag nannte, da staunten auch alle anderen. „Wow, Tassilo, das hast Du ja bestens gemacht, mein Schwiegersohn! Wem der knorrige Charles so entgegenkommt, der hat bei ihm einen großen Stein im Brett. Es wäre fürwahr eine Riesendummheit sein Angebot nicht anzunehmen. Vielleicht kriegen wir den Charly auch noch dazu, bei seinem Bruder, dem nicht minder störrischen Maurermeister, ein gutes Wort einzulegen. Wenn Derek Richards sich des Umbaus annehmen würde, dann wird es nicht nur günstig, sondern in jeder Hinsicht schnell und hervorragend ausgeführt. Der hat nun mal die beste Umbaucrew der ganzen Gegend!“ Andrew sinnierte: Wenn selbst Mutters Schulfreund und Verehrer Charly den Tassilo so mir nichts dir nichts akzeptierte, dann war das ja fast ein „Ritterschlag“ Der zuvor noch ablehnende Bruder Alicias und seine Frau empfanden Tassilo im Verlauf des Abends, immer mehr als eine Bereicherung ihrer Familie. Und Stil hatte Tassilo auch, denn er sandte der alten Lady Baker einen erlesenen Blumenstrauß ins Altersheim. Er fügte noch ein Briefchen bei, in dem er ihr für den guten Rat dankte, der gerne angenommen worden sei.

Somit konnte Tassilo am Sonntagnachmittag als kommender Bräutigam nach München zurückfliegen. Mit dabei hatte er zur Auswahl für seine Eltern, Schwestern, Verwandten und Freunde, drei den Whittakers gut passende Verlobungstermine im Terminkalender festgehalten. Dieses Ereignis würde in München stattfinden, so hatte er es schon „präventiv“ mit seinen Eltern abgesprochen. So könnten die „Engländer“ Alicias künftige Schwiegereltern, Verwandte und enge Freunde kennen lernen. Und das im künftigen gemeinsamen Lebensraum von Alicia und Tassilo. Doch die Hochzeit „musste“ unbedingt in Lancaster sein, das war Alicia und ihren Eltern wichtig. Es „gehörte“ sich auch so; es sollte zudem die „Bayern“ mit Großbritannien und der hier so ganz anderen und recht traditionellen Hochzeitszeremonie bekannt machen. Tassilos Busenfreund Georg würde dabei – und das an der Seite der Brautjungfern Margaret und Alicias Schwester Maud - als der designierte „Bestman“ dann eine wichtige Rolle einnehmen.

Doch noch war etwas Zeit bis zu Tassilos Rückflug. Alicia, die ja nicht wissen konnte, dass ihr Tassilo an diesem Wochenende kommen würde, hatte am Samstagvormittag „Dienst“, den sie jedoch, falls es irgend möglich war, auf zwei Stunden verkürzen wollte. Danach wollten sie und Tassilo in das Zentrum von Lancaster fahren, um ihm einige Sehenswürdigkeiten der altehrwürdigen Stadt zu zeigen. Während des Dienstes von Alicia kam Andrew auf Tassilo zu und legte ihm seine Vorstellungen zum Umbau des Gartencenters offen. Die Gebäude, vor allem deren Verkaufsräume, wie die Außenanlagen mit den Gewächshäusern waren auf Grund des ständigen Wachstums immer gedrängter und verwinkelter geworden. Die Kunden fanden außerdem an frequentierten Samstagen oft nur noch in den Nebenstrassen einen Parkplatz. Das gefiel weder den Whittakers noch deren Nachbarn, die sich darüber schon öfters beschwert hatten. Daher suchten Andrew und John Whittaker schon länger nach einer grundsätzlichen Lösung. Diese sollte - wenn es irgendwie zu machen war - allerdings in der Bauphase weder den Verkauf noch die Gärtnerei über Gebühr beeinträchtigen.

Tassilo hatte die bestehenden Grundrisspläne eingesehen und daraufhin mit Andrew eine kurze Begehung durchgeführt. Danach schlug er ihm vor, statt wieder nur Stückwerk zu machen, den Parkplatz mit einer auf Stelzen stehenden Stahlbauhalle zu überbauen. Dessen eine, nur mit einem niederen Schutzgeländer zu versehende, an drei Seiten offene Hälfte, könnte als überdachtes Parkdeck genutzt werden. Der andere Teil würde hingegen, als eine besser gegen die Witterung abgeschirmte Verkaufsfläche verfügbar sein. Mit mobilen Wänden zwischen den beiden Bereichen könnte Andrew jene Flexibilität erreichen, die ihm dafür vorschwebte. Würde in dieser Bauphase außerdem die bisherige beengte Verkaufshalle aufgestockt werden, könnte dort noch eine weitere große Ausstellungsfläche entstehen. Die beiden Bauvorhaben mit vorgefertigten Bauelementen und in einem Zug zu gestalten, brächte einige Vorteile mit sich. Es würde vor allem die Baukosten senken, aber auch die Störungen gering halten und schnell realisierbar sein. Damit wollte sich Andrew sich fürs Erste begnügen, er war aber höchst angetan von den Ideen seines künftigen Schwagers. Ob ihm Tassilo denn die Detailpläne machen würde, wollte er noch wissen, was der gerne bejahte und auch umsonst anfertigen wollte. Andrew war inzwischen selbst sowohl von Tassilos Persönlichkeit, wie von seiner Kompetenz überzeugt.

***

Alicia stieß früher zu den beiden Männern als ursprünglich erhofft. Eine ältere Mitarbeiterin hatte ihr von sich aus angeboten, länger zu bleiben, was Alicia dankend annahm. Interessiert vertiefte sie sich in Tassilos skizzierten Plan. Sie suchte nach dem Aufzug, wie den Auf- und

Abfahrten zum geplanten Oberdeck. Für Letztere hatte Tassilo eine pfiffige Idee gefunden, denn er führte sie über den niederen Schuppen für die Pflanzerde. Der Aufzug fand dicht daneben seinen Platz. Dort könnte sich auch der obere Ein- und Ausgang befinden. Anschließend setzten sich Alicia und Tassilo ins Auto und fuhren ins Zentrum von Lancaster. Direkt vor der Hauptsehenswürdigkeit, dem Castle aus der frühen Normannenzeit fanden sie einen Parkplatz. Auf dem Weg dahin hatte Alicia ihn auf die Girls Grammar School aufmerksam gemacht. Dort habe sie viele Schuljahre verbracht und saß dabei immer neben Margaret. Sie seien von Kind an einfach unzertrennlich gewesen, gab sie preis. Erst einmal ging es in den Hof der Burg hinein und daran anschließend machten sie einen Rundgang. Die von unverputzten Steinhäusern gesäumten Castlestreet, Churchstreet und Marketstreet gingen sie gemächlich entlang. Alicia grüßte etliche Leute, sie schien rundum bekannt zu sein, kein Wunder bei dieser übersichtlichen Stadt. Sichtlich stolz stellte sie ihren Tassilo einigen näher Bekannten, als ihren Bräutigam vor. In einem kleinen Italienischen Restaurant nahmen sie einen Imbiss ein, der von Alicias seit ihrem Sprachkurs bevorzugten Gaststätte.

Am Nachmittag fuhren sie hinaus an die graue Irische See, unternahmen dort einen kleinen Spaziergang am Strand entlang. Der frische Wind wie die salzgesättigte Seeluft verschafften ihnen bald ein gerötetes Gesicht. Um sich wieder aufzuwärmen, fuhren sie anschließend zu dem nahen und vornehmen Heysham Golf Club, um dort einen Tee einzunehmen. Dem Getuschel an den anderen Tischen nach zu schließen, löste Alicia Whittakers Erscheinen an der Seite eines Fremden bei etlichen der Anwesenden Verwunderung aus. Zumeist wussten die Eingeweihten es längst, die schöne Alicia Whittaker und der sportliche Alan Woodbridge hatten sich vor einigen Wochen getrennt, aber von ihrem „Neuen“ erfuhren sie erst jetzt. Ein Brite konnte er seinem Aufzug nach nicht sein, doch woher kam der blonde junge Mann denn sonst? Alicia, die wusste, dass sie das Geflüster ausgelöst hatte, lächelte zufrieden, das hatte sie provoziert, und es würde alsbald in der hier gut vertretenen Oberschicht herumkommen. Außerdem durften diese Herrschaften, und alle anderen auf die es ihr ankam, ihre Neugierde bald stillen. Mit den Anzeigen zu ihrer Verlobung und danach zu ihrer Hochzeit, hatten sie es dann schriftlich, Alicia Whittaker würde den Sohn eines Professors heiraten und ihr

Mann, war außerdem selbst ein Doktor. Mit einem guten Gefühl verließ sie den Club, in dem ihr Vater und Andrew Mitglieder waren, und in dem auch die Turners und Woodbridges verkehrten.

Nachdem Tassilo wieder mit seinem Mietwagen abgereist war, hielt Alicia nichts mehr. Voller Vorfreude telefonierte Alicia danach noch einmal mit ihrer Schwester Maud, die im Süden Englands studierte. Anschließend rief sie ihre Freundinnen Gwen und Mabel an. Sie verunsicherte und überraschte die drei erst einmal, denn sie meldete sich bei ihnen mit Alix Floriani. Übersprudelnd vor Freude stimmte sie Maud, Gwendolin und Mabel darauf ein, dass sie bald so heißen würde, und lud sie zu ihrer Verlobung ein. Als sie ihnen eröffnete, diese würde in München stattfinden, empfanden sie es als Sahnehäubchen auf einem besonderen Ereignis. Sie würden also bald mit eigenen Augen sehen können, wo und wie Alicia künftig wohnen würde, und was es mit diesem laut Alicia so tollen München auf sich hatte. Darauf freuten sie sich, und auch darauf dieses Deutschland kennen zu lernen. Margaret, die inzwischen einige Male mit Georg Lang telefoniert hatte, würde so den engsten Freund Tassilos von Angesicht zu Angesicht erleben. Wer weiß, vielleicht war Georg auch so ein netter Mann, wie ihr „Bruder“ Tassilo?

Novembernebel

Die Welt wird verhängt
Alles verdrängt
Blätter in Bäumen
Rascheln in unsichtbaren Träumen
Die Farben, sonst so leuchtend schön,
Werden im Novembernebel überseh'n

Man geht vorbei,
Gleich nebenbei
Wohin all das Licht getragen?
Da muss man den Novembernebel fragen,
Die Nebel, die alles verschlingen,
Heimlich mit ihren kalten Fingern,
verdecken alle Gewalten
Mit ihren weißen Gestalten.

So wird die Welt verdrängt
Alles verhängt
Doch das Leben geht weiter
Die Sonne erklimmt ihre Leiter
Oh! Wie sind die Farben schön!
Wie konnte ich sie nur überseh'n.

Leonie Müller, zum 11.11.2011, damals 14 Jahre alt.

Die neue Rektorin

Am Gymnasium der kleinen Stadt N. wurde völlig unerwartet eine leitende Stelle frei. Der alte Rektor musste sich plötzlich einer Operation unterziehen und hatte diese leider nicht überlebt. Zuerst überdeckte die Trauer über den Tod des beliebten Rektors noch alles andere. Seine Beerdigung wurde zu einer überwältigenden Würdigung des guten Pädagogen und engagierten Vertreters der Schule. Doch danach gewann die Frage nach seinem Nachfolger an Gewicht. Nicht nur die Lehrer, sondern auch die Schüler waren höchst gespannt darauf, wer diesen Platz nun einnehmen würde. Die Entscheidung darüber traf allerdings ausschließlich das Kultusministerium in der fernen Landeshauptstadt.

Es dauerte geraume Zeit bis die Entscheidung bekannt wurde, sie bedeutete für das Städtchen und seine konservativen Bewohner eine kleine Sensation. Erstmals in der langen Geschichte des Gymnasiums wurde eine Frau zur Rektorin ernannt. Was so allmählich zu den Schülern durchsickerte, lautete: Die neue Rektorin sei eine promovierte Mathematikerin und heiße Klingbeil. Bisher habe sie in einer Kommission mitgearbeitet, die für die jüngst geänderten Lehrpläne verantwortlich zeichnen würde. Da diese bei vielen Lehrern und Schülern ziemlich umstritten waren, bedeutete das kein gutes Vorzeichen für die „Neue“. Die künftige Rektorin mit besten Kontakten zum Kultusministerium sei die Tochter eines Oberkonsistorialrats. Ihr Vater sei in der Evangelischen Landeskirche gut vernetzt.

Am Antrittstag der neuen Rektorin war die Spannung groß. Pünktlich um neun Uhr traf sie ein, besser gesagt sie fuhr vor und entstieg einem Volkswagen-Käfer. Auf den ersten Blick wirkte die Rektorin auf die verstohlen aus den Fenstern blickenden Schüler der oberen Klassen nicht unangenehm. Die schlanke Dame trug ein dunkelblaues Kostüm und hochgesteckte Haare, sie schien so um die Fünfzig zu sein. Mehr konnten die Neugierigen von ihr noch nicht erhaschen, doch das würde sich ja bald ändern, denn die Rektorin wollte, so wie ihr verstorbener Vorgänger, selbst in Mathematik und Physik unterrichten. Doch zuerst galt es für Frau Dr. Klingbeil, sich bei den Lehrern vorzustellen. Die kurzfristig einberufene Lehrerkonferenz befreite die Schüler zwar von direktem Unterricht, doch sie hatten stattdessen Aufgaben zur Stillbeschäftigung erhalten. Zwischendurch diskutierten sie immer wieder über die „Neue“, der erst einmal Respekt entgegengebracht wurde.

Von ihrem Klassen- und Schulsprecher wusste die Abiturklasse, dass sich ihr Klassenlehrer Herr Dr. Heller auch um die Stelle beworben hatte. Einhellig waren die Schüler der Ansicht, dass der Altphilologe die allerbeste Wahl gewesen wäre. Den strengen aber gerechten Lehrer mochten die Schüler, denn seine pädagogischen Fähigkeiten standen außer Zweifel. Bei ihm konnten sie etwas lernen, er verstand es trefflich, die Schüler für seine Fächer Deutsch, Latein und Geschichte zu begeistern. Darüber hinaus bezog er jeden Schüler in seinen Unterricht ein und hatte ein feines Gespür für deren Schwierigkeiten, die oft genug dem außerschulischen Bereich entsprangen. Deshalb hatte sich die Schülermitverwaltung mit der Unterschrift aller Klassensprecher an das Kultusministerium gewandt. Sie bezogen sich auf die auch ihnen zu Ohren gekommene Bewerbung des Herrn Dr. Heller und verwendeten sich in ihrer Petition für diesen guten Pädagogen. Überzeugt von ihm, wiesen die jungen Menschen darauf hin, dass Herr Dr. Heller seit Jahren als Stv. Rektor viel zum guten Ruf der Schule beigetragen habe.

Doch die jungen Menschen erhielten auf ihr Schreiben weder eine direkte Rückmeldung noch irgendeinen Hinweis darauf, dass ihre Petition unangebracht gewesen sei. Und dies war sie in der Tat. Ein hoher Beamter nannte das eine Unverfrorenheit und zieh daraufhin die Schule ein verlotterter Haufen zu sein, der offenkundig eine strengere Hand brauche. Diese Form der Demokratie, oder gar ein Eingehen auf die Wünsche der Schüler, lehnte der Beamte kategorisch ab. Ohnehin war die Entscheidung, nicht zuletzt aufgrund seines Einflusses bereits gefallen. In seiner Wahl, die als streng geltende Frau Dr. Klingbeil für diese vakante Stelle vorzusehen, fühlte er sich einmal mehr bestätigt. Doch weder die Schüler noch die Lehrer des Gymnasiums hatten Antwort auf ihr Schreiben bekommen.

Begleitet von Dr. Heller betrat die neue Rektorin Frau Dr. Klingbeil das Lehrerzimmer und wurde von den 18 Lehrerinnen und Lehrern neugierig gemustert. Der erste Eindruck war für die meisten ein positiver. Die schlanke Dame sah gepflegt aus und war angemessen dezent gekleidet. Unter ihrem hochgesteckten schon mit grauen Strähnen durchsetzten braunen Haaren zeigten sich ein schmales Gesicht, eine spitze Nase und etwas hervorquellende Augen. Bei genauerem Hinsehen waren die Falten um Augen und Mund nicht zu übersehen, sie ließen auf eine gewisse Bitterkeit schließen. Ihr Auftreten wirkte sicher, sie schien mit der Situation umgehen zu können, oder fühlte sie sich gar von vorneherein den „Provinzlern" überlegen?

Die Fragezeichen wurden nicht geringer, als sie sich vorstellte und danach eine kurze „Regierungserklärung" abgab. Was erfuhren ihre „Kollegen" über die neue Rektorin? Sie sei vor 51 Jahren in der Nähe der Hauptstadt geboren und aufgewachsen. Dann habe sie in der Hauptstadt ein gutes naturwissenschaftliches Gymnasium besucht und nach dem Abitur in Heidelberg studiert. Ihre Studienfächer seien Mathematik und Physik gewesen. Ihre Promotion hätte sie dann, dies allerdings fachübergreifend, bei zwei Lehrstühlen abgelegt. Ihr Thema: Die Gestaltung von Lehrplänen an Gymnasien in den Fächern Mathematik und Physik. Über ihr Privatleben gab sie wenig preis. Die Lehrer erfuhren, dass sie Witwe sei, zwei Töchter habe, die beide studierten. Bewusst habe sie sich in der benachbarten Kreisstadt eine Wohnung gesucht, um eine ausreichende Distanz zu ihrem Arbeitsplatz zu gewinnen. Das sprach schon mal gar nicht für sie, denn die Nachbarstadt liebten die Hiesigen nicht. Vermutlich ging es der Dame weniger um die Distanz zur Arbeit als vielmehr darum, von vornherein klar zu machen, dass es zwischen ihr und dem Kollegium keine Vertraulichkeiten geben würde.

Dann platzte die Bombe. Sie hätte vernommen, dass an diesem naturwissenschaftlichen Gymnasium den humanistischen Fächern sehr viel Aufmerksamkeit gewidmet würde und das auf Kosten der Kernfächer Mathematik, Physik und Chemie. Sie leite dies aus einer Statistik ab, die ihr über die Studienwahl der hiesigen Abiturienten vorläge. Es könne doch nicht sein, dass sich fast ein Dutzend der Abiturienten in humanistischen Fächern einschreiben würden und gerade mal drei in Mathematik und nur einer in Physik. Den Einwand eines Mathematiklehrers ließ sie nicht gelten, er hatte ihr entgegen gehalten, dass, so viel er wisse, immerhin sieben seiner ehemaligen Schüler Maschinenbau studieren würden. Dies seien für sie keine echten Naturwissenschaften sondern lediglich deren Anhängsel. „Ich will künftig in jedem Abiturjahrgang mindestens sechs Studierende in Mathematik, drei in Physik und wenigstens einen in Chemie heranziehen. Dabei liegen mir die hier offenbar vernachlässigten Mädchen ganz besonders am Herzen!“ Das kam wahrlich nicht gut an, denn es zeigte eines auf, von Kooperation schien die Dame wenig zu halten. Ohne die hiesigen Gegebenheiten zu kennen, ein derartiges Urteil zu fällen und solche Ziele zu diktieren, das fanden die Lehrer sehr kühn. Das nun einsetzende Schweigen schien die Rektorin als Zustimmung zu werten, doch dann gab Herr Dr. Heller zu bedenken: „Frau Klingbeil, vielleicht sollten wir darüber erst in einigen Wochen sprechen, wenn Sie die hiesigen Gegebenheiten besser kennen gelernt haben und indirekt auch die Struktur der überwiegend humanistisch ausgerichteten Elternhäuser erfassen können.“ Täuschten sich die Lehrer, oder war es so, das Gesicht der „Neuen“ verzog sich abfällig, so als unterdrücke sie mühsam ihren Zorn. „Dadurch werden sich die Statistischen Daten auch nicht ändern. Der falsch gesetzte Schwerpunkt ist für mich derart eindeutig, dass ich mich gezwungen sehe hier den Hebel anzusetzen!“ Dieser kaum versteckte Tadel verärgerte das Kollegium und schob dunkle Wolken über die Zukunft der Schule.

Am nächsten Tag ließ sich die neue Rektorin in jeder Klasse kurz sehen und machte den Schülern deutlich, dass die Fächer Mathematik, Physik und Chemie hier ab sofort ein deutlich größeres Gewicht haben würden als bisher. Die langen Gesichter mancher Schüler ignorierte sie kurzerhand. Im Laufe der nächsten Tage entlastete sie in den Fächern Mathematik und Physik jene Lehrer, die nach dem Tod des Rektors seine Stunden übernommen hatten. In der zweithöchsten Klasse fiel ihr ein Junge auf, der zweimal halblaut einen frechen Kommentar abgesetzt hatte. Sie fragte den frechen „Kerl“ nach seinem Namen und beschloss, auf diesen Georg Kraußler besonders aufzupassen. Nach dieser Stunde vertiefte sie sich daher in dessen Zeugnisse. Den Zeugnissen vermochte sie folgendes Bild zu entnehmen: Er sei ein intelligenter, aber einseitig ausgerichteter Schüler, der in den Fächern Deutsch, Geschichte, Geographie der Primus war, und auch im Sport zu den Besten zählte. In den Fächern, die ihr, der Rektorin, am Herzen lagen, da gehörte er jedoch erkennbar zu den schwächeren Schülern. In den anderen Schulfächern waren seine Leistungen eher mittelmäßig. Die Rubrik Verhalten bestätigte ihren ersten Eindruck nachdrücklich. Des Schülers Fleiß ließe zu wünschen übrig, seine Mitarbeit ebenfalls. Was sie hellhörig machte, war eine Bemerkung im vorletzten Zeugnis: „Der Schüler neigt dazu, seine Energie eher in das Machen von Unfug einzubringen, statt sie in Lernen zu investieren." So war das also, sie hatte auf Anhieb einen der Störenfriede identifiziert, einen, an dem sie ein Exempel statuieren würde. Damit wollte sie allen Schülern und darüber auch den Lehrern zeigen, wer die Herrin im Haus war!

Dazu musste sie sich noch weitere Informationen verschaffen, denn dieser „Coup" durfte auf keinen Fall schiefgehen. Die Rektorin wollte daher von Georg Straußlers Klassenlehrer, Herrn Wunderlich, noch Näheres zu dem Schüler erfahren. Diesen Lehrer schätzte sie als einen der wenigen neuen „Kollegen" kooperativ ein. Bereitwillig gab ihr der Lehrer zu dem Schüler Auskunft. Das Profil, das er zeichnete, hatte es in sich. Dieses zweite Kind des Ehepaares Friedrich und Katharina Straußler sei ein übermütiger Lausbub, gelte als Klassenclown und setze bei allen auf seine Wirkung als Sunnyboy. Er necke außerdem zu gerne die Mädchen seiner Klasse wie die anderer. Mehrmals sei er schon erwischt worden, wie er Karikaturen der Lehrer angefertigt hatte, was einen „blauen" Brief an dessen Eltern nach sich gezogen habe. Zwei seiner Streiche gab der Klassenlehrer als Beispiele preis. Jüngst hätte er in seiner Schultasche eine lebende Maus mitgebracht und diese dann mitten im Unterricht frei gelassen. Dadurch löste er ein heilloses Durcheinander aus, trieb seine Mitschülerinnen auf die Bänke und veranlasste die Jungen zu übermütiger Mäusejagd. Kurz davor habe er während eines Experiments im Chemieunterricht einem Mitschüler den Wasserschlauch in dessen Hosentasche geschmuggelt. Der Bedauernswerte hätte dies erst bemerkt als sein Hosenbein bereits völlig durchnässt war. Auch diese Stunde ertrank im Gelächter der Schüler und konnte dadurch nicht ordentlich zu Ende geführt werden. Frau Klingbeil dankte dem Lehrer für seine Aussagen und fühlte sich in ihrem Vorhaben bestärkt, diesen Störenfried zu disziplinieren.

Drei Mathematikstunden hatte die Rektorin in dieser Klasse schon gegeben, dann erst bot sich ihr die erste Chance diesen unbotmäßigen Schüler „vorzuführen“. Er hatte einem der Mädchen einen Maikäfer in ihr lockiges Haar gesetzt und lachte lauthals über deren Schrecken und steckte damit die anderen Schüler an. „Schüler Kraußler, das Mitbringen von Maikäfern hat vielleicht etwas mit dem Unterricht in Biologie zu tun, aber nichts mit Mathematik. Sie können uns allen nun beweisen, dass Sie auch etwas von Mathematik verstehen.“ Sie stellte ihm nacheinander eine Reihe von Aufgaben, bei denen er keine gute Figur machte. Jedes mal garnierte die Rektorin sein Nichtwissen mit einem ätzenden Kommentar. Der Junge fühlte sich von ihr ungerecht behandelt, denn selbst die in diesem Fach besser bewanderten Schüler hätten die Fragen in Schwierigkeiten gebracht. Dennoch bewahrte er Haltung und schluckte seinen Ingrimm hinunter. Doch als die Pädagogin zum Schluss sich an die Schülerinnen wandte, konnte er sich fast nicht mehr beherrschen. Die Rektorin höhnte: „Seht ihn Euch an. Sobald man diesen „Männern“ den Schutz der Lehrer entzieht, entpuppen sich diese „Helden“ als dumm und hohl. Lasst Euch künftig von solchen Kerlen nichts mehr gefallen, schlagt zurück und meldet mir alle Übergriffe.“

Die Rektorin, die davon ausging, dass ihre Demonstration Wirkung erzielt hatte, wurde bald darauf eines besseren belehrt. Als die Lehrerschaft nach einer Konferenz die Schule verlassen wollte, stand sie vor einem unerwarteten Hindernis. Im Treppenaufsatz des Eingangs stand das Goggomobil einer Lehrerin und versperrte den Weg. Dieser Streich löste bei den Lehrern erst einmal schallendes Gelächter aus, bei der Besitzerin des Autos hingegen einen wütenden Aufschrei. Die Rektorin ergriff sofort die Position der Kollegin und bedeutete dem Kollegium, dass sie Anzeige gegen Unbekannt erstatten werde. Als Dr. Heller sie bat, die Sache doch nicht so hoch zu hängen und als Jungenstreich stehen zu lassen, kam er bei ihr an die falsche Adresse. „Das ist für dieses Haus und diese Männergesellschaft wohl typisch, stets werden die Rabauken geschützt und ihre Vergehen als lässlich abgetan, aber nicht mit mir.“ Kopfschüttelnd bat der Gescholtene seine Kollegen darum, den Wagen gemeinsam wieder von seinem ungewöhnlichen Parkplatz zu entfernen. Das ging nicht ohne Gelächter ab, was die Rektorin nicht ganz zu Unrecht als Solidarität der Männer und als Affront gegen sie selbst bewertete.

Dadurch noch mehr in ihrem Vorhaben bestärkt, erstattete sie auf dem Heimweg bei der Polizei Anzeige. Die Polizisten ärgerten sich zwar über diese Lappalie und gingen der Sache eher unwillig nach. Eigentlich wollten sie diese Angelegenheit im Sande verlaufen lassen, doch bei der Besichtigung des „Tatorts“ zwang sie eine übereifrige Nachbarin, die Sache weiter zu verfolgen. Diese Frau vermeinte in einem der zehn Jungen, die das Auto hinaufgetragen hatten, ausgerechnet den Georg Kraußler erkannt zu haben. Auf diesen Jungen habe sie seit einiger Zeit einen gehörigen Zorn, denn der hatte ihrer Katze eine Blechdose an den Schwanz gebunden und das arme Tier damit in Panik versetzt.

Noch an diesem Abend rief ein Polizist bei den Eltern des Schülers an und hoffte, dass es deren Sohn abstreiten würde. Damit hätte er die Sache vom Tisch gehabt und alles könnte im Sande verlaufen. Doch der „Beschuldigte“ leugnete sein Mitwirken nicht, gab jedoch zur Erleichterung des Beamten seine „Mittäter“ nicht preis. Georg Kraußler erhielt eine „ernsthafte“ Ermahnung. Der Polizist fertigte darüber ein kurzes Protokoll an, das in Kopie der Rektorin zuging, garniert mit der Bitte, dieser Sache keine Bedeutung zuzumessen. Das war alles andere als hilfreich, denn es stachelte die um ihre Autorität besorgte Frau Dr. Klingbeil nur noch an.

Georg Kraußler wurde am nächsten Tag zu der Rektorin zitiert, die ihn in Anwesenheit von Dr. Heller und des Klassenlehrers Wunderlich zur Rede stellte. Auch ihr gegenüber gestand er seine Beteiligung an dem Streich sofort ein. Dies sei kein Streich belehrte ihn die Rektorin, sondern eine Straftat, die der Polizei zu Recht gemeldet worden sei. Auf ihre Aufforderung hin, ihr nun die Schüler zu nennen, die dabei mitgemacht hätten, bekam sie die Antwort. „Ich bin doch kein Denunziant. Wer seine Freunde verpfeift, der ist für mich ein mieses Schwein!“ Scharf warf sie ihm an den Kopf: „Dann werden Sie eben allein für den Schaden aufkommen müssen. Ich habe die Kollegin gebeten, in ihrer Werkstatt nachsehen zu lassen, was alles an ihrem Auto beschädigt worden ist.“ Auf ihre nächste Frage, warum sie der Lehrerin Maller so übel mitgespielt hätten, gab es wieder eine eindeutige Antwort. Die Fünftklässler hätten sich bei den oberen Klassen wiederholt beklagt, sie würden von Frau Maller schikaniert. Da dies leider kein Einzelfall gewesen sei, hätten die großen Jungen beschlossen, der unbeliebten Lehrerin aufzuzeigen, dass sie umkehren solle. Empört reagierend ätzte die Rektorin: „Sieh mal an, da spielen sich die jungen Herren gar noch als „Richter“ auf, welch eine freche Anmaßung. Der Schuss, mein Herr, der ist für Sie nach hinten losgegangen. Nun stehen Sie da als ein unverbesserlicher Rabauke mit offenkundig überbordendem Selbstbewusstsein. Ich prophezeie Ihnen künftig sehr schwere Zeiten an dieser Schule.“ Mit dieser unmissverständlichen Drohung entließ sie den Schüler in seine Klasse.

Als die drei Pädagogen dann wieder unter sich waren, gab es von Seiten ihres Stellvertreters Einwände. Er fand, dieser Jungenstreich würde übermäßig aufgebauscht und an einem von zehn beteiligten Schülern ein unverhältnismäßig hartes Exempel statuiert. Darauf erhielt er eine harsche Antwort. „Herr Heller, dieser Schüler muss gestutzt werden, das warnt die anderen aufmüpfigen Schüler und zeigt ihnen, dass nun andere Zeiten angebrochen sind. Sie sehen es doch selbst, wie es hier um die „Herrschaft“ der jungen Burschen steht. Gedeckt von sich solidarisch zeigenden Lehrern hat sich hier ein Wildwuchs entwickelt, den ich nicht länger hinnehmen werde, wenn es sein muss, auch gegen den Widerstand der Lehrerschaft!“ Kopfschüttelnd verließen die beiden Lehrer das Rektorat. Um aus ihrer Sicht Nägel mit Köpfen zu machen, diktierte die noch immer aufgebrachte Frau Dr. Klingbeil einen Brief an die Eltern des Schülers und bestellte sie für den übernächsten Tag ein.

Strengen Tones legte sie den Eltern den neuen Verstoß ihres Sohnes dar und forderte sie auf, dazu Stellung zu nehmen. Frau Straußler, die ohnehin des Öfteren mit dem Verhalten ihres zweiten Sohnes nicht einverstanden war, stimmte in die Klage der Rektorin ein. Vielleicht wollte sie damit auch nur der strengen Frau den Wind aus den Segeln nehmen und sie milde stimmen? Herr Kraußler, der bisher geschwiegen hatte, wollte diese Bewertung nicht stehen lassen. Sein Sohn sei zwar ein richtiger Lausbub, aber doch kein bösartiger Kerl und schon gar nicht ein „Straftäter“. Harmlose Streiche zu verüben, das gehöre für ihn nun mal zum Dasein eines Heranwachsenden. Auch er und seine Freunde hätten einst ähnliche Streiche gemacht. Die hätten zumeist Gelächter ausgelöst, vielleicht auch die davon Betroffenen geärgert, aber doch um Himmels Willen keine Weiterungen nach sich gezogen. Damit schüttete er ohne es zu wollen, Wasser auf die Mühle der Rektorin. Das sei es ja, wie die Väter so die Söhne! Deren Kumpanei führe doch dazu, dass sich ein von Männern dominiertes Verhalten über Jahrzehnte verfestigen könne und so die Unterdrückung der Frau zementieren würde. Die Mütter hätten darunter zu leiden, die Schwestern nicht minder und nicht einmal vor den Lehrerinnen, geschweige denn vor den Mitschülerinnen mache dieses Verhalten Halt. Als dem auch noch seine Frau eilfertig zustimmte, da platzte dem Vater des beschuldigten Schülers der Kragen. Er, ein angesehener Handwerker und Mitglied des Stadtrates, „wagte" es zu sagen, dass dies für ihn nicht mehr als ein unausgegorenes Emanzenwelsch sei. Damit hatte er, der auch im Gemeinderat eine klare Sprache bevorzugte, bei der Rektorin verspielt. Ihre Gedanken saugten sich voll mit einer Mischung aus Selbstmitleid und Unverständnis. In welch eine rückständige Stadt hatte es sie verschlagen, welch eine Herkulesaufgabe stand vor ihr. Hier schienen sich die Herren der Schöpfung noch ihrer Dominanz sicher zu sein, doch sie würde vehement dagegen halten. Daher verwahrte sie sich eisig geworden gegen diese böswillige Aussage. Wenn dem Vater an einer guten Zusammenarbeit mit dem Gymnasium gelegen sei, und er ihre pädagogische Arbeit nicht torpedieren wolle, dann solle er sich solcher Anwürfe enthalten. Kühl verabschiedete sie danach die Eltern. Sichtlich verärgert beschwor Frau Kraußler beim Weggehen ihren Mann: „Frieder, wie konntest Du nur so was sagen, das muss doch nur unser Bub ausbaden." „Käthe, damit hast Du zwar Recht, aber bei einem solch dummen Geschwätz da geht einem ja das Messer in der Tasche auf." Mehr vermochte die Rektorin nicht mehr hören, doch das, was sie gehört hatte, genügte ihr vollauf. In den Eltern dieses Schülers fand sie keine Unterstützung. Nun denn, sie würde dennoch unbeirrt ihren Weg gehen und in diesen „Sauladen" endlich Disziplin einziehen lassen.

Hätte sie allerdings jene Diskussion mitbekommen, die fast zur gleichen Zeit im Zimmer ihres Stellvertreters geführt wurde, dann hätte ihre Zuversicht vermutlich einen Dämpfer bekommen. Die vier Lehrer, alles Humanisten, waren sich einig in der Bewertung ihrer neuen Vorgesetzten. Es fielen abwertende Begriffe wie: Ein „pädagogischer Rohrkrepierer“, das „unheilige Fallbeil auf dem Weg zur Inquisition“ und ein „unmögliches Weib“. Wenn sie dieser „Dame“ nicht Einhalt gebieten würden, dann werde das Klima zwischen den Lehrern, aber auch das Verhältnis zu ihren Schülern irreparablen Schaden nehmen. Darin waren sich die vier Herren einig, doch zu konkreten Maßnahmen, wie zu einer Beschwerde beim Kultusministerium, oder das Einschalten der Elternvertretung konnten sie sich *noch* nicht durchringen; wobei der Schwerpunkt auf dem noch lag.

Wie ging es mit dem getadelten Schüler weiter? Aus dem einst fröhlichen Lausbuben war ein resignierter Junge geworden, und dies nicht nur in den Fächern Mathematik und Physik, in denen Frau Klingbeil ihm immer wieder aufzeigte, welch ein schwacher Schüler er doch sei. Selbst in seinen bisherigen Glanzfächern ließ er dermaßen nach, dass ihn Dr. Heller darauf ansprach, allerdings in seinem Zimmer und unter vier Augen. Georg, der wusste, dass ihm dies nicht zum Schaden gereichen würde, packte aus und redete sich alles von der Seele. Er habe keine Lust mehr auf die Schule und jeden Morgen graue es ihm vor der Schule. „Herr Doktor, ich kann das nicht mehr aushalten und gehe von der Schule ab. Ein Onkel nimmt mich als Lehrling in seiner Eisengießerei in Bayern an. Ich habe gestern schon der Rektorin mein Ausscheiden mitgeteilt. Ihr Kommentar lautete, es klang in meinen Augen zynisch: „Das ist das erste Mal, dass ich bei Ihnen einen Anflug von Klugheit erkenne. Diesen Schritt hätte ich Ihnen ohnehin auch bald angeraten, denn ein Gymnasium ist für Sie eine Nummer zu groß.“ „Georg, hast Du Dich da nicht verhört?“ „Nein, Herr Doktor, das ganz sicher nicht, so hat sie es gesagt; ich unterstelle, dass sie sichtlich froh darüber ist, mich loszuhaben.“ Der Schüler ließ sich weder von dem ihm gewogenen Pädagogen umstimmen, noch wollte er das Gespräch abwarten, das sein Deutschlehrer mit der Rektorin zu führen beabsichtige. Mit großem Bedauern wünschte der Pädagoge seinem einstigen „Star“ alles Gute auf den Lebensweg und ermutigte den geknickten Jungen ein letztes Mal. „Georg, bei Deiner Begabung wirst Du auch so Deinen Weg machen. Ich sehe Dich an der Universität und bin davon überzeugt, dass Du noch eine gute Karriere machen wirst.“

Als die Rektorin sich in der nächsten Lehrerkonferenz irgendwie triumphierend über das Ausscheiden des Störenfrieds Georg Straußler ausließ, da zeigte sich in fast keiner Miene der Lehrer Zustimmung. Nicht einmal Frau Maller gab zu erkennen, dass sie der Rektorin Meinung teilte. Davon nicht entmutigt, verkündet sie ihr Credo: Fördern der Begabten und disziplinieren der Störenden; allerdings nur insoweit dies Wirkung zeigt. Auf die Faulen, selbst wenn diese intelligent seien, dürfe es keine Rücksicht geben. Das Leben verzeihe die Faulheit nie. Im Fall Straußler habe die Disziplinierung zwar gewirkt, des Schülers mangelnde Begabung, noch dazu gepaart mit Faulheit, hätten die Fortsetzung seiner Schullaufbahn jedoch verhindert. Wieder ließ sie sich durch das Schweigen des Kollegiums nicht beirren.

„Wenn Sie alles das, was ein Schüler im Gymnasium an Wissen zu erwerben hat, nur auf Mathematik und Physik eingrenzen, dann müsste ich Ihnen Recht geben, doch so einfach mache ich es mir nicht. Das Leben erfordert auch noch andere Fähigkeiten, die wir Lehrer zu vermitteln haben. Georg Straußler hat sicher nicht viel mehr als das aus seiner Sicht Notwendige getan, doch seine Begabung steht für mich außer Zweifel. Er hat zwar auch in meinem Fach nicht viel getan, aber sich dennoch eine befriedigende Note verdient. Sein erzwungener Abgang ist eine Niederlage für die Pädagogik und alles andere als ein Ruhmesblatt für unsere Schule!“ Ausgerechnet der sonst eher stille Biologie- und Chemielehrer verlieh der Ansicht der meisten seiner Kollegen Ausdruck. Wie einst als Studenten klopften sie heftig zustimmend auf die Tische. Ehe die Rektorin dazu Stellung nehmen konnte, ergriff ihr Kontrahent Dr. Heller das Wort. „Frau Klingbeil, ich schließe mich der Meinung meines Kollegen voll an. Versteckte Begabungen aufdecken, ein angstfreies Lernklima schaffen und Verständnis für diese schwere Lebensphase der Jungen aufbringen, das setze ich gegen Ihr Credo. Außerdem widerlegen die späteren Erfolge von einst schlechten Schülern ihre Aussage. Einstein, der in der Schule - speziell in Mathematik und Physik - keine Leuchte war, hat in diesen Fächern später Bahnbrechendes geleistet. Das gilt auch für die Herren Bismarck und Sauerbruch. Wenn wir hier noch weiter graben würden, fänden wir noch genügend weitere signifikante Beispiele. Ich warne Sie, wenn Sie nicht ablassen von ihrem rigiden Vorgehen, dann werden wir bald einen Exodus von ihnen nicht genehmen, aber auf anderen Gebieten sehr begabten Schülern erleiden. Autorität durch Unterdrückung und ein Klima der Angst zu erwerben, das führt unweigerlich zum Gegenteil. Diesen Weg werde ich nicht mittragen und alle Mittel und Wege ausschöpfen, um diesen Irrweg - fast bin ich geneigt zu sagen, diesen Irrsinn – stoppen zu lassen.“ Dieses Mal war die Zustimmung des Kollegiums noch vehementer und das Klopfen anhaltender. Frau Klingbeil, die mit einem derartigen Widerstand nicht gerechnet hatte, verwahrte sich eisig gegen diese Aussagen. Sie bezeichnete die geäußerten Statements als feindselige Kampfansage, der sie zu begegnen wisse. Damit beendete sie die Konferenz und fuhr voller Ingrimm nach Hause.

Am Abend war Sitzung des Gemeinderates, zu dem auch ein Gymnasiallehrer gehörte. Der angesehene Gemeinderat musste jedoch erst einmal seinen Kropf leeren und sich über die Krise am Gymnasium auslassen. Obwohl der Punkt: Gymnasium nicht auf der Tagesordnung stand, waren sich alle Gemeinderäte einig, ihn noch zusätzlich aufzunehmen. Friedrich Kraußler hatte sich vehement dafür eingesetzt und schilderte nun auch seine Begegnung mit der neuen Rektorin. Die Diskussion dauerte allerdings nicht sehr lange, denn der Bürgermeister selbst nahm Stellung. „Liebe Kolleginnen und Kollegen, sollen wir uns von einer ortsfremden Frau unser bisher so angesehenes Gymnasium kaputt machen lassen? Diese Rektorin wurde uns von irgendwelchen Beamten aus der fernen Hauptstadt aufs Auge gedrückt. Alle unsere Wünsche wurden damals dort einfach vom Tisch gewischt. Doch nun müssen wir aktiv werden und zwar über die Parteigrenzen hinaus. Lasst uns über unsere Abgeordneten auf das Ministerium Druck ausüben, um es dazu zu zwingen, diese für uns nicht annehmbare Person abzuberufen. Den Herrschaften wird schon etwas einfallen, damit alle Seiten ihr Gesicht wahren können. Nur vertrösten lassen sollten wir uns nicht.“ Einstimmig wurde der Vorschlag des Stadtoberhaupts angenommen.

Der Gemeinderat konnte nichts wissen von dem gleichzeitigen Treffen der Klassensprecher des Gymnasiums. Der eingeweihte Hausmeister hatte es ihnen ermöglicht. Einziger Tagungspunkt der „Verschwörer“: Organisieren eines Streiks der Schüler und einer Demonstration gegen die verhasste Rektorin. Darüber waren sich alle sofort einig. Danach ging es nur noch darum, welchen Weg der Demonstrationszug nehmen und wer für die Plakate zuständig sein sollte. Der Schulstreik wurde auf den übernächsten Tag mit Schulbeginn angesetzt. Treffen wollten sie sich auf dem Kirchplatz. Ausnahmslos alle Schüler sollten daran teilnehmen und möglichst viele Plakate mitführen. Darauf solle ihre Unzufriedenheit mit dem „Fallbeil", so der allseits üblich gewordene Schimpfname der Rektorin Klingbeil, ausgedrückt werden. Auch die Eltern und die Oberen der Stadt müssen dazu aufgefordert werden, dem „Kreuzzug" der Rektorin ein Ende zu setzen. Wenn nicht, würden sich die Schüler weigern, weiter zur Schule zu gehen. „Und unsere Lehrer müssen wir auffordern, sich der Tyrannei der Klingbeil zu widersetzen. Es bleibt jeder Klasse selbst überlassen, welche Plakate sie anfertigen und mit welchen Parolen sie auf ihre Lage hinweisen wolle. Je origineller die Aussagen sind, desto besser kommen sie an. Nur plumpe Beleidigungen dienen der Sache nicht!" Dieser Aufforderung des Schulsprechers stimmten alle Kameraden zu. Einer der Klassensprecher versprach seinen Vater, den Lokalreporter der einzigen Zeitung, für ihre Sache zu gewinnen. Die Vorfreude der „Verschwörer" ließ sie an diesem Abend die triste Schulsituation vergessen. Zum Schluss legten sie noch fest, wie sie künftig mit den Abweichlern umgehen wollten. Der harte Vorschlag diesen Klassenprügel angedeihen zu lassen, so wie einem verräterischen Schüler vor Kurzem geschehen, fand keine Mehrheit. Sie einigten sich auf ein Merkblatt mit dem Hinweis, dass jeder Verweigerer künftig geschnitten werde und jede Unterstützung verlieren würde.

Der Schülerstreik wurde zu einem nie erwarteten Erfolg, er wirkte wie der Funken in einem gefüllten Pulverfass. Der Demonstrationszug nahm den Weg vom Kirchplatz zum Rathaus und danach zur Schule. Der Schulsprecher hatte sich ein Megaphon beschafft und verkündete darüber unüberhörbar das Wollen der Schüler auf den Straßen und Plätzen. Etliche drehten Rätschen, die sonst in den örtlichen Weinbergen die Vögel von den reifen Trauben fernhalten sollten und erzeugten damit einen makabren Lärm. Die Presse war tatsächlich vor Ort und nahm sich des Falles gerne an. Die Redaktion sendete den Artikel an die Kollegen der meistgelesenen Zeitung des Landes, und die machte daraus einen aufsehenerregenden Bericht. Dem Stadtrat spielte der Schülerstreik in die Hände und bestätigte sein Vorgehen. Deren Vertreter fanden dank des

Artikels in der hohen Politik offene Türen, und verwandelte das Kultusministerium beinahe in einen aufgescheuchten Hühnerhaufen. Doch zurück zum Streik und zur Demonstration.

Der Zug der Schüler, nie zuvor hatte es in der braven Stadt so etwas gegeben, lockte die Menschen hinaus auf die Straße. Nicht nur der geschlossene Zug erregte Aufsehen, auch die mitgeführten, teilweise recht originellen Plakate. Es gab eine Reihe von deutlichen Aufforderungen oder Hinweisen: „Mit der Klingbeil kam das Unheil!“, „Wir wollen lernen und nicht zittern müssen!“, „Oh Fallbeil gehe wieder weg, erlöse uns vom Dauerschreck.“ und „Lernen unter diesem Druck ist ein mörderischer Spuk!“ Es gab auch Anleihen an Dichter zu lesen: „Denk ich an Klingbeil in der Nacht, bin ich um den Schlaf gebracht!“ „Sein oder nicht sein das ist für uns die Frage. Wann weicht sie von uns diese Plage?!“ Es konnte nicht ausbleiben, dass auf einigen der Plakate eine Guillotine zu sehen war, auf deren Fallbeil Mathe oder Physik stand. Der Bürgermeister empfing die Delegation der Schüler vor dem Rathaus und versprach ihnen, unter dem Beifall der Schüler und der Umstehenden, sich ihrer Sache engagiert anzunehmen.

Als sich der Zug danach dem Gymnasium näherte, da wurde so manchem der Schüler bang. Vor dem Eingang hatte sich die Lehrerschaft aufgebaut und harrte ihrer Schützlinge. Vor ihnen stand mit starrem Gesicht die aufgebrachte Rektorin. Es war ihr nicht anzusehen, dass sie all ihren Mut zusammenraffen musste, um sich den aufsässigen Schülern zu stellen. Noch wusste sie selbst nicht, wie sie diesen Verschwörern begegnen sollte. Geordnet wie beim Schulsportfest schwenkten die Klassen ein und bauten sich breit und unübersehbar auf. Sie reckten ihre Plakate in die Höhe, entlockten ihren Rätschen schauerliche Töne und dann hob der Sprechchor an. „Wir wollen in Freiheit lernen und nicht in Sklaverei! Weg mit der Unterdrückung und weg mit der Einseitigkeit!“ Danach verlas der Schulsprecher, ein Abiturient, die Forderungen der Schüler. „Wir wünschen uns Hilfen beim Lernen, ein das Lernen förderndes Klima und Respekt vor uns den Schülern. Wir verwahren uns gegen die einseitige Ausrichtung des Lernstoffs und vor allem gegen die Demütigungen, die unsere Jungen seitens der Rektorin aushalten müssen.“ Lautstarker Beifall - auch der Mädchen - bekräftigte seine Worte und führte dem Lehrerkollegium vor Augen, dass die ganze Schülerschaft voll hinter ihrem Schulsprecher stand. Was würde die Rektorin darauf antworten? Das interessierte nicht nur die Schüler sondern auch die Lehrer, von denen einige ihre Schadenfreude nicht zu unterdrücken vermochten. Hatte die Dame endlich begriffen, dass sie sich verrannt hatte? War sie Willens und in der Lage ihren Kurs zu ändern?

Auf einmal war es still geworden, nicht mehr als ein leises Gemurmel war zu hören. Mutig trat die Rektorin einige Schritte vor und nahm mit kräftiger Stimme Stellung zur Forderung der Schüler. „Was mir hier geboten wird, das ist pure Rebellion, angestiftet von einigen wenigen Rädelsführern, die ihren Einfluss auf ihre Mitschüler übel missbrauchen!“ Höhnisches Gelächter aus hunderten von Kehlen unterbrach ihre Worte. Der Schulsprecher rief in sein Megaphon: „Das klingt für uns wie blanker Hohn, steigen Sie endlich herab von ihrem Thron! Wir sind uns alle einig, wir halten fest zusammen und wir lassen uns von Ihnen nicht auseinanderdividieren.“ Wieder unterstrich die lautstarke Zustimmung seiner Kameraden, dass er ihnen aus dem Herzen gesprochen hatte. „Wir stellen Ihnen jetzt ein Ultimatum, das wir schon zuvor miteinander abgesprochen haben, wir vermuteten zu Recht, dass sie uneinsichtig bleiben würden. Wir, das sind alle solidarischen Schüler des Gymnasiums, werden hier vor der Schule warten. Wir geben Ihnen jetzt eine halbe Stunde Zeit, um uns ein annehmbares Angebot zu machen. Wenn nicht, dann werden wir unseren Streik solange fortsetzen, bis wir die Zusage bekommen, dass hier wieder ein das Lernen förderndes Klima einkehren wird und jenes der Angst ein für alle Male endet.“ Den hilflosen Versuch der Rektorin sich dazu zu äußern, erstickte der lautstarke Beifall der Schülerschaft. Sie kam auch danach nicht mehr zu Wort, denn jeder ihrer Versuche wurde sogleich niedergebrüllt.

Kalkweiß und sichtlich am Ende ihrer Nerven forderte sie die Lehrer auf, sich umgehend zu einer Konferenz zu treffen. Doch nur zwei Herren, aber keine der Damen, folgte ihrer Aufforderung, die anderen negierten auch ihre zweite „Bitte“. Ihr blieb nun nichts anderes übrig, als sich in ihr Rektorat zurückzuziehen, um ihre Fassung wieder zu erlangen. In ihrer Not versuchte sie, ihren Mentor im Kultusministerium zu erreichen. Zu ihrem Pech saß der in einer Besprechung mit dem Staatssekretär und war im Augenblick nicht zu erreichen. Was sollte Sie nur tun? Wenn sie den Schülern nachgab, dann konnte sie gleich ihr Bündel schnüren, und um ihre Versetzung ansuchen. Sollte sie die „Aufständischen“ vertrösten, um Zeit zu gewinnen? Konnte sie währenddessen mit der Unterstützung des Ministeriums eine Aktion gegen die Rädelsführer des Aufstands vorbereiten? Auch diese Alternative hatte ihre Tücke und baute auf das Einverständnis und die Rückendeckung der einflussreichen Ministerialräte. Außerdem ging sie davon aus, dass die Lehrer ihr die Gefolgschaft verweigern würden.

Die eilig anberaumte Besprechung im Kultusministerium drehte sich, was Frau Klingbeil nicht ahnen konnte, ausgerechnet um die Situation am Gymnasium in N. Der Staatssekretär aufgeschreckt durch Anrufe des Fraktionsführers der derzeit regierenden Partei sowie des Abgeordneten des Landkreises, in dem N. lag, wollte von seinen Herren Näheres zu diesem Aufstand der Schüler wissen. Anfangs versuchten die Herren noch so zu tun, als handele es sich um eine Lappalie, von der sie nichts gewusst haben wollten, doch der merklich sauer gewordene Politiker nahm ihnen dies nicht ab. Sein unerbittliches Nachsetzen förderte zwei Dinge zu Tage: Erstens, es lag eine förmliche Beschwerde gegen die Rektorin Dr. Klingbeil vor, die von fast allen Lehrern des Gymnasiums in N. unterzeichnet war. Zweitens, die Beamten mussten eines einräumen, Frau Klingbeil sei aufgrund ihrer hervorragenden Mitarbeit bei der Kommission zur Überarbeitung der Lehrpläne in Mathematik und ihrer profunden Beherrschung der Mathematik auf die Liste gekommen. Dank der Nachfrage des Staatssekretärs kam heraus, dass Frau Dr. Klingbeil noch nie in leitender Stelle eingesetzt gewesen sei, auch nicht als Stellvertreterin eines Rektors. Damit war der der Nachfragende noch nicht zufrieden und setzte nach. Kleinlaut gaben die Herren zu, auch Protektion hätte eine Rolle gespielt und verwiesen auf einen hohen Herrn der evangelischen Kirche. Der schwache Versuch eines der beiden Herren, die dortigen Schüler als per se aufsässig hinzustellen, verfing beim Chef nicht. Er wollte daraufhin den damaligen Brief der Schüler einsehen, den seine Beamten nicht einmal einer Beantwortung für Wert gehalten hatten. „Meine Herren, wir leben in einer Demokratie, in der sich auch die Schüler äußern dürfen. Dieser Brief zeugt doch von deren Engagement für ihre Schule. Das begrüße ich und halte unser damaliges Schweigen für wenig förderlich. Es ist unser Auftrag, alles zu tun, damit in unseren Schulen gute und motivierte Schüler ausgebildet werden."

Das Telefon unterbrach ihn, der Abgeordnete M. informierte ihn darüber, dass die lokale Presse den Schülerstreik in N. begierig aufgegriffen habe. Es sei davon auszugehen, dass sich auch die überregionale Presse diesen „Knüller" nicht entgehen lassen werde. „Schorsch, hier musst Du schnell handeln, um Schaden von unserer Partei fernzuhalten!" Sich wieder seinen Beamten zuwendend sagte er: „Das hat uns gerade noch gefehlt. Die Presse hat den Streik beobachtet und wird uns in der Öffentlichkeit madig machen. Am besten wäre es wenn sich Frau Klingbeil wegen Krankheit auf unbestimmte Zeit dienstunfähig schreiben ließe. So können wir und auch sie das Gesicht wahren." Diesem faulen aber nicht unüblichen Kompromiss stimmten die Beamten zu. Der Staatssekretär brachte noch etwas ein: „Ein zweites Mal dürfen wir dem Gymnasium in N. keinen Rektor aufs Auge drücken. Wie wäre es denn mit diesem Dr. Heller? Was halten Sie von ihm?" Er sei zwar ein anerkannt guter Pädagoge und sicher kein schlechter Rektor, aber er habe einen großen „Makel", er sei Katholisch. „Na und, die Kröte müssen wir in diesem Fall schlucken, auch wenn dieses N. überwiegend Evangelisch ist. Ich kläre dies am besten sofort mit dem dortigen Bürgermeister ab." Er griff zum Hörer und ließ sich mit dem Bürgermeister verbinden. Es wurde nur ein kurzes Gespräch, denn der Angerufene bedeutete ihm erfreut, dass dies eine geradezu ideale Lösung sei. Interimsweise sollte Dr. Heller als stellvertretender Rektor das Gymnasium führen, aber die bindende Zusicherung erhalten, nach dem Ausscheiden von Frau Dr. Klingbeil die Stelle des Rektors formell antreten zu dürfen.

Danach ging alles sehr schnell. Frau Dr. Klingbeil knickte ein und meldete sich krank, sie fühlte sich allerdings auch so. Als Trostpflaster bekam sie in Aussicht gestellt eine Planstelle im Ministerium zu bekommen. Es wurde ihr von dort aus nahe gelegt, sich in N. elegant aus der Affäre zu ziehen und ernsthaft krank zu melden. Dr. Heller wurde nach einer „Anstandsfrist" zum neuen Rektor ernannt und die Schüler beraumten spontan eine Feier an, zu der sie auch die Lehrer einluden. Übrigens hatte Dr. Heller vor Ablauf des Ultimatums die Schüler von ihrem Streik abbringen können und auf die Petition aller Lehrer an das

Kultusministerium verwiesen. Lediglich die Mathematik- und Physikstunden, die Frau Klingbeil gegeben hatte, fielen aus. Die Rektorin räumte nach dem Anruf ihres Mentors den Schreibtisch, verabschiedete sich mit dürren Worten noch vom Kollegium verließ das Gymnasium und betrat es nie wieder.

Jahre später erhielt der inzwischen pensionierte Rektor Dr. Heller ein kleines Paket zugesandt, dessen Absender lautete: Privatdozent Dr. habil. Georg Straußler. Das Paket enthielt einen Roman des ehemaligen Schülers und einen langen Brief seines einstigen „Stars“. Darüber erfuhr der alte Herr erfreut, welchen Lebensweg dieser genommen hatte. Das Abitur hatte er nachgemacht, danach Germanistik studiert und in den USA ein Stipendium erhalten. In Deutschland zurück, habilitierte er sich und fand danach eine Anstellung am Goetheinstitut. Nebenbei lehrte er noch an einer bekannten Universität. Seine Heimat hatte er nur selten aufgesucht und es dabei vermieden, erkannt zu werden. Er sei glücklicher Vater von drei Kindern und rundherum zufrieden. Zum Schluss bedankte er sich bei seinem alten Lehrer, dem er es verdanke, durchgehalten zu haben und doch noch diesen Weg nehmen zu können.

Nichts

Es gibt fast nichts, über das noch nicht geschrieben wurde. Gurken, lilablassblau, Schlupflieder – über all das und noch mehr wurde schon geschrieben. Nur über eine Sache wurde noch nicht geschrieben. Das Nichts. Wenden wir uns heute also der abstraktesten Angelegenheit der Menschheit zu. Überlegen wir uns doch zunächst einmal, wie wir das Nichts sehen. Dunkel, schwarz, leer. Nicht vorhanden und doch da. Nicht greifbar, unberührbar. Scheinbar undefinierbar. Ziemlich uninteressant. Aber existiert das Nichts auch wirklich? Scheinbar nicht. Man kann es weder berühren, noch sehen, noch riechen, noch schmecken. Aber es ist sehr präsent in unserem täglichen Ausredenregister. Das Nichts hat viele Seiten. Wenn du etwas Geheimes oder Verbotenes tust, und du wirst gefragt, was genau du da tust, sagst du: „Nichts“ Wenn dich etwas bedrückt, belastet, und du willst nicht darüber sprechen und einer fragt dich: „was ist los?“, sagst du: „Nichts.“ Wie man erkennen kann, ist (hat) das Nichts eine sehr praktische Seite. Aber wenn man es sich vorstellen muss, dann kommen nur schwammige und ungenaue Sätze heraus, nie so etwas wie: „Nun, ich denke es ist giftgrün, ziemlich rau und hat lange, flauschige Ohren.“ Nein, so etwas kommt nie. Schade eigentlich. Es gibt nicht einmal einen Nichtsexperten im Nichts-Fachshop, den man fragen kann. Vielleicht ist das der Grund, warum es noch nie einen Artikel über das Nichts gab: Es ist blödsinnig und hat keine Tatsachen, auf denen es basieren kann. Aber wer will schon Tatsachen hören? Und was ist daran so interessant? Nichts.

Leonie Müller Im Sommer 2011 als damals 13 Jährige.

Gewitter

Bedrohlich jagen die Wolken über das Himmelszelt,
Vertreiben das Blau und verdunkeln die Welt.
Die Tropfen fallen, trippelnden Schritten gleich,
Blitze zucken, die Welt erscheint bleich.
Donner grollt, wie ein Hammerschlag,
Noch ein Blitz, die Nacht wird zum Tag.

Es ist nass, es tropft von Bäumen und Blättern,
Da ist kein Schutz vor den Unwettern.
Ganz plötzlich wird der Regen schwächer,
Die Sonne lugt über die Dächer.
Das Leben erstrahlt in neuem Glanz,
Schmetterlinge beginnen ihren Tanz.

So ist das Leben, voll Trauer, voll Wonne,
Nach dem Regen kommt immer die Sonne.

Leonie Müller Im November 2010 im Alter von 13 Jahren.

Kammermusik

Vor einigen Monaten ging uns das Programm der Montafoner Kammermusiktage zu. Versendet hatte es die Kammermusik-Direktion München. Achtlos legte ich es erst einmal auf den Stapel zu den anderen musikalischen Angeboten. Aber das Programm versank nicht im Getriebe des Alltags, es fand sich bald darauf auf meinem Schreibtisch wieder. Warum sollten wir, die doch in München so viele Konzerte direkt vor der Haustüre erleben können, ausgerechnet einige Stunden Autofahrt auf uns nehmen? Dieser Einwand hätte allein schon ausgereicht, mir das Ganze wieder auszureden, zudem gesellte sich noch der Vorbehalt gegen einen dreitägigen Aufenthalt in dem Vital-Zentrum dazu. War das nun ein Hotel oder eines dieser vom Zeitgeist angehauchten „Zentren", in dem man auf jene „schwebenden" Zeitgenossen trifft, mit denen ich so gar nicht kann? Dessen ungeachtet warf ich das Programm nicht in den Papierkorb und blätterte irgendwann doch darin. Mit dem Vorarlberger Montafon konnte ich noch etwas anfangen, mit dem Veranstalter Vital-Zentrum Felbermayer und dem Ort Gaschurn jedoch nichts. Das baute erneut eine Welle des Ablehnens auf, aber sie verlief sich bald wieder. Warum denn dieses? Ich stieß im Angebot auf die das Ganze gestaltenden Musiker und vertiefte mich daraufhin in das Programm. Wir kannten und schätzten das Rodin-Quartett. Diese vier kompetenten und sympathischen Musiker erlebten meine Frau und ich schon in etlichen Konzerten im Max-Josef–Saal der Münchener Residenz. Ein jedes Mal waren wir von ihrem Spiel angetan gewesen.

Das bewegte mich letztlich, das angebotene Programm mit meiner Frau durchzugehen. Danach fanden wir übereinstimmend, es könnte sich lohnen. Das Programm entsprach unseren Neigungen, es war nicht auf „Erziehung" hin angelegt und versprach von daher gut angelegte Zeit zu sein. Mich interessierte außerdem der Auftritt eines der beiden Solisten, des renommierten Oboisten Christoph Hartmann, denn wir kannten dessen Schwiegereltern. Meine Frau lockte insbesondere das Streichquartett F-dur op. 96, das „Amerikanische" von Antonin Dvorak. Das musikalische Programm sagte uns zu, doch wie war es mit dessen Rahmen? Drei Tage Hotel mit der Aussicht auf ein gutes Essen, war es das? Eher nicht, das konnten wir auch in München haben. Vielleicht dessen Schwimmbad, in dem sich Phasen der Regentage gut überstehen ließen? Das war es auch nicht. Aber Schreiben könnte ich dort, und finde vielleicht sogar einige Anregungen? Außerdem galt das Montafon, das ich einst als junger Mann zum Skifahren aufgesucht hatte, als eine schöne Gegend. Damals bekam ich das nicht so recht mit, zu sehr standen die Pisten im Vordergrund. Die Schönheit der Natur zu schätzen, das lernt sich erst so richtig im Alter. Sollte, was im August nicht auszuschließen ist, dann gar noch gutes Wetter herrschen, könnten wir dort vielleicht einige Wanderungen unternehmen? Nach einigem Überlegen konnten wir uns diese Auszeit von drei Tagen gut vorstellen und meldeten uns an.

Als wir dann am 16. August 2013 nach Gaschurn aufbrachen, begleitete uns schönes Wetter und dazu kam die Aussicht, dass es wahrscheinlich so bleiben würde. Der telefonische Kontakt mit der Rezeption des Vital-Zentrums stellte zuvor eine gute Visitenkarte dar und versprach für das Hotel einiges. Zwei Staus auf der Autobahn entmutigten uns nicht. Nach drei Stunden Fahrt umfing uns die Bergwelt und wir begannen, uns einzustimmen. In uns entwickelte sich peu a peu eine gewisse Vorfreude. Als wir nach Bludenz die Autobahn gegen eine bequeme Landstrasse eintauschten und schmucke Dörfer passierten, verstärkte sich unsere Erwartung. Das Montafon erwies sich als eine Alpenwelt wie aus dem Bilderbuch. Zwar hatten die Neuzeit und der Tourismus davor auch nicht halt gemacht, aber alles wirkte gepflegt und anheimelnd. Blumenkübel zierten viele Fenster der Häuser, die sich zum Teil noch ihren ursprünglichen Charakter bewahrt hatten. Die Ortsnamen im Montafon, wie Gortipohl, Gargellen, Vandans, Tschagguns und Schruns klangen jetzt nicht mehr Alemannisch sondern Rätoromanisch. Die allmählich ansteigende Strasse zog sich zwar etwas hin, entschädigte aber durch die von ihr erschlossene so ansprechende Gegend. Dann hatten wir unser Ziel erreicht, den Ortskern der Streusiedlung Gaschurn. Nach einer Engstelle der Dorfstrasse kündete ein unübersehbarer Hinweis vom Vital-Zentrum Felbermayer. Sanft hinab ging die Zufahrt und führte zum Haupteingang mit der Rezeption. Dem langgestreckten Gebäude gegenüber lag eine große Wiese mit Obstbäumen, ringsum grüßten die Berge und verlockten dazu, von ihren lichten Höhen herab hinunter auf das schmucke Tal zu blicken. Der freundliche Empfang entspannte schon mal. Heraus mit dem Gepäck und weg mit dem Auto in die nahe Tiefgarage. Als ich diese bepackt mit Kleidern und Anzügen, verlassen wollte, begrüßte mich ausgerechnet Clemens Weigel der Cellist des Quartetts und hielt mir die Türe auf. Das ließ sich ja fast schon familiär an. Beim Gang zum Aufzug querte ich den Wellnessbereich und konnte einen flüchtigen Blick in die Schwimmhalle werfen. Alles war gepflegt und hatte Stil, was sich dann im Haus selbst bestätigte. Wir wurden nicht enttäuscht, uns erwartete tatsächlich ein besonderes Haus.

Was war das Besondere am Vital-Zentrum Felbermayer? Schöne und geräumige Zimmer finden sich auch in anderen Häusern, desgleichen ein Schwimmbad. Wie dieses Haus bieten sie ein ähnlich vielseitiges und gutes Essen, angefangen vom Frühstück bis hin zu den mehrgängigen Menüs am Abend. Selbst das Gala-Diner wird andernorts angeboten, Wellnessbereich, Sportmöglichkeiten und eine Bibliothek, die selbst Regentage gut überstehen lassen, wohl auch. Vergleicht man jedoch die Lage in dem weiten grünen Park, den ein Teich, ein Pavillon und ein Kneippbecken auflockern, dann wird der Vergleich schon enger. Der unmittelbare Zugang zu dem Wanderweg an dem Bergbach Ill entlang und zu der malerisch über dem Park thronenden Kapelle Maria Schnee ergibt weitere Pluspunkte. Im Inneren gilt das auch für den Wellnessbereich, angefangen mit dem großen Schwimmbad bis hin zu den Fitnessgeräten, wie der physiotherapeutischen Betreuung unter ärztlicher Aufsicht. Was dem Ganzen jedoch fast eine Alleinstellung verschafft, das ist die ungezwungene Herzlichkeit der Familie Felbermayer und ihrer Mitarbeiter. Solch ein liebenswürdig familiärer Rahmen ist selten und ein derart geschmackvolles großzügig angelegtes Haus nicht minder. Dieser Atmosphäre können sich nur wenige Gäste entziehen, tragen so selbst mit bei zu dem wohltuend besonderen Klima.

Seit vierzig Jahren finden in dem Saal des Hauses Konzerte statt, und seit zehn Jahren gastiert hier das Rodin-Quartett. Doch diesmal gab es eine Premiere, die Musiker traten an drei aufeinanderfolgenden Tagen auf. Am zweiten und dritten Tag verstärkten sie sich mit dem Pianisten Henry Bonamy und dem Oboisten Christoph Hartmann, beides renommierte junge Kollegen. Jeweils um 16.15 Uhr führte der Cellist Clemens Weigel als künstlerischer Leiter des Quartetts in die musikalischen Werke ein. Er stellte sie in den Kontext des Lebens und Schaffens der Komponisten. Anfangs noch etwas befangen wirkend, wurde er immer lockerer und bezog so die Zuhörer ein. Derart eingestimmt konnte das jeweilige Konzert kommen. Der Hausherr Dr. Felbermayer nahm nicht nur an allen Veranstaltungen teil, er begrüßte die einheimischen Gäste und seine Hausgäste, und dies angenehm kurz. Leider zeigten sich an allen drei Tagen unbesetzte Plätze. Kammermusik ist leider noch immer etwas für Kenner, andere Musikliebhaber finden oft schwer den entsprechenden Zugang. Vielleicht liegt es daran: Im Vergleich zu den Solistenkonzerten kommt die Kammermusik inniger und weniger spektakulär daher. Aber ich bin mir einigermaßen sicher, selbst jene der einheimischen Zuhörer, die hier das erste Mal solche Musik bewusst erlebten, sind von ihr und dem Spiel der Musiker infiziert worden. Woran lag dies?

Zwei Dinge trugen dazu bei, erst einmal das Programm selbst und zum zweiten das einfühlsame Spiel der Musiker. Ihre Begeisterung für das, was sie darboten, übertrug sich bald auf das Auditorium. Ihr in zwanzig Jahren des Zusammenspiels gereiftes Können wie ihr blindes Verständnis machte es zu einem Erlebnis. Was das Quartett am Abend im ersten der Konzerte darbot, war nicht nur eingängige Kammermusik sondern auch ein differenziertes und den Werken gerecht werdendes Darbieten. Dvoraks „Amerikanisches“ fand den größten Widerhall, der sich in anhaltendem Applaus niederschlug. Dadurch für ihr Spiel belohnt und stimuliert folgten zwei Zugaben, J.S. Bachs „Air“ und das Allegro Vivace von Ignaz Lachner.

Danach reichte es noch zu einem kurzen Spaziergang in den Park des Hauses und einen Blick in dessen Umgebung. So eingestimmt trafen sich die Zuhörer zum Wahlmenü im geschickt unterteilten Essensbereich. Namensschilder auf den Tischen lösten elegant die zögerliche Suche nach einem gemäßen Platz. Wie im Programm angekündigt, ergab sich während dieser Tage die Möglichkeit, mit den Musikern in Kontakt zu treten, was anfangs zaghaft wahrgenommen wurde. Da die Herren von ihrer Familie begleitet wurden, baute dies erst einmal eine kleine Barriere auf. Das änderte sich allerdings schon am nächsten Morgen. Am reichhaltigen Frühstücksbüffet trafen die angereisten Zuhörer und die Musiker aufeinander und wechselten die ersten Worte. Nicht nur für mich war dies eine neue Erfahrung, denn in aller Regel sind diese beiden Welten von einander getrennt. Dies aufzulösen, war den Musikern offensichtlich ein Anliegen und es gelang ihnen. Musiker als Menschen und nicht nur als Exekutierende zu erleben, zu sehen wie sie miteinander umgehen und sich in ihrer Familie bewegen, das war faszinierend für mich. Bald schon wurde deutlich, Clemens Weigel war nicht nur der künstlerische Leiter des Quartett, er zeigte sich auch als derjenige, der weniger introvertiert zu sein schien. Vielleicht war dies nicht mehr als eine Momentaufnahme, was daran lag, er und seine Familie wie seine Eltern saßen am Nachbartisch.

Eine gute Brücke, um sich näher zu kommen, bildeten auch die Kinder der Musiker. Deren kindliche Unbekümmertheit trug sicher mit dazu bei, eventuell noch vorhandene Befangenheit aufzutauen. Der kleine Sohn der Urbans feierte am zweiten Tag seinen ersten Geburtstag, was für die anderen Kinder Anlass war, ihm kleine Geschenke zu kaufen und selbst einzupacken. Daran konnte sie nicht einmal eine übellaunige, ihnen wehren wollende, weil Ruhe wünschende Rekonvaleszentin hindern. Von Clemens Weigels Vater erfuhren wir, dass seine drei Söhne als Musiker in verschiedenen Orchestern tätig waren. Er, der promovierte Physiker und nachmalige Honorarprofessor in seiner Heimatstadt Würzburg, hatte dies nicht nur zugelassen, sondern sogar begrüßt. Seine nicht minder liebenswürdige Frau trug dabei anfangs die Hauptlast, sie „durfte“ ihre Söhne von ihrem ländlichen Wohnsitz aus zu deren Übungsstunden fahren. Der Stolz der Eltern Weigel auf ihre begabten Söhne ist von daher noch zusätzlich verstehbar. Im Verlauf des Gesprächs entdeckten wir eine Gemeinsamkeit. Ich kannte etliche Herren aus seiner Hauptwirkungsstätte, den Wieland-Werken in Ulm. Klein ist die Welt und voller Brücken zu anderen Menschen, man muss sie nur betreten wollen.

Am nächsten Tag unternahmen wir bei strahlender Sonne eine Wanderung talaufwärts. Sie führte uns durch Wiesen vorbei an Gehöften hin zu einem Stausee, der, wie sich dann herausstellte, als reine Betonschüssel kein lohnendes Ziel abgab. Dafür entschädigte uns nicht nur das sich bietende Panorama sondern auch der Einblick in den weitläufig wie in die Wiesen getupften Ortsteil mit dem eigenartigen Namen Trantrauas. Löst man sich allerdings von dem idyllischen Anblick und bedenkt die

Arbeitssituation der dort Wohnenden, tauchen existentielle Fragen auf. Können all diese Menschen im näheren Umfeld Arbeit finden, oder müssen sie sich außerhalb des Tales eine Beschäftigung suchen? Vermag der Fremdenverkehr hier allen Brot und Arbeit zu geben? Fragen, die wir nicht beantworten konnten. Unterwegs trafen wir auf ein etwa gleichaltriges Ehepaar, das wie wir von München angereist war und auch zu den Musikfreunden gehörte. Sie, eine ausgebildete Geigerin, die früher selbst Stunden gab und auch öffentlich auftrat, genoss das sie so ansprechende Spiel des Quartetts. Ihr Mann, ein emeritierter Professor der Physik, und offensichtlich der stillere Teil, zeigte sich auch als profunder Musikfreund. Wissenschaft und Musik gehen bei Wissenschaftlern oft eine für Außenstehende überraschende Symbiose ein. Erinnert sei an Albert Einstein, der gerne Geige spielte. Auf dieses sympathische Paar trafen wir am folgenden Tag noch einmal auf der Alpe Nova Stoba, unweit der Bergstation der Versettla Bahn. Ansonsten sahen wir uns natürlich bei den Veranstaltungen und wechselten einige Worte.

Damit habe ich mir das Stichwort für den Nachmittag dieses Tages gegeben, der um 14.15 Uhr mit einer kunsthistorischen Führung eingeläutet wurde. Uns geleitete dabei der einheimische und in der Ortsgeschichte bewanderte Hausherr, die Führung übernahm der geschichtskundige Leiter der Montafoner Museen, Herr Kasper. Das kleine Dorf mit einst wenigen Hundert Seelen konnte tatsächlich etwas Unerwartetes und Seltenes bieten. Es war die im 15.Jahrhundert erbaute hölzerne Tanzlaube. Dieses zwar gegen Schnee und Regen geschützte, aber Kälte nicht hindernde Bauwerk ist im weiten Umkreis der einzige erhaltene Treffpunkt der Dorfgemeinschaft. Besser ausgedrückt, sie war der Versammlungsort der Besitzenden und schloss zumeist alle anderen Bewohner aus. Angelegenheiten, die die ganze Gemeinschaft betrafen, wurden dort besprochen, Geschäfte getätigt und wohl auch Ehen gestiftet. Sie diente zudem als Gerichtsstätte, in der über Schuld und Sühne bei geringeren Vergehen geurteilt wurde. Doch zuerst ging es am Sonntag für die Gaschurner in die unmittelbar daneben liegende Kirche. Einst, und das nur am Spätnachmittag des Sonntags und wohl eher selten, wurde die Tanzlaube ihrem Namen gerecht, bot der Jugend des Dorfes ein Parkett zum Tanzen. Manchmal ging es dabei anscheinend so derb zu, dass bald darauf am selben Ort wieder über diese Verfehlungen gerichtet werden musste. Dieser der Witterung ausgesetzte Platz fungierte somit doch eher als Thing, denn als abendliche Vergnügungsstätte.

Anschließend ging es ins nahe gelegene moderne Gemeindeamt, in dessen Obergeschoß eine beeindruckende Stube aus dem 17. Jahrhundert eingebaut worden war. Sie stellt zwei Sachverhalte heraus, zum einen den Wohlstand der Familie Tschofen als Auftraggeber und die Kunst der lokalen Handwerker als denjenigen, die hier ihr Können unter Beweis stellten. Zur Person des Lukas Tschofen erfuhren wir vieles und welchen Einfluss er und seine Nachfahren in Gaschurn und im ganzen Montafon hatten. Herr Kasper ging über die kunsthistorischen Betrachtungen hinaus und gab einen Einblick in die Wirtschafts- und Sozialgeschichte des Tales. Dies in diesem Beitrag nachzuerzählen, würde dessen Rahmen sprengen und bleibt daher den interessierten Besuchern des Ortes vorbehalten. Abgerundet wurde die Führung durch den Besuch der Kapelle Maria Schnee, die von Lukas Tschofen erbaut wurde. Sie zeigt eine eigenartige Mischung von Stilelementen der Renaissance und naiver bäuerlicher Kunst. Ursprünglich als Hauskapelle und Dank für die Genesung von schwerer Krankheit gedacht, entwickelte sich das kleine Gotteshaus in der folgenden Zeit zu einer Art Wallfahrtskirche. Die Votivtafeln fielen im Laufe der Nachkriegsjahre teilweise den Langfingern zum Opfer, die selbst vor der Waage des Erzengels Michael nicht Halt machten. Der Name der Kapelle erinnert an jene Hungerjahre in ihrer Gründungszeit. Aufgrund klimatischer Veränderung fielen die Sommer kalt aus, manchmal überzogen sogar Schneeflocken die Hänge. Die Ernte reifte nicht und so drangen Hunger und Not in die Höfe hinein.

Die Überleitung zum Konzert des zweiten Tages stellte erneut eine Werkeinführung dar. Und dieser ganz auf Mozart bezogene Konzertnachmittag hatte es in sich, er begann gleich mit einem Höhepunkt, dem Christoph Hartmann die Krone aufsetzte. Sein virtuoses, unglaublich differenziertes und phrasiertes Spiel riss seine Partner mit und bezog im Nu die Zuhörer mit ein. So hatte ich das Mozartsche Oboenquartett noch nie gehört und empfand es als eine Offenbarung. Das galt sogar für das noch vor der Pause folgende Streichquartett Nr. 4 KV 157, dem ich bisher nicht sonderlich viel abgewinnen konnte. Die „Rodins“ gaben ihm jenen besonderen Ausdruck, der das Auditorium aufhorchen und mitgehen ließ. Nach der Pause hielt die Begeisterung ungebrochen an, das Quintett rundete mit der Serenade c-Moll, KV 406, das Konzert ab. Bachs Largo, ergreifend innig gespielt und als weitere Zugabe ein Allegro(?) von Schumann bildeten darauf das „Sahnehäubchen". Trotz des lang anhaltenden Beifalls ließen sich die fünf Virtuosen nicht für eine weitere Zugabe erweichen. Es wäre auch zu viel des Guten gewesen, und das ist genau im Sinne dieses Wortes gemeint. Musik ist eben kein flüchtiges Konsumgut, sondern ein nachhallendes Erlebnis und Balsam für die Seele. Dem gehobenen leiblichen Konsum durften die Hörer dann ohnehin am Abend frönen und hatten dabei die intensiv genutzte Möglichkeit, sich noch mit den Musikern auszutauschen.

Das Wetter hatte sich am dritten Tag eingetrübt und schien einen Ausflug in die Berge allenfalls unter dem Regenschirm zu erlauben. Das erwies sich zum Glück als irrige Annahme. Der drohende Regen hatte ein Einsehen, die Wolken zeigten Lücken und entzogen damit jeder Ausrede den Boden, sich deswegen nicht bewegen zu müssen. Hinüber ging es zur Talstation der Versettlabahn und in der Gondel hinauf auf Zweitausend Meter. Schon die Fahrt hinweg über die Häuser und Matten bot schöne Ausblicke, die sich mit jedem Höhenmeter erweiterten. Oben erwartete uns dann eine Rundumsicht, die bis zu den Gipfeln der Engadiner Berge reichte. An einem klareren Tag als diesem muss der Blick traumhaft sein, lohnte jedoch auch so schon. Wir beobachteten den Start zweier Drachenflieger und verfolgten deren fast schwereloses und elegantes Gleiten durch die Lüfte bis sie im Tal verschwanden. Anschließend wanderten wir auf einem Steig zu einem nahen Gipfelchen, dessen Namen mir entfallen ist. Das Auf und Ab sorgte für gutes Durchbluten der Beinmuskeln und vermittelte uns das befriedigende Gefühl, etwas getan zu haben. Da es Samstag war, mussten wir auf der bestimmt nicht unter dem Mangel an Sitzplätzen leidenden Gaststätte Nova Stoba nach einem Plätzchen suchen. Nach einem Glas Apfelschorle zog es uns wieder per Bergbahn hinunter zum Mittagsschlaf.

Wie bereits gewohnt, entzogen wir uns der Werkeinführung auch am dritten Tag nicht. Solch ein Hineinführen in das uns später Dargebotene schärft die Wahrnehmung und lässt einen im Konzert besser hinhören. Außerdem ergibt sich daraus auch eine emotional gute Einstimmung.

Diesmal, es war der Samstagabend, mussten vor dem Konzert noch Stühle dazugestellt werden, um die neu hinzu stoßenden einheimischen Musikfreunde aufnehmen zu können. Ein erwartungsfrohes Publikum harrte der Dinge, die da kommen sollten. Wieder gebührte Mozart der Vortritt, sein Klavier-Quartett g-Moll, KV 478, eigentlich zum Einspielen gedacht, wurde zu einem mit viel Beifall bedachten Ereignis. Das lag nicht zuletzt am Pianisten, dem zart und duftig spielenden Henri Bonamy, der mit dem Rodin-Quartett bestens harmonierte. Der junge Virtuose durfte sich im anschließenden Duo-Stück für Oboe und Pianoforte von Antonio Pasculli, noch einmal als sehr guter Pianist beweisen. Er war dem Oboisten Hartmann ein ebenbürtiger Partner, was angesichts dessen Virtuosität wie der geringen Zeit, die die beiden zum Einüben hatten, ein hohes Maß an Einfühlungsvermögen, Musikalität und technischem Können erforderte. Denn das Musikstück des allen Zuhörern unbekannten Komponisten hatte es wahrlich in sich. Wie wir zuvor gehört hatten, galt es aufgrund seiner technischen Schwierigkeiten eigentlich als nahezu unspielbar und war von daher fast nirgendwo zu hören. Die beiden jungen Herren wagten sich dennoch heran und bescherten dem begeisterten Publikum einen wahren Ohrenschmaus. Diese Hommage an Verdi, variiert aus den Melodien aus seiner Oper La Traviata, meisterten die beiden Virtuosen allen Vorbehalten zum Trotz mit Bravour. Völlig zu Recht heimsten sie daher schon im Saal viel Beifall ein und durften sich in der Pause zudem noch an den Glückwünschen der sie feiernden Zuhörer erfreuen.

Danach stand das Klavierquintett f-Moll, op. 34 von Brahms auf dem Programm. Ich, der nur zu wenigen Kompositionen des Johannes Brahms einen „ungetrübten" Zugang finden kann, ging mit gewissen Vorbehalten in den zweiten Teil des Konzerts. Würde nun das zuvor Erlebte vom „Klangbrei" des Romantikers erstickt werden? Würde ich, wenn schon keine Steigerung, dann wenigstens kein Abfallen gegenüber dem ersten Teil hinnehmen müssen? Meine Besorgnis erwies sich als unbegründet. So differenziert und akzentuiert gespielt, aber auch jedem Auftrumpfen abhold, habe ich Brahms höchst selten erlebt. Das Quintett erwies sich zwar nicht als ein Gustostück wie das zuvor gehörte Duo, aber es war dennoch ein emotionaler Genuss. Die fünf Virtuosen, das wurde sofort deutlich, spielten nicht das erste Mal zusammen und sie harmonierten bestens. Dieser Henri Bonamy wird zweifellos seinen Weg machen und bald auch einem größeren Kreis bekannt sein. Es gab noch zwei Zugaben, eine davon stammte von Schumann, die zwar Anklang fanden, doch ich stand noch zu sehr im Banne des zuvor Gehörten. Clemens Weigel hatte fürwahr ein beeindruckendes und bereicherndes Programm zusammengestellt. Ich bin zuversichtlich, dass ihm dies auch in einem Jahr für die nächsten Tage der Montafoner Kammermusik gelingen wird.

Auf der Einladung war für diesen dritten Abend ein 7-Gang-Degustationsmenü mit Weinpräsentation angekündigt, das von einem Winzer aus dem Burgenland begleitet wurde. Was uns dann geboten wurde, überforderte nicht nur den Magen, zumal dazu auch Berge von Brot aufgefahren wurden. Es sah so aus, als hätten alle Gäste gerade eine lange Phase des Fastens hinter sich gebracht. Meine liebe Frau hielt nicht durch, sie kapitulierte lange vor dem Nachtisch und zog sich auf unser Zimmer zurück. Ich hingegen setzte mich zu den Weigels an den Nebentisch und wurde sogleich voll einbezogen. Im Laufe des fortgeschrittenen Abends wurde dieser Tisch zum Anlaufpunkt der Virtuosen, in deren private Seite ich so einen kleinen Einblick gewann. Ganz im Gegensatz zu dem Spielfilm „Saiten des Lebens“, erlebte ich das Quartett nicht als notgedrungen miteinander Musizierende, sondern als gute Freunde und gesellige Zeitgenossen. Zu ihnen zählte auch der stille Henri Bonamy, den wir am folgenden Tag noch näher kennen lernen sollten.

Dieser Pianist, der mit dem Zug aus München angereist war, suchte eine Mitfahrgelegenheit, die wir ihm gerne anboten. Auf der mehrstündigen Heimreise erfuhren wir, dass er mit einer in der Ukraine aufgewachsenen Pianistin armenischer Herkunft verheiratet war und zwei Kinder hatte. Während er in Gaschurn auftrat, weilte seine Frau mit ihren Eltern und Kindern auf der Krim. So bald es ihm möglich sei, würde er zu den Seinen hinzustoßen, um wenigstens einige Zeit ausspannen zu können. Seine eigene Karriere liefe gerade gut an, und seine Vielsprachigkeit trage ihm darüber hinaus noch einige andere interessante Verpflichtungen ein. Ein Pianist, und wie wir erfuhren auch Dirigent, der fünf Sprachen gut sprechen kann, dem steht die Welt offen, so unsere Einschätzung. Außerdem erlebten wir den jungen Franzosen als einen sehr angenehmen und feinen Menschen, von dessen Fähigkeiten als Pianist wir ohnehin angetan waren. Als wir ihn vor seiner Wohnung absetzten, schenkte er uns eine mit ihm aufgenommene CD; so ist er nun auch in unserem CD-Regal vertreten und erinnert uns an drei außergewöhnliche Tage.

„Zwölfchen“

Bücher
Tragen dich
In eine andere
Oftmals wilde fremdartige Welt
Komm zurück

Angst
Erfüllt dich
Immer mehr und
Wächst, wird größer innendrinn
Erstickt dich

Blätter
Lautes rascheln
In der unwirklichen
Stille der schwarzen Nacht
Im Mondlicht

Lesen
Rettet dich
Vor Leid oder
Bringt es buchstabenweise zurück
Zu dir

Leonie Müller, damals 12 Jahre alt

Günter Stoewer hat noch weitere Bücher geschrieben und acht veröffentlicht.

Fünf seiner Bücher beschäftigen sich mit fiktiven Erzählungen aus früher Zeit. Diese **Thule-Reihe** besteht bisher aus den Bänden:

1. Der Zug der letzten Goten (Vom Vesuv nach Thule)
2. Der Adler über Thule (Vom Kerker auf den Thron)
3. Adler und Viper (Der verheißene Prinz)
4. Der allgegenwärtige König (Eine Gräfin auf der Suche)
5. Gift und Stahl (Machtkampf in Thule)

Ein sechster Band mit dem Arbeitstitel „Titan und Engel" ist als Rohmanuskript erstellt. Wann und ob er je veröffentlicht wird, lässt der Autor offen.

Der dreibändige Nachkriegsroman: **Die Launen des Schicksals**

besteht aus diesen vier Teilen:

1. Die Erinnerungen der Carola H.
2. Die Liebe der Regula E.
3. Geraubte Identität
4. Ein denkwürdiger Tag

Das Buch G'schichten (eine lange und einige kurze) liegt seit kurzem vor. Ob es dazu noch eine Fortsetzung geben wird, lässt sich derzeit nicht absehen.